Askold's Grave

Mikhail Zagoskin

Аскольдова могила

Михаил Н. Загоскин

Askold's Grave

ISNB: 978-1-61895-252-3

ISNB: 978-1-61895-252-3

АСКОЛЬДОВА МОГИЛА

Повесть времен Владимира Первого

Может быть, многим из читателей моих не понравится фанатический характер и буйные речи одного из действующих лиц сего романа, которое, под именем неизвестного, появляется в первой главе: в таком случае я покорнейше прошу их, не произнося решительного приговора, читать до конца мою повесть или, если это требование покажется им слишком нескромным, прочесть, по крайней мере, 7-ю главу второго тома.

Я не смею предполагать, чтобы кто-нибудь из моих читателей не знал отечественной истории, но, легко быть может, не всякий помнит, что говорят летописцы о Владимире, когда он был еще язычником; а посему не излишним полагаю приложить здесь, на всякий случай, две выписки: одну из "Истории государства Российского" Карамзина, а другую из "Житий святых", собранных знаменитым нашим чудотворцем и святителем Димитрием Ростовским.

"Быв в язычестве мстителем, свирепым, гнусным, сластолюбцем, воином кровожадным и, что всего ужаснее, братоубийцею, Владимир, наставленный в человеколюбивых правилах христианства, боялся уже проливать кровь своих злодеев и врагов отечества" (Истор<ия> госуд<арства> российск<ого>). Том I, стр. 231).

"И живяще он (Владимир) прескверно, в идолопоклонническом заблуждении сущи. О сем же житии Владимировом, бывшем в неведении Бога и в нечестии, о братоубийстве и кровопролитиях, о храбрости и многих бранях, о богослужительствах и женонеистовствах пишется пространно в летописце святого Нестора Печерского и в иных многих рукописных летописаниях Российских и в печатном Синопсисе Печерском" ("Жития святых", месяц июль).

Часть первая

I

Раскройтесь предо мной, картины времен давно прошедших: явись во всей красе своей, изгибаясь по крутым берегам привольного Днепра, древняя столица царства Русского — великий Киев, первопрестольный град! Бушуй, крутись, быстрый Днепр, и отражай в голубых волнах своих златые верхи высоких теремов и гридниц двора княжеского; расстилайтесь по обширному Подолу киевскому[1] , бархатные луга — любимое разгулье удалой дружины князя русского! Жадный взор мой стремится проникнуть сквозь седой туман веков, до тех отдаленных времен России, когда, не озаренная еще светом православия, она приносила кровавые жертвы своему Перуну[2] ; когда в дремучих лесах ее перекликались лешие и раздавался хохот хитрых русалок; когда в бурные осенние ночи, на вершине Кучинской горы, собирались колдуны, оборотни и злые ведьмы или, купаясь в утреннем тумане, резвились меж собой вертлявые кикиморы, и грозный Бука[3] , на сивом коне своем, носился по лесам и долам, преклонял высокий бор до сырой земли и притаптывал луга заповедные. Я хочу послушать песни вещих соловьев Владимира — вдохновенных баянов древности, хочу взглянуть на веселые хороводы русских дев, пляшущих под тенью дубов или при свете пылающих огней в праздник Купалы[4] — древнего божества дубрав и полей русских; хочу полюбоваться удалыми потехами и посмотреть на игрушки богатырские славянских витязей.

Пусть называют мой рассказ баснею: там, где безмолвствует история, где вымысел сливается с истиною, довольно одного предания для того, кто не ищет славы дееписателя, а желает только забавлять русских рассказами о древнем их отечестве.

Давно уже свирепые печенеги[5] не дерзали приближаться к границам русским; покоренные ятвяги[6] смирились; мятежные радимичи[7] , побитые на голову воеводою княжеским, прозванным Волчий Хвост, платили снова обычную дань, и от берегов Черного моря, называемого в то время

---

[1] Подол - низменная часть Киева, в которой жили преимущественно торговые люди.

[2] Перун - в славянской мифологии бог грома и молнии, снега и дождя, отождествляемый с Юпитером, в православии - с Ильей Пророком. В Киеве на перуновом холме стоял изображавший Перуна деревянный истукан с серебряною головою и золотыми усами.

[3] Бука - в древнеславянской мифологии ночное страшилище, подобное римской ламии.

[4] Купала - олицетворение языческого праздника, связанного с летним солнцеворотом.

[5] Печенеги - так называли объединение тюркских и сарматских племен в заволжских и южнорусских степях.

[6] Ятвяги - древнелитовское племя, жившее между реками Неман и Нарев.

[7] Радимичи - восточнославянские племена, жившие в междуречье верховьев Днепра и Десны. Ок. 885 г. - в составе Древнерусского государства.

Русским, до крайних пределов обширной области Новгородской почти все пространство земли, заключающее в себе нынешнюю Европейскую Россию, признавало своим владыкою великого князя Киевского. С ужасом взирала отдаленная Греция на сего ставро-скифского царя[8], который, подражая во всем отцу своему, Святославу, не хотел последовать примеру матери его, благочестивой княгини Ольги, и принять веру христианскую.

Немногие христиане, рассеянные по России, хотя не были гонимы за их вероисповедание, но, окруженные повсюду идолопоклонниками, повинуясь языческому князю, властолюбивому, не знающему пределов своему могуществу, они должны были беспрестанно опасаться участи их единоверцев, пострадавших в первые годы христианства. Владимир не походил на Нерона[9], но он мог сделаться Диоклетианом[10]. Сооружение нового капища[11] Перуну, богатое изваяние истукана этого первенствующего божества древних славян, частые жертвы, ему приносимые, — все доказывало привязанность великого князя к вере его предков. Он мог пожелать истребить последние остатки православия в своем государстве; мог ли пожелать и не исполнить своего желания тот, кто некогда, для удовлетворения необузданной страсти, предав смерти владетеля земли Полоцкой, Рогвольда, и двух сыновей его, силою женился на их сестре, Рогнеде[12], и, умертвив потом своего родного брата, Ярополка[13], взял в число наложниц своих вдовствующую его супругу? Кто мог тогда предвидеть, что сей грозный князь, облитый кровью своих ближних, будет некогда просветителем народа русского, образцом кротости, смирения, христианской любви и, причтенный к лику святых, станет рядом с апостолами и учениками Спасителя нашего? Впрочем, сами христиане не могли не видеть, что, сделавшись самодержавным и единственным владыкою царства Русского, Владимир перестал злодействовать. Он был еще бичом небесным для народов иноплеменных;

---

[8] Греческие летописцы, а в особенности Лев Диакон, называют русских — ставро-скифами. (Здесь и далее примеч. авт.)

[9] Нерон Клавдий Цезарь (37-68) - римский император с 54 г., жестокий тиран. С именем Нерона связано первое массовое гонение на христиан, обвиненных в поджоге Рима.

[10] Диоклетиан (243 - между 315-316) - римский император с 284 по 305 г.; основоположник новой имперской религии, он объявил императоров богами, а себя сыном Юпитера. Жестокими административными мерами пытался подавить христианское движение.

[11] Капище - у восточных и прибалтийских славян языческий храм, место нахождения капов - идолов.

[12] Рогнеда (? - 1000) - дочь полоцкого князя Рогвольда, убитого Владимиром, который затем женился на Рогнеде (ок. 979 г.).

[13] Ярополк I (? - 980) - князь Киевский (с 972 г.).

но любил свой собственный народ, любил в судах правду, любил своих русских витязей, и хотя гордые варяги, составлявшие некогда его отборную дружину, притесняли иногда простолюдинов, хотя Владимир ласкал еще этих наемных воинов, известных в других землях под общим названием норманнов, но они не смогли уже поступать с русскими, как с побежденным народом, и нередко варяг, обличенный в буйстве и насилии, наказывался наравне с простым воином киевским. Но могли ли надеяться христиане, что тот, кто проводил время в пирах и забавах и, подобно сластолюбивому Соломону[14], имел до восьмисот наложниц, оставит в покое людей, коих вера, основанная на чистоте нравов, исповедующая кротость и целомудрие, была безмолвным, но красноречивым обличителем его буйных потех и увеселений? Несмотря на это, не только одни язычники, но даже многие из христиан любили Владимира. Его величественный вид, неустрашимость в битвах, царское хлебосольство и роскошь, знаменитые победы — одним словом, все пленяло умы россиян. Слава царя всегда становится собственностью его народа, а могущественный Владимир был славнейшим государем своего времени; и когда киевляне, толпясь на площади вокруг Перунова капища, слышали веселые крики бояр и витязей, пирующих в светлых гридницах двора княжеского, когда кому-нибудь удавалось сквозь узкие окна завидеть часть длинных дубовых столов, покрытых яствами, и рассмотреть окованный серебром турий рог, который с шипучим медом или зеленым вином переходил из рук в руки, то он кричал с радостью: "Братцы, братцы, посмотрите, как пирует со своею удалою дружиной наш великий князь, Владимир Святославович! Вон, видите ль, стоит подле него широкоплечий боярин? Это славный новгородский воевода Добрыня! А вон сидит понасупившись, словно туча громовая, удача-молодец, Рогдай!" И народ с шумом начинал тесниться вокруг двора княжеского, и тысячи голосов повторяли: "Да здравствует государь великий князь! Веселись и пируй, наш батюшка, солнце красное всей святой Руси!"

В один из прекрасных весенних вечеров южной России, когда солнце, опускаясь медленно к земле и не застилаемое ни одним облачком, утопает в золотом и огнистом океане; когда поселянин, возвращаясь домой с работы, весело поглядывает на ясные небеса и говорит своим товарищам: "Ну, ребята, бог дает нам ведро! Посмотрите, как заря погорела!" — в один из сих благословенных вечеров, тихих, но исполненных какой-то юности и жизни, человек десять рыбаков сидели кругом яркого огня,

---

[14] Соломон - царь Израильско-Иудейского царства (965-928 до н. э.), сын Давида, славился необычайной мудростью. Добивался централизации религиозного культа. Ему приписывается авторство "Екклизиаста", "Притчей Соломоновых" и "Песни песней".

4

разведенного на берегу реки, близ урочища нагорной стороны Днепра, называемого Сборичев взвоз. Седой, но, по-видимому, еще бодрый старик заглядывал беспрестанно в большой котел, в котором варилась жирная уха, и от времени до времени отведывал из него деревянного ложкой. Два рыбака разбирали и считали пойманную рыбу, а остальные, лежа беспечно вокруг огня, разговаривали меж собою.

— Что это, ребята? — сказал один из этих последних. — Вот близко десяти дней, как нашего великого князя видом не видать, слыхом не слыхать? Уж здоров ли наш батюшка? Бывало, не пройдет двух дней без пированья, а теперь, посмотрите-ка: и в новых его палатах, и в каменном тереме ни одного огонька не видно!

— Не все пировать, дитятко, — сказал старый рыбак, — и княжеские яства приедаются, и сладкий мед припивается!.. Да и нельзя же каждый день быть под хмельком; ведь дело его княжеское: надо рядить, судить, давать всем расправу. Тут варяг ограбил русина; там, глядишь, наш брат киевлянин...

— Что, чай, обидели варяга? — прервал кто-то насмешливым и грубым голосом. Рыбаки поглядели вокруг себя: на берегу никого не было; но в пяти шагах от них, у самой пристани, стоял в легком челноке, облокотясь на весло, колоссального роста мужчина, лет сорока пяти, с окладистою русою бородою. Он был без кафтана, в одной пестрой рубашке, подпоясанной черным с медными бляхами ремнем, за которым заткнуты были широкий, с серебряною рукояткою, засапожник[15] и стальной кистень; у ног его лежало верхнее платье из грубой шерстяной ткани.

— Ах, леший его побери, — сказал один из рыбаков, — как он подкрался!

— Что тебе надобно, молодец? — спросил старик.

— Ничего, дедушка! — отвечал незнакомец. — Я здесь пристал к берегу, чтоб поотдохнуть немного. Да что ж вы, ребята, замолчали? — продолжал он. — Не бойтесь: я не варяг, не витязь княжеский: не стану вас подслушивать да придираться к вашим речам.

— Пожалуй себе подслушивай! — сказал старик, посматривая недоверчиво на незнакомца. — Мы люди простые, так какие у нас речи? Кой о чем меж собой растабарываем.

— В самом деле? А мне сдается, дедушка, что у вас речь шла о Владимире.

— О каком Владимире? Владимиров много на святой Руси! — прервал старик.

---

[15] Род кинжала.

— О каком Владимире? Вестимо о каком! Ведь он один у вас, как порох в глазу.

— Если ты говоришь о нашем государе, молодец, так его не зовут просто Владимир, а величают великим князем Киевским.

— Киевским! — повторил сквозь зубы незнакомец. — Киевским! Отца его величали когда-то и царем Болгарским, а недолго же он царствовал. Слыхал ли ты, старинушка, пословицу: чужое добро впрок нейдет?

— И, молодец, где нам знать твои пословицы: мы люди темные. Да и что нам за дело, что было в старину! Живи только да здравствуй наш батюшка, великий князь, наше красное солнышко...

— Хорошо солнышко, — прервал незнакомец, — летом печет, а зимой не греет.

Рыбаки, молча и почти с ужасом, поглядели на незнакомца, который стоял, по-прежнему облокотясь небрежно на весло, и, казалось, не замечал удивления этих простых людей, не понимающих, как можно говорить с такою дерзостью о великом князе Владимире.

— Эх, молодец, молодец! — сказал старик, покачивая головою. — Чести твоей мы не порочим. Бог весть, кто ты такой, а не пристало ни тебе говорить такие речи, ни нам их слушать.

— А почему же нет? — сказал спокойно незнакомец. — Не прикажешь ли хвалить Владимира и за то, что он накликал сюда этих иноземцев, от которых нашему брату русину и житья нет? Подумаешь, как бы, кажется, этим бездомным пришлецам не быть тише воды, ниже травы; а попытайся-ка повздорить с каким-нибудь варягом...

— Так что же, — подхватил один молодой рыбак, — или мне с ними и суда не дадут?

— Дожидайся, брат! Нет, ребята, не нам обижать этих поморян: они того и норовят, чтобы с нас последнюю одежонку стащить. Мы, дескать, великокняжеская дружина, так все, что его, то наше.

— Как бы не так! — подхватил один молодой рыбак. — Не прежнее время: наш батюшка великий князь унял порядок этих заморских буянов! Кто и говорит: бывало, при них и тони не закидываем — как раз всю лучшую рыбу по себе разберут. А теперь, небось: не только простой мечник, а даже гридня или отрок княжеский попытайся-ка у меня взять даром хоть эту плотву!.. Нет, любезный, и не понюхает!

Незнакомец не отвечал ни слова и, помолчав несколько минут, сказал:

— Посмотрите, ребята: кто это там сходит с горы?.. Постойте-ка!.. Никак, один из них, — вот что повыше других и в панцире... ну, так и есть, — варяг!.. Да и другие-то, кажется, витязи княжеские... Они идут сюда.

— Сюда? — вскричал торопливо молодой рыбак. — Ей, ребята,

проворней оттащите этого осетра в лодку... да помогите мне припрятать куда-нибудь стерлядей!.. Ну, что же вы, братцы, поворачивайтесь!..

Все рыбаки засуетились вокруг пойманной рыбы.

— Добро, не хлопочите, — сказал с насмешливою улыбкою незнакомец, — они поворотили направо. Да что же вы так переполошились, ребята? Ведь теперь, по милости вашего князя, не только простые витязи варяжские, но и ближние его отроки не смеют вас обижать.

— Оно так, молодец! — отвечал старик, глядя вслед за небольшою толпою ратных людей, которые, сошедши до половины горы, повернули по тропинке, ведущей к обширному Подолу киевскому. — Оно так, и мы доподлинно знаем, что ратным людям заказано обижать народ и брать у нас даром то, что им приглянется: да знаешь, молодец, все как будто бы вернее, — приберешь к сторонке, так не на что и глазам разгореться.

— Ах вы глупые головы! — сказал незнакомец. — Что уж это за житье, коли надо прятать свое добро, что б его не отняли!.. Да этак и с печенегами уживешься. Нет, ребятушки, не так живали наши отцы в Киеве, при законных своих князьях: Аскольде и Дире[16]. Попытался бы тогда какой-нибудь чужеземец обидеть киевлянина.

— А что, молодец, — спросил один из рыбаков, — и впрямь, чай, в старину-то лучше бывало?

— Не знаешь, так спроси у стариков. Что, дедушка, покачиваешь головою? — продолжал незнакомец, обращаясь к старому рыбаку. — Вестимо, отцы наши жили не по-нынешнему: довольство-то какое во всем было, житье-то какое привольное! Коли ты сам не видал этих времен, так, верно, слыхал о них от отца и матери?

— Слыхать-то и мы слыхали, — прервал один рыбак, почесывая в голове. — Недаром поется в песнях, что в старину и реки текли сытою, и берега были кисельные. Да ведь это давно уже было, а что прошло, того не воротишь.

— Бывало, — продолжал незнакомец, — наш брат киевлянин знал лишь князей своих и боялся одного всемогущего Перуна, а теперь и богов-то у вас много, и господ не перечтешь.

— Что правда, то правда, — прервал один детина с рыжею окладистою бородой. — Господ-то развелось у нас немало: и вирники и

---

[16]   Аскольд (? - 882) - древнерусский князь, по преданию правил (вместе с Диром) в Киеве. В 866 г. осаждал Царьград. Убит князем Олегом.

Дир (? - 882) - полулегендарный князь Киевский. Соправитель Аскольда. Убит князем Олегом.

тиуны, а уж пуще всех эти метальники[17], провал бы их взял, — больно обижают нашего брата. Вот в прошлом месяце на меня наложили ставить для княжеского стола полтора сорока стерлядей. Я все честно принес к дворцовому метальнику, да позабыл только ему, проклятому, стерлядкой-другой поклониться... Так что же? Он при мне нарезал шесть зарубок на бирке, расколол, отдал одну половину мне. Кажись, дело бы в шапке, — так нет! Дня через три шлют опять за мною: "Давай еще пол-сорока стерлядей: за тобой недоимка!" Как так? "Да так!" Я за пазуху, вынул бирку: на ней все метки сполна; метальник приложил к ней свою половину: смотрю — двух зарубок нет как нет! Я туда, сюда — не тут-то было! Рыбу с меня доправили да мне же затылок накостыляли.

— Так что же ты, глупая голова? — прервал незнакомец. — Ты бы ударил челом на этого метальника вашему красному солнышку, великому князю Владимиру!

— Попытался было, молодец, да доступ-то до него не легок. Ведь наш брат не кто другой: сунешься невпопад, так и животу не будешь рад, того и гляди, — продолжал рыбак, наморща брови и похватывая себя за спину, — какой-нибудь гридня или разбойник-варяг так тебя пугнет, что ты и ног не уплетешь.

— Экий ты, братец, какой! — подхватил незнакомец. — Коли не знаешь, так я тебя научу, как дойти до великого князя. Послушай-ка, молодец, женат ли ты?

— Как же! Вот уж другая весна идет.

— И жена твоя молода?

— Всего семнадцатый годок.

— А пригожа ли она собою?

— Пригожа ли?! — повторил с гордым видом рыбак. — Пригожа ли! Да таких молодиц, как моя, во всем Киеве немного, господин честной! Порасспроси-ка у товарищей: белолицая, румяная — кровь с молоком!

---

[17] — Вирниками назывались тогдашнего времени полицейские чиновники, кои впоследствии известны были под именем губных старост. Тиуны, по мнению издателей Русской Правды, были то же самое, что у древних германцев судьи по уездам. Метальники — то же, что впоследствии дьяки: они исполняли также должность нынешних казначеев и принимали вносимые в княжескую казну подати. Вместо нынешних квитанций, употреблялись тогда бирки, то есть небольшие палочки, на которых прямые и крестообразные зарубки заменяли нынешние цифры. Обыкновенно, по сделанным на ней известного числа зарубок, она раскалывалась во всю длину надвое: одна половина оставалась у приемщика, другая у отдатчика. Первая служила приемщику вместо записной тетради, другая заменяла для отдатчика квитанцию или расписку в получении от него денег или вещей.

Глаза, как цветы лазоревые, шея лебединая, а выступка-то какая, выступка — что и говорить: идет как плывет — пава павою!

— Эх, детина, детина, о чем же ты думаешь? Пошли ее заместо себя к вашему князю: так, может быть, она-то сама домой не вернется, да зато стерлядей тебе назад отдадут. Что же ты, любезный, в голове-то почесываешь; иль боишься, чтобы с тобой не было того же, что с покойным братом вашего государя? Да не бойся, молодец: ведь у тебя всего-навсе одна жена, а у покойника-то, князя Ярополка, и невеста была красавица, и вся земля Русская была его; так, вестимо дело, с ним добром нельзя было разделаться: пожалуй, он стал бы отнекиваться, на драку бы пошел. Вот у нашего брата, простолюдина, иная речь: взял жену иль невесту да вытолкал в шею с княжеского двора, так и концы в воду.

Глубокий вздох, похожий на удушливое стенание умирающего, когда в минуту нестерпимой боли каждое дыхание его превращается в болезненный вопль, прервал слова незнакомца. Рыбаки молча взглянули друг на друга, и сострадательные их взоры остановились на одном молодом человеке, который, не принимая никакого участия в общем разговоре, сидел задумавшись близ огня. На полумертвых и впалых щеках его, в неподвижных глазах, на посиневших устах, в каждой черте лица, изможденного бедствием, изображалась глубокая, неизъяснимая горесть. И грубый варяг, и хитрый грек, и полудикий житель лесов древлянских — каждый прочел бы в них с первого взгляда и повторил бы на собственном языке своем ужасные слова: "Я утратил невозвратно все земное мое счастье!" Ах, этот всемирный язык души, эти речи без звуков, начертанные кровавыми буквами на бледном челе несчастливца, понятны для всякого!

— Эх, брат Дулеб! — сказал один из рыбаков. — Да полно грустить! Мало ли в Киеве красных девушек — не та, так другая! Твоя Любаша приглянулась великому князю; что ж делать, брат: воля его княжеская — не ты первый, не ты последний!

— Так ваш Владимир, — прервал незнакомец, — и у этого бедняка отнял жену?

— Не жену, а невесту, — отвечал вполголоса рыбак, поглядывая с сожалением на Дулеба. — Сама виновата: бывало, лишь только великий князь выйдет на улицу, так все ее подружки, словно дождь, кто куда попало, а Любаша тут как тут. Уж я ей говаривал: "Ей, Любашенька, не суйся на глаза к великому князю, — девка ты пригожая, личмённая — как раз попадешь на житье в Берестово![18]" Так нет, куда те, бывало, и слушать не хочет! "Я, дескать, моего Дулебушку ни на какого князя не променяю". И рада бы не менять, да променяешь. Глупая, ведь выше лба уши не

---

[18] Село, в котором был один из любимых потешных дворов Владимира.

растут! Чай, станут тебя спрашивать!.. Ну что ж? Ан и вышло по-моему. За два дня до свадьбы, где Любаша, — и след простыл!.. Мы с Дулебом взыскались ее по всему Киеву, обегали все улицы; по домекам завернули на княжеский двор, да лишь только Дулеб вымолвил за чем, как вдруг конюшие, ясельничие, сокольники, гридни, отроки, варяги, русины — ну вся эта княжеская челядь, словно стая голодных псов, так на него и ощетинилась, да ну-ка его в толчки: не дали парню образумиться. Только один княжеский чашник, видно подобрее других, глядя на его горькие слезы, сжалился и шепнул ему, что Любашу отвезли на Лыбедь, в село Предиславино, затем что в Берестово уже места нет для красавиц. Вот с тех пор бедняжка Дулеб и ну чахнуть, — совсем извелся! Недаром говорят, что с радости кудри вьются, а с кручины секутся. Подумаешь, детина-то был какой ражий, да весельчак какой: и попеть, и поплясать, и в дудочку поиграть — на все удача! Бывало, как распотешится, так щеки жаром горят, а теперь... посмотри-ка: кровинки в лице не осталось. А уж исхудал-то как, исхудал!.. Сердечный, в чем душа держится!

— Знаешь ли что, старик? — сказал незнакомец, помолчав несколько времени и обращаясь к седому старику. — От этих рассказов и мне охота пришла повеличать вашего государя. Ну-ка, братцы, хватим разом: да здравствует наш батюшка, великий князь, наше красное солнышко!.. Что же вы молчите, ребята!.. Пристань хоть ты, Дулеб! Что, в самом деле, чего же нам еще? Когда у нашего брата взять нечего, так люди ратные ничего у нас даром не отнимают; метальники берут с нас только вдвое, челобитчиков с княжеского двора провожают с честию, и сам государь великий князь жалует своею княжескою милостию наших жен и невест. Да разве это не житье, ребята? На что гневить богов: и хуже бывало, когда печенеги громили нашу родину. Правда, в старину ни о печенегах, ни о метальниках, ни о варягах и речи не было, суд давали по правде, невест и жен ни у кого не отнимали, — да ведь тогда и народ-то был другой. Вот если б отцы наши и деды встали из могил!.. — продолжал незнакомец, и насмешливая улыбка исчезла с уст его, глаза заблистали, а мощный голос, как из громовой тучи, зарокотал над головами рыбаков. — Да, — повторил он, — если б наши деды и отцы встали из могил, и я сказал бы им: "Граждане киевские, очнитесь, пробудись, народ русский! Не пора ли тебе за ум взяться? Ну-ка, детушки, гоните из Киева разбойников-варягов; мечите в Днепр ваших грабителей; топите всю эту гурьбу мироедов, которые питались кровью вашею, под сенью враждебного для вас поколения злодеев Рюрика и Олега![19] Люди русские, не прекратился еще

---

[19] Рюрик - согласно летописи, вождь варягов, призванный вместе с братьями Синеусом и Трувором княжить в Новгороде. Основатель династии Рюриковичей.

род Аскольдов, не погибло племя прежних князей ваших! Боги сохранили для вашего блага одного из их потомков. Да княжит он над великим Киевом, да держит свое княжение честно, без обиды, по старине, как держали, убитые изменою и предательством, его дедичи — знаменитые князья Аскольд и Дир!.." Ну, ребята, как вы думаете, что сказали бы на это наши старики?

Незнакомец замолчал, потух дивный огонь, который сверкал в грозных его взорах; он облокотился снова на весло и, окинув спокойным взором всех рыбаков, повторил свой вопрос. Никто не отвечал ни слова. Как безоружный путешественник, который, один среди дремучего леса, попадает внезапно на стаю голодных волков; как молодая девушка которая, спеша на голос своего друга и обманутая ауканьем хитрого лешего, вдруг встречает перед собою это страшилище лесов русских; как бесприютное дитя, которое видит в руке злой ведьмы сверкающий нож и, очарованное адским ее взглядом, спешит к ней навстречу, — так точно все рыбаки, онемев от испуга, не смея пошевелиться, едва переводя дух, слушали с жадностью и трепетом возмутительные слова этого ужасного незнакомца.

Казалось, один Дулеб не слышал и не видел ничего: он не подымал головы, глаза его ни разу не встретились с глазами незнакомца; но легкий румянец играл на бледных щеках его, грудь волновалась, а из полуоткрытых уст вырывался какой-то невнятный ропот.

— Дедушка, а дедушка! — промолвил наконец один молодой парень, дернув за рукав седого рыбака. — Что это он говорит?

— Что он говорит? — повторил старик, как будто бы пробудясь от сна. — Ух, батюшки, что это? Как этот кудесник нас обморочил! Не слушайте, ребята, этого зловещего ворона! Ах ты печенег проклятый! Да как у тебя язык повернулся говорить такие речи о нашем батюшке? Иль ты думаешь, что для твоей буйной головы и плахи во всем Киеве не найдется?

— Как не найтись! — отвечал спокойно незнакомец. — Протяни лишь только шею, а за этим у вашего батюшки, великого князя, дело не станет. Да о чем ты, старинушка, так развопился? Ведь я стал бы это говорить не вам, а вашим отцам и дедам. С людьми и говорят по-людски, а с баранами что за речи: стриги их, да дери с них шкуру — на то родились.

— Что ж ты, в самом деле! — вскричал один из рыбаков. — Уж ты, брат, никак, и нас стал поругивать.

— Убирайся-ка, покуда цел, — сказал старик, — а не то мы тебе руки назад, да отведем к городскому вирнику, так у него запоешь другим голосом. Экий разбойник, в самом деле, — видишь с чем подъехал!

Олег (? - 912) - князь Новгородский (879-882) - затем первый князь Киевской Руси. В 907 г. совершил поход в Византию, в 911 г. заключил с ней договор.

— Порочить нашего государя! — вскричал один рыбак.

— Говорить такие речи о нашем отце, Владимире Святославиче, — подхватил другой.

— Глупое стадо! — пробормотал незнакомец, принимаясь за весло.

— Постой, молодец! — вскричал Дулеб, вскочив поспешно с своего места. — Возьми меня с собою.

— Что ты, что ты, дитятко, — прервал старый рыбак, — в уме ли ты?

— Он довезет меня до Подола, — продолжил Дулеб, подходя к пристани.

— Изволь, молодец, довезу, куда хочешь; хоть до села Предиславина!

— Вспомни, Дулеб, — сказал тихим, но строгим голосом седой рыбак, — тому ли тебя учили? То ли ты обещал, когда был вместе со мною... не в Перуновом капище, не там, где льется кровь богопротивных жертв...

— Ах, старик, — вскричал Дулеб, — что ты мне напомнил!

Он остановился и закрыл руками глаза свои.

— Ну что ж ты? — сказал незнакомец. — Садись, что ль!

— Нет! — прошептал тихим голосом Дулеб. — Он велел любить и злодеев своих; он дает, он и отнимает, — да будет его святая воля! Ступай! Я не еду с тобою.

Незнакомец взглянул с удивлением на Дулеба, опустил весло, и легкий челн его запорхал по синим волнам Днепра.

— О ком это он говорит? — спросил один из рыбаков, глядя на Дулеба, который сел на прежнее место.

— Вестимо о ком, — отвечал другой рыбак, — о нашем великом князе! Кто ж, кроме его, и дает, и отнимает? Ведь он один в нас волен.

— А злодеев-то своих любить он также приказывает?

— Как же! Разве нам не велено жить в любви и совести с варягами, а что они — други, что ль, наши?

— А что, парень, — прервал детина с рыжею бородою, — ведь этот долговязый себе на уме! И впрямь житье-то наше незавидное. Эх, кабы воля, да воля! Что бы нам хоть одного проклятого метальника покупать в Днепре?

— А там добрались бы и до всех, — прервал старик, — и злых и добрых — топи всех сряду. Нет, ребятушки, как у нашего брата руки расходятся, так и воля будет хуже неволи.

— Да за что ж, дедушка, в старину-то нас никто не обижал?

— Право? Да вы, никак, в самом деле поверили этому краснобаю? Эх, детушки! Я два века изжил, так лучше поверьте мне, старику. Бывало и худо и хорошо, что грех таить: и при бабушке нашего государя, премудрой Ольге, злые господа народ обижали, и при сыне ее, Святославе Игоревиче. Коли без того! Ведь одному за всеми не усмотреть. Кто говорит? И при нашем батюшке, великом князе, подчас бывает со всячинкою. Да что ж делать, ребятушки? Видно, уж свет на том стоит!

— Да о каком он все толковал Аскольде, дедушка?

— Неужели не знаешь? Ну вот что похоронен там... близ места Угорского, над самою рекою.

— А кто он был таков?

— Прах его знает! Так, какой-нибудь ледащий[20] князишка. Чай, в его время ленивый не обижал Киева. То ли дело теперь, и подумать-то никто не смеет. Вот недавно завозились было ятвяги да радимичи: много взяли! Лишь только наш удалой князь брови нахмурил, так они места не нашли. Что тут говорить! — продолжал старик с возрастающим жаром. — Да бывал ли на Руси когда-нибудь такой могучий государь; да летал ли когда по поднебесью такой ясный сокол, как наш батюшка Владимир Святославич?..

— Правда, правда! — закричали почти все рыбаки.

— А как выйдет наш кормилец, — промолвил один из них, — на борзом коне своем, впереди своих удалых витязей — что за молодец такой! Так, глядя на него, сердце и запрыгает от радости.

— Да как сердцу и не радоваться, — подхватил другой, — ведь он наш родной, ему честь — нам честь!

— Эх, ребята, — вскричал третий, — напрасно мы не связали этого разбойника. Леший его знает, кто он таков: уж не ятвяги ли его подослали?

— Да, парень, — прервал молодой рыбак — хватился!.. Поди-ка догоняй его; смотри: чуть видно... Эк он начал сажать — словно птица летит!.. Вон, выехал уже в Пачайну[21]...

— Пусть идет куда хочет, — сказал старик, — лишь только бы к нам не заезжал. А вот и уха сварилась, — продолжал он, отведывая из котла деревянною ложкою. — О, да знатная какая!.. Ну что ж, детушки, в кружок! Поужинаем засветло, а там и за работу.

Все рыбаки, выключая Дулеба, уселись кругом котла.

— А ты что, Дулебушка? — спросил старик. — Присядь к нам да похлебай ушицы. Эх, дитятко, полно! Горе горем, а еда едою. Садись!

Вместо ответа Дулеб покачал печально головою и остался на прежнем месте.

— Зачахнет он совсем, — сказал вполголоса старик. — Легко ль, сердечный, не пьет, не ест...

— Небось, дедушка, — прервал молодой рыбак, подвигаясь к котлу,

---

[20] Ледащий - тщедушный, слабый.
[21] Речка, впадающая в Днепр.

— проголодается, так станет есть, ведь голод-то не тетка. Нуте-ка, ребята, принимайтесь за ложки! Авось, смотря на нас, и его разберет охота!

II

Теремный двор, в котором Владимир любил угощать своих витязей, стоял в его время на самом видном месте древнего Киева, близ нынешней Андреевской церкви, сооруженной на развалинах каменного терема, из коего, по сказаниям летописца, великая княгиня Ольга смотрела на торжественный въезд послов древлянских, помышляя о кровавой тризне, уготовляемой ею в память убиенного ее супруга[22] . Тут же, перед самым теремным двором, стояло капище Перуна, на холме, на коем впоследствии сооружена была церковь святого Василия, а ныне возвышается храм во имя Трех Святителей.

В то самое время, как рыбаки, утолив голод, принялись снова толковать и шуметь меж собою, вверху, над их головами, глубокая тишина царствовала кругом дворца княжеского. Молчали гусли златострунные, и не раздавался веселый звук братин и кубков, которыми чокались храбрые витязи, выпивая их одним духом за здравие удалого князя Владимира; но в некотором расстоянии от дворца народ шумел еще по улицам великого Киева. Поселяне и жители посадов киевских, собравшись отдельными толпами, пели песни на обоих берегах Днепра; на песчаных косах и отмелях пылали яркие огни; кой-где мелькали по воде, как блуждающие звезды, небольшие огоньки, разведенные на лодках рыбаков, которые собирались багрить сонных осетров и белуг. На городском Подоле, тогда еще не заселенном, близ божницы Велесовой[23] резвились молодые горожанки; они то свертывались в шумные хороводы, то заплетали плетень, и громкие их припевы Диду и Ладе[24] разносились по окрестности.

---

[22] ...помышляя о кровавой тризне, уготовляемой ею в память убиенного ее супруга. - Речь идет о княгине Ольге (? - 969) жене киевского князя Игоря, жестоко подавившей восстание древлян, убивших ее мужа. Правила в малолетство сына Святослава и во время его походов. Около 957 г. приняла христианство.

[23] Велес (Волос) - древнеславянское языческое божество - покровитель домашнего скота. После принятия христианства роль покровителя скота была перенесена на св. Власия.

[24] Дид (Дед) - одно из обозначений Перуна.

14

Несколько молодых киевлян, между коих можно было тотчас заметить, по гордой осанке, варяжских воинов и гридней княжеских, стояли небольшою толпою поодаль от хороводов и любовались на игры красных девушек. Шагах в пятидесяти от сей толпы, под самым навесом притвора Велесова капища, стоял, прислонясь к стене, гигантского роста мужчина, закутанный в широкую, темного цвета, верхнюю одежду, похожую несколько на греческую мантию. Он не смотрел на хороводы веселых девиц, не слушал их песен; казалось, все внимание его было устремлено на один отдаленный предмет: он пристально глядел на поросшую частым кустарником гору, которая опускалась с одной стороны пологим скатом к киевскому Подолу, а с другой — нависла утесом над песчаным берегом Днепра. На самом верху сей горы белелось четвероугольное, с двумя красивыми теремами, здание, обнесенное толстым и высоким тыном. Эта гора называлась впоследствии Кучинскою; в этом доме жил Богомил, верховный жрец Перунова капища.

— Да что ж мы, братцы, стоим здесь, разиня рот, — сказал один из молодых людей, которые продолжали смотреть издали на игры девушек, — кто нам заказал подойти поближе?

— В самом деле, Стемид говорит правду, — подхватил высокий, но неуклюжий воин в остроконечном шеломе и стальном нагруднике, — подойдемте поближе!

— Нет, молодцы, не трогайте наших девушек, — прервал степенного вида киевский гражданин, приподняв вежливо свою шапку, — вы их распугаете.

— Распугаем? — повторил грубым голосом воин. — Ах ты неразумный сын! Что мы, печенеги, что ль, чего нас бояться киевским красавицам?

— Кто и говорит, государь милостивый, — продолжал гражданин, — вы господа честные, витязи великокняжеские, да не пригоже нашим сестрам и дочерям водиться с людьми ратными.

— А с кем же?.. Чай, с вашей братией, торгашами киевскими?

— Да не во гневе будь сказано твоей милости, — раздался позади воина веселый голос, — с торгашами-то киевскими водиться прибыльнее, чем с вами, господа храбрые витязи! Недаром сложена песенка:

Ой ты, гой еси, богатый гость!
Ты богатый гость, сын купеческий:
Не красив, не пригож ты, мой батюшка,
А красивы, а пригожи твои денежки.

Лада - славянская богиня юности, любви и плодородия, покровительница браков.

Варяг обернулся: подле него стоял человек лет тридцати, в простом смуром[25] кафтане. Он был роста небольшого, но огромная голова его напоминала древнюю повесть о сильном и могучем Полкане-богатыре[26], у которого, по словам предания, буйная головушка была с пивной котел. Красные и раздутые его щеки, небольшие прищуренные глаза, рот, который почти соединял оба уха, круглый, вздернутый кверху нос, и вдобавок какая-то простосердечная и в то же время лукавая улыбка, от которой нос кривился в одну сторону, а рот в другую, — все это вместе составляло такую смешную и странную физиономию, что варяг, захохотав во все горло, вскричал:

— Стемид, Простень, посмотрите-ка: что это за чудо морское?

— Э, да я знаю этого красавца, — сказал Стемид, — это Торопка Голован. Зачем сюда пожаловал, молодец? Уж не хочешь ли отбивать у меня красных девушек?

— Где нам тягаться с вашею милостью! — отвечал приземистый детина. — Ты стремянный великокняжеский, собой молодец, а мы что?.. Правда, если и у тебя в кармане-то не побрякивает, — продолжал он, скривя свой рот, — так немного же и ты возьмешь, боярин!

— Ах ты огородное пугало! — вскричал один осанистый и толстый купец. — Да что ж ты этак порочишь наших девушек? Разве они товар какой? Ну, что зубы-то оскалил? Да если б твою дурацкую образину вылить всю из чистого золота и осыпать самоцветными каменьями, так они и тогда бы взглянуть на тебя не захотели.

— Ну, пусть на него, — подхватил видный собою юноша, в котором, по богатой одежде, нетрудно было узнать одного из гридней княжеских[27], — да неужли-то и нашему брату не очень нельзя с ними речи повести?

— Их дело непривычное, господин честной, — отвечал купец, — как подойдет, так они все до одной разбегутся.

— Да что ж они такие неповадливые? — прервал воин. — Ну, сторонка, — продолжал он, обращаясь к Стемиду, — Нет, на моей родине не только девушки, да и жены молодые не походят на ваших пугливых киевлянок. У нас по всему поморью только и житья что ратным людям. Клянусь Оденом[28], бывало, ни одна красавица не повстречается с молодцем Фрелафом без того, чтоб не взглянуть на него умильно или не промолвить слова ласкового!

— Рассказывай нам сказки-то, — подхватил улыбаясь гридня. — Вам

---

[25] Смурый (кафтан) - темно-серый, домотканый.

[26] Полкан-богатырь - полконь, богатырь-кентавр, один из героев русского сказочного и былинного эпоса.

[27] Гридни и отроки княжеские — то же, что телохранители и оруженосцы.

[28] Оден (Один) - верховный бог в скандинавской мифологии.

хорошо, варягам, похваляться: издалека пришли. Ну, что ты, Фрелаф, расхвастался, в самом деле! Послушай-ка, брат: случалось ли тебе когда-нибудь в тихую погоду припадать лицом к реке, что б напиться водицы?

— Как не случаться?

— Так вспомни-ка хорошенько: чай, всякий раз тебе казалось, что сам дедушка водяной выглядывает на тебя из омута. Ну с твоим ли красным носом да рыжими усами приглянуться молодой девушке!

— Так что ж: разве надобно витязю походить на девчонку, как товарищу твоему, Всеславу?

— Всеславу?.. Да, Фрелаф, он покрасивее тебя и помоложе, а попытайся-ка с ним схватиться! Всеслав и не этаких молодцов, как ты, за пояс затыкал.

— Как, что б этому мальчишке неудалому досталось...

— Так, видно, брат Фрелаф, ты не видал, как на последней игрушке богатырской, перед княжеским теремом, он сбил с поля Яна Ушмовца и смучил совсем удалого витязя Рохдая?

— Неужели в самом деле?

— Как же! Да с той-то самой поры он и попал в любимые отроки нашего великого князя.

— Да что Всеслав, в Киеве, что ль? — спросил гридня. — Вот уж дней десять я его не видал.

— И я также, — прибавил варяг.

— А я хоть и видел, — сказал Стемид, — да не узнаю. Вы помните, какой он был весельчак, а теперь как в воду опущенный: все о чем-то думает. Кручина, что ль, какая на сердце пала, не знаю. Подумаешь, так о чем ему тосковать, великий князь его жалует, отца и матери у него нет, ни роду, ни племени — так, кажется, о ком бы у него и сердцу болеть?

— Да откудова же взялся этот безродный и как попал в княжеские отроки? — спросил варяг.

— Родом-то он, кажется, из Великого Новгорода, — сказал гридня, — а кто был его отец, об этом никто из нас не слыхивал.

— Так, видно, он какой-нибудь подкидыш, — сказал с презрением варяг. — Может статься, отец-то его был где-нибудь бродягою или разбойником, так не диво, что сынок пошел по батюшке: чай, тоскует теперь о том, что живет не на своей воле: в лес хочется.

— Слушай, Фрелаф, — вскричал с досадою Стемид, — не глумись над тем, кто тебя лучше! Всеслав — отрок княжеский, а ты что?.. Простой мечник.

— Да зато не русин, а варяг, — прервал с гордостью Фрелаф, — и знаю моего отца: он княжеского рода.

— Да, да, — подхватил с улыбкою гридня, — вы все варяги — князья, только княжить-то вам негде. Но не о том дело!.. Не знаю, как вы, а я

17

мыслю так: Всеслав недаром стал таким нелюдимым. Знаете что? Уж не принял ли он веры греческой? Я слыхал, будто бы кого эти чародеи-христиане обольстят, так тот хоть живой в могилу ложись. Все наши потехи молодецкие, и песни, и пляски, и красные девушки, и всякое житейское веселье не взмилится. Говорят, покойный батюшка нашего князя был гроза грозою на этих колдунов, а все их много осталось. Эх, не в меру милостив наш государь великий князь! И если в самом деле эти злые люди прельстили любимого его отрока...

— Вот то-то и дело, что нет, — сказал Стемид. — Я сначала то же думал, да он поклялся мне Перуном, что ненавидит христиан, и рассказывал мне, что слыхал от верховного жреца, Богомила, с которым он часто беседует, такие речи об этих проклятых кудесниках, что волосы у него становятся дыбом, когда он повстречается с христианином. Богомил сказывал ему, что они сбираются по ночам, близ Аскольдовой могилы, на развалины бывшего их храма, который построил при княгине Ольге какой-то боярин Ольм, а после приказал разорить князь Святослав Игоревич; что у них тут происходят такие богомерзкие дела, что даже киевские ведьмы близко к тому месту не подходят; что они едят малых детей, пьют кровь человеческую, поклоняются каким-то расписным доскам и, вместо того что б чтить всемогущего Перуна, Световида[29], Ладу или хоть варяжского Одена, молятся злому Чернобогу[30] и просят его извести нашего отца, великого князя Владимира. А вы знаете, братцы, как любит его Всеслав: так даст ли он себя прельстить этим злодеям.

— Отчего же он так переменился? — спросил гридня.

— Допытаться не мог, а заметил только одно, что несколько дней сряду он каждое утро выезжает чем свет из Киева и возвращается не прежде полуден. Мне он говорит, что будто объезжает Сокола — своего вороного коня. Но зачем же он ездит всегда один и не берет даже с собою слуги своего? Да добро, уж я же его подстерегу!

— Тс, тише, тише, братцы! — сказал варяг. — Вон, кажется, девушки собрались в кружок: верно, какая-нибудь красавица хочет спеть песенку. Послушаем...

Фрелаф не ошибся: все затихло в шумном хороводе, и одна из девушек запела звонким и приятным голосом:

Не весенний ветерок
С полуден подул,
Не былиночка, сиротиночка

---

[29] Световид - бог света, у славян свет и солнце воспринимались раздельно.

[30] Чернобог - славяне считали его злым богом тьмы, обитающим в подземном мире.

В поле зашаталася, —
Заревели ветры буйные,
Закачался темный бор,
И все гости поднебесные,
Сизокрылые орлы,
По глубоким дебрям прятались,
И все мелки пташечки
По кусточкам притаилися.
Одна только пташечка,
Сиротина горлинка,
Без приюту оставалася:
Она ждала, поджидала
Своего сизого голубочка.

У окошечка, у косящего
Красна девица сидит,
Поджидая друга милого
Из далекой стороны,
В слезах поет, рыдаючи:
"О, ветер, ветер-государь!
Тебе мало ли высоких гор
Под облаками дуть,
Или не стало тебе моря синего
Разыграться, распотешиться?
Не бушуй ты во чистом поле,
Не мути широкий Днепр,
Не мешай ты другу милому
На свою родную сторонушку
Воротиться поскорей".

— Ай да соловьиное горлышко! — сказал большеголовый детина. — Ну, знатно пропела!.. Да и песенка сложена хитро.

— Клянусь Геллою[31] , — вскричал варяг, — эта певица стоит Фрелафова поцелуя, и во что бы ни стало, я ее поцелую.

— А если она чья-нибудь невеста? — прервал Стемид.

— Так что ж?

— И жених ее здесь?

— Тем лучше: я при нем ее поцелую.

---

[31] Гелла (греч.) - дочь Афаманта и Нефелы. По мифу, во время бегства от злой мачехи упала с златорунного барана в воды пролива, получившего ее имя - Геллеспонт (море Геллы - название Дарданелл в древности).

— А если он детина плечистый и не любит, что б его невесту целовали?

— Не любит! А мне какое до этого дело?

— Полно хвастать, Фрелаф! — подхватил гридня. — Ты только боек на словах, а как дойдет дело до кулаков, так первый за куст спрячешься.

— Кто? Я? — вскричал Фрелаф. — Я, природный варяг, побоюсь ваших русских кулаков? Так ступайте же за мною: я вам покажу, как у нас за морем целуют красных девушек!

Фрелаф расправил свои огромные усы, понадвинул на глаза стальной шлем и выступил вперед.

Стемид, гридня и несколько других молодых воинов пошли вместе с ним. Девушка, пропевшая песню, сидела на траве посреди своих подруг. Увидя приближающуюся толпу ратных людей, она поспешно вскочила; хоровод расстроился, и все ее подруги, как дождь, рассыпались по лугу.

— Нехорошо, господа честные, нехорошо! — кричали граждане киевские, идя вслед за воинами. — Не трогайте наших девушек!

Но молодые люди, не слушая их криков, стали их ловить, а Фрелаф пустился догонять певицу, которая побежала прямо к Велесову капищу.

— Ага, попалась певунья! — закричал варяг, схватив ее за руку. — Да небось, голубушка, ведь я не медведь, не съем тебя.

— Пусти меня, пусти! — кричала девушка, стараясь освободиться из рук варяга.

— Нет, прежде поцелуй, красавица!.. Да полно рваться!

Я сказал, что тебя поцелую, — и вертись себе как хочешь, а я поставлю на своем.

— Посмотрим! — загремел грубый голос у самых дверей Велесова храма, и мужчина колоссального роста в два прыжка очутился подле варяга. — Оставь эту девушку, — продолжал незнакомец, — или я, несмотря на твою железную шапку, размозжу тебе голову.

— Кому? Мне? — сказал Фрелаф, схватясь правою рукой за рукоятку своего меча и продолжая держать в левой руку пойманной им девушки. — Да кто ты сам таков, что б смел указывать и грозить варяжскому витязю Фрелафу?

— Я тебе говорю, пусти ее! — повторил незнакомец, подняв руку.

— Ого, ты хочешь драться! — закричал варяг, отступя шаг назад и выхватив из ножен свой меч. — Постой, поганый русин, я с тобой переведаюсь!

Быстрее молнии опустился тяжелый кулак незнакомца, и меч выпал из онемевшей руки варяга. Девушка, освободясь из рук его, побежала к своим подругам, которые снова собрались в кучу и, окруженные киевскими гражданами, шли прямо к городу. Фрелаф нагнулся, чтоб

20

поднять свой меч, но, оглушенный новым ударом, почти без памяти упал на землю.

— Что, молодец, — сказал насмешливо незнакомец, — каково целуются русские красавицы? Да что ж ты лежишь?.. Вставай!.. Ага, храбрый витязь, видно, смекнул: знаешь, что на Руси лежачих не бьют! Да добро, так и быть, я тебя и стоячего не трону — вставай.

Фрелаф с трудом приподнялся на ноги.

— Теперь ступай к своим товарищам, — продолжал незнакомец, — да скажи им, чтоб они вперед не обижали наших девушек.

Но варяг не очнулся еще от последнего удара и, устремив на незнакомца свои одурелые и неподвижные глаза, стоял, как вкопанный, на одном месте.

— Ну, что ж ты, витязь Фрелаф, — сказал, помолчав несколько времени, незнакомец, — иль у тебя язык и ноги отнялись? То-то же! Видно, еще, брат, никогда не отведывал русского кулака? Ах вы грабители, грабители! Нашли кого обижать, буяны! Да чего и ждать от шайки разбойников, у которой атаманом убийца родного своего брата.

— Товарищи, товарищи, сюда! — заревел Фрелаф, бросившись бежать от незнакомца.

— Ей ты, могучий богатырь, — закричал вслед ему незнакомец, — постой, подыми свой булатный меч: неравно наткнешься на какую-нибудь посадскую бабу, так было бы чем оборониться.

Но варяг бежал, не оглядываясь; товарищи его были уже далеко: они отправились вслед за девушками в город и не могли ни слышать его голоса, ни поспеть к нему на помощь.

Незнакомец завернулся снова в верхнюю свою одежду, сел на одной из ступеней Велесова капища и устремил по-прежнему внимательный взор на вершину Кучинской горы.

III

Прошло более часу. Последний свет от догорающей зари становился все бледнее и бледнее; тени сгущались, прозрачные облака темнели, и безлунная ночь, расстилая по небесам свою звездную мантию, медленно опускалась над засыпающими волнами Днепра. Вот затихло все в окрестности, и от времени до времени глубокая тишина прерывала отдаленный гул и глухой, невнятный говор многолюдного города. Огни потухали один после другого; вот замолкли веселые песни, затих шум по

21

улицам, — все покрылось темнотою... Вдруг на вершине Кучинской горы, в одном из теремов белого здания, замелькал слабый огонек.

— А, вот и условленный знак! — сказал незнакомый, вставая. — Кажется... да, так точно, в третьем окне полуденного терема.

В близком расстоянии раздался шелест от шагов поспешно идущего человека; он шел прямо к божнице Велесовой, распевая вполголоса:

> Как во стольном городе во Киеве,
> Что у ласкова князя Владимира,
> А и было пированье, почестный пир,
> А и было столованье, почестный стол...

— Это ты, Тороп? — спросил незнакомец, сделав несколько шагов навстречу к певцу, который, сняв вежливо шапку, поклонился ему в пояс и сказал:

— Да, боярин, это я.

— И ты поешь эту проклятую песню, и ты величаешь Владимира?!

— Не погневайся, боярин: из песни слова не выкинешь, а в Киеве только и песня, что о князе Владимире. Вот вечор я перенял еще песенку, которую сложил Соловей Будимирович, любимый певец великокняжеский. Ах, боярин, что за песня! Послушай-ка!..

> Светел, светел месяц во полуночи,
> Ясно солнышко во весенний день;
> А светлее чиста месяца,
> А яснее красна солнышка
> Наш великий князь...

— Молчи! — закричал с нетерпением незнакомец. — Разве ты для того живешь в Киеве, чтоб перенимать глупые песни.

— Не гневайся, боярин; песни песнями, а дело делом! Тебя дожидается Богомил.

— Он дожидается меня, — повторил незнакомец, — и быть может, для того, чтобы выдать головою своему великому князю... Но погоди, старая лисица, ты не перехитришь меня, и если б только мне удалось... Тороп, добился ли ты наконец толку: узнал ли ты, у кого из гридней или отроков Владимировых нет ни роду, ни племени?

— У кого! Да они почти все безродные: у одного отец и мать за морем, у другого в Великом Новегороде. Ведь при лице княжеском и десяти витязей не начтешь из здешних природных киевлян.

— Итак, ты до сих пор ничего не умел проведать?

— Да давно ли, боярин, я живу в Киеве? Давно ли приказал ты мне идти в услужение к этому Богомилу, который сам ест за десятерых, а домочадцев своих морит голодом? Недаром про него сложена песенка:

А и тучен наш верховный жрец, А и тощи его слуги верные; Уж как приметтся, наш батюшка, Он глотать по целому быку...

— Мне некогда слушать твоих песен! — прервал с досадою незнакомец. — И если б ты поменьше пел, а побольше думал о том, что тебе приказано, так, может статься, давно бы уж не жил у Богомила. Я знаю, что тот, кого мы ищем, служит при Владимире; Богомилу известна эта тайна; да от этого хитрого кудесника и сам владыка его, Чернобог, не добьется правды. Ты говоришь, что почти у всех отроков Владимировых нет ни роду, ни племени? Пусть так, но они знают своих отцов и матерей! А нет ли из них такого, который не знает не только отца и матери, но даже своей родины и которому не более двадцати двух лет от роду?

— Да вот сегодня, боярин, перед закатом солнечным, я подслушал, как здесь на Подоле шла речь у княжеских витязей о каком-то Всеславе, и один усатый варяг, потешаясь над ним, называл его безродным. Они говорили, что он каждый день чем свет выезжает из Киева на своем вороном коне, а зачем и куда — никто из них не знает. Погоди, боярин, я не проронил этих речей, и может статься... Да что об этом говорить, утро вечера мудренее! А теперь не пора ли тебе к Богомилу? Ведь он давно уже дожидается.

— Пойдем! — сказал незнакомец. — Посмотрим, что скажет мне этот премудрый бездушник!

Они не прошли десяти шагов, как вдруг Тороп остановился и, поднимая что-то с земли, сказал:

— Что это? Боярин, боярин, посмотри-ка мою находку! Меч... да еще, кажется, не простой!..

— Брось его! — сказал незнакомец. — Ты человек не ратный, а он и тебе руки замарает...

— И, что ты, боярин: он чистехонек, — за что бросать! — продолжал Тороп, затыкая за пояс свою находку. Может статься, он солида четыре стоит[32], а прошу не погневаться, боярин, по милости твоей у меня и полшляга за душой не осталось: все проел дочиста, чтоб не умереть с голоду, с тех пор как живу у этого скряги Богомила.

Незнакомец не отвечал ни слова и продолжал идти молча к тому месту, где начиналась пробитая в гору, почти по отвесной линии, крутая тропинка. Она служила кратчайшим путем для тех, кои не хотели идти широкою и покойною дорогою, которая, изгибаясь по крутому скату и

---

[32] Солид — греческая золотая монета тогдашнего времени величиною с червонец; шляг — мелкая серебряная монета.

опоясывая несколько раз всю полуденную сторону Кучинской горы, вела на самую ее вершину.

Покрытые соломою низенькие лачужки для сторожей, клети, построенные на высоких столбах, и обширные огороды, которые, начинаясь с средины Подола, тянулись до самой подошвы Кучинской горы, были некогда единственным предместьем северо-восточной стороны древнего Киева. Наблюдая глубокое молчание, незнакомый и провожатый его вошли в один из бесчисленных закоулков, кои составляли заборы и плетни, отделявшие один огород от другого. Все было тихо кругом. Ночные сторожа дремали у дверей своих избушек, и только изредка кое-где вскрикивал кузнечик и от времени до времени прохладный весенний ветерок шептал в густых листьях кудрявой рябины или ветвистой черемухи.

— Боярин! — сказал Тороп, прервав наконец продолжительное молчание. — Хоть и не пристало бы мне первому заводить с тобою речь, но не погневайся, если я спрошу тебя: ради чего ты живешь таким отшельником? Когда мы были еще на чужой стороне, ты больно тосковал тогда о святой Руси; да и не диво: хвалисский город[33] Ателъ, в котором мы жили, в пригородье Киеву не годится, а об хвалисах, узах, печенегах и говорить нечего: народ поганый, хуже, чем эта чудь белоглазая и мещера долгополая. Помнишь ли, боярин, бывало, как затяну песенку:

Уж как тошно, тошно ясну соколу
С коршунами жить... —

так у тебя слезы на глазах навернутся. Ну вот, по милости богов, мы опять на своей родине, и уж годов пяток, побольше, как ушли с тобою из земли печенежской, а что толку-то? Ты забился в лес, живешь в лачужке, как медведь в берлоге! Да этак все равно, если б ты и вовсе у печенегов остался; леса там не хуже здешних, а Волга-то почище нашего киевского Днепра: как расходится, матушка, так словно море Хвалисское, есть где поразгуляться, — не сядешь на мель, не наткнешься, как у нас, на пороги. Нет, боярин, воля твоя, а житье твое не житье! Э, знаешь ли что? Ведь я еще тебе об этом не сказывал: ты здесь не один живешь в лесу — я недавно набрел на хижину старого дровосека. Предобрый человек! Я заплутался и устал до смерти, а он не спросил даже, кто я, а накормил и напоил как родного. Я заходил к нему еще раза два; и в последний раз близко часу проболтал с его дочерью... Ну уж девушка! Сродясь таких не

---

[33] ...хвалисский город... - город на Хвалисском море - древнерусское название Каспия.

видывал! Как подумаешь, что такая красавица живет почти одна-одинехонька в дремучем лесу! Эх, сиротинка, сиротинка горемычная! Другие песенки попевают, играют в хороводах, колядуют, венки заплетают да женихов высматривают, а она, сердечная, словно горлинка одинокая, и свету божьего не видит! Только и отрады-то, что пойдет иногда побродить по лесу да послушать, как птички поют. Она говорит, что любит мои сказки; не диво: что ей, голубушке, от скуки-то делать, с кем словечко перемолвить? Отец ее часто уходит в Киев, так сидеть все одной, от раннего утра до поздних сумерок, ведь этак и одурь возьмет, — день-деньской за веретеном... Э, чуть было не забыл: она просила меня купить ей веретено поузорчатее. Купить-то я купил, да когда удастся к ней отнести? Что, боярин, завтра я тебе не надобен? Ась? Что?.. Да ты меня не слушаешь? — промолвил болтливый Тороп, заметив наконец, что господин его говорит вполголоса с самим собою и не обращает никакого внимания на его слова.

— Боярин, боярин!..

— Ну что?.. — спросил незнакомый с рассеянным видом. — О каком ты говоришь веретене?

— А вот об этом, — сказал Тороп, вынимая из-за пазухи раскрашенное яркими красками деревянное веретено. — Я купил его для дочери дровосека, о котором сейчас тебе рассказывал, и если ты дозволишь... Постой, постой, боярин!.. Нишкни-ка... — продолжал вполголоса Тороп, указывая пальцем на угол дощатого забора, на котором отразился слабый свет. — Что это?.. Никак, сюда идут с огнем.

— В самом деле! — отвечал незнакомый. — Я слышу шорох... да, точно! Сюда идут.

Яркий свет блеснул из-за угла забора, и шагах в тридцати от них показались двое рослых мужчин, поспешно идущих. Один из них нес в руке зажженный факел, от которого свет, отражаясь на стальном шлеме его товарища, вполне освещал его красный нос и огромные рыжие усы.

— Спрячемся, боярин, — шепнул с приметною робостью Тороп. — Это ратные люди, а один-то из них, вот тот, что идет с огнем, кажется, Стемид — ближний стремянный великого князя.

— А какое мне до этого дело? — прервал незнакомый. — Разве дорога проложена для одних стремянных княжеских?

— Эх, боярин, тебе какое дело, да меня-то он знает: так ладно ли будет, если он станет рассказывать, что слуга верховного жреца таскается по ночам неведомо с какими людьми? Спрячемся хоть в этом пустом шалаше; они мигом пройдут.

Незнакомый, хотя с приметным неудовольствием, но послушался Торопа и вошел вместе с ним в небольшой плетневый балаган, прислоненный к самому забору.

25

Через полминуты проходящие поравнялись с шалашом. Тороп не ошибся: один из них был точно Стемид, а в товарище его, неуклюжем воине с рыжими усами и красным носом, вероятно, читатели наши узнали уже варяжского мечника Фрелафа.

— Стой, — вскричал Стемид, прошедши мимо шалаша, — я нейду далее!

— И, полно, — сказал варяг, — пойдем, уж недалеко осталось!

— Да куда же ты меня тащишь? Послушай, Фрелаф, уж не издеваешься ли ты надо мною?

— Что ты, Стемид!.. Клянусь тебе Оденом...

— Добро, не клянись, а шути над тем, кто тебя глупее!

— Да разве я не говорил тебе, что мы, как верные слуги княжеские, должны сослужить ему службу?

— Да, ты говорил мне это, когда поймал меня у самого теремного двора, заставил взять этот светоч и потащил вместе с собою; но я хочу знать, о чем идет дело, и без этого не тронусь с места.

— Ну так слушай же, Стемид: здесь, на Подоле, у самого храма вашего бога Белеса, скрываются враги великого князя.

— Как так?

— Да так. Помнишь, как я погнался за девушкой, которая так хорошо пела в хороводе?.. Ну, вот я настиг ее у самой божницы, стал целовать, и, надобно сказать правду, она не больно отбивалась. Вдруг, откуда ни возьмись, пребольшой мужчина, да и ну позорить, и добро б меня, а то нашего великого князя; я припугнул его порядком, а меж тем побежал за вами, что б вы помогли мне связать его, и ты попался мне первый. Ну, теперь куда и зачем ты идешь со мной?

— Куда — знаю, а зачем — не ведаю.

— Как не ведаешь? Вестимо зачем, чтоб схватить этого Разбойника.

— Да неужели ты думаешь, что он станет там дожидаться до тех пор, пока за ним придут и скрутят руки назад?.. Я чаю, уж теперь давным-давно и след его простыл.

— А почему знать?

— Нет, Фрелаф, я устал и не хочу всю ночь бродить по-пустому! Прощай!

— Эх, братец, постой! Ну, если нам не удастся поймать этого злодея, так авось отыщем мой меч.

— Твой меч?

— Ну да! Вот видишь: как этот разбойник стал позорить нашего князя, так у меня вся кровь закипела в жилах! Ты знаешь, Стемид, я детина добрый, а уж если расхожусь...

— Знаю, братец, знаю!

— Говорить непригожие речи о нашем великом князе! И при ком же?..

26

При молодце Фрелафе! Веришь ли, Стемид, меня взяло такое зло, что я земли под собой не почуял!

— Верю, верю!

— Выхватил меч, да как махнул со всего плеча могуча!.. Ну, счастлив, разбойник! Кабы я не обмишулился, так раскроил бы его надвое!

— А ты промахнулся?

— Промахнулся, братец, и вместо головы этого шального хватил по камню. Батюшки мои, как посыплются искры!..

— Эге! — прервал Стемид. — То-то нас всех и осветило, а уж мы думали, думали, что за диковинка такая?..

— Камень разлетелся вдребезги... — продолжал варяг, нимало не смущаясь.

— Один осколок, — прервал снова Стемид, — попал в голову городскому вирнику, который на ту пору обходил киевские улицы.

— Эх, братец, ты настоящий гусляр! Тебе бы все глумиться да скоморошничать. Я говорю дело. Вот, как ни крепко я держал в руке меч, а он вылетел.

— Зачем же ты его не поднял?

— Зачем! Затем, что я боялся упустить этого злодея и побежал скорей за вами.

— Так вот какую службу я должен сослужить великому князю: помочь тебе отыскать твой меч! Нет, Фрелаф, поберегу мой живот до поры до времени, а эта служба мне не под силу. Прощай!

— Постой, братец! Да сделай отеческую милость, дойди вместе со мною.

— Кой прах, Фрелаф, уж не боишься ли ты идти один?

— Кто? Я боюсь? Что ты, братец! Да давай на одного меня днем полсотни молодцев — усом не поведу! Но теперь дело ночное: кто знает, что случится? Может статься, их там много: зайдут с тыла, наткнешься на засаду... мало ли ратных хитростей? Тут храбрость не поможет; вдвоем то ли дело: стали спинами друг к другу, да и катай на все стороны! Ну, понимаешь ли теперь?..

— Понимаю, храбрый витязь, понимаю! Я только одного в толк не возьму, в кого ты уродился? Все твои земляки взросли на боях, удалые воины, молодцы, а ты...

— Что я?..

— Да как бы тебе сказать? Бабой тебя назвать нельзя: усы велики; греком также не назовешь: у тебя рыжие волосы, а варягом назвать стыдно.

— Что ты, братец? Неужли в самом деле думаешь, что я робею? Да не будь я Фрелаф, сын Руслава, внук Руальда и правнук Ингелота; да чтоб на моей тризне пели не скальды вещие, а каркали черные вороны; чтоб в мой доспех наряжались старые бабы и вместо меча из моих рук не выходило веретено с пряжею...

— Возьми ж свой меч, могучий богатырь Фрелаф! — сказал кто-то позади насмешливым голосом.

Варяг обернулся, отпрыгнул назад и вскричал с ужасом:

— Это он!

— Да, это я! — продолжал спокойно незнакомый. — А вот твой меч, — прибавил он, бросив что-то к ногам Фрелафа. — Подыми его, добрый молодец, да смотри поберегай: он тебе по плечу.

Сказав сии слова, незнакомый пустился скорыми шагами вслед за небольшим человеком, который, закрывая лицо полою своего кафтана, бежал, не оглядываясь, по тропинке, ведущей на вершину Кучинской горы. В полминуты они оба исчезли из глаз Стемида.

— Откуда взялся этот долговязый? — спросил он наконец, перестав смотреть в ту сторону, где скрылся незнакомый. — Не видал ли ты, Фрелаф?

Варяг не отвечал ни слова.

— Что ж ты, — продолжал Стемид, — онемел, что ль? Фрелаф, а Фрелаф?.. Да очнись, братец!

— Это он! — промолвил, заикаясь, варяг.

— Кто он?

— Точно он!

— Да кто?

— Ну вот тот самый, что давеча у Велесовой божницы...

— Так что ж ты, прозевал его?

— Прозевал!.. Нет, братец, полно теперь спорить! До сих пор я не давал веры речам вашим; бывало, как вы начнете рассказывать о киевских ведьмах и злых чародеях, так я и слушать не хочу, — теперь всему верю! Ах, батюшки, что это?.. Лишь только этот кудесник дыхнул мне в лицо, так у меня и руки опустились, и ноги онемели, и даже язык отнялся. Ну, не диво же, что я давеча промахнулся: он отвел мне глаза... Да, да, он точно меня обморочил: вместо себя подсунул камень, а сам сквозь землю провалился.

— Статься может, Фрелаф, только я слыхал, что от испуга также язык отнимается.

— Да помилуй, братец! Если этот разбойник не чародей, так откуда же он взялся?

— А вот, может быть, из этого шалаша.

— Как бы не так! Как я обернулся, так он еще по колени был в земле!.. Да разве не слышишь, Стемид? Фу, какой смрад!

— Нет, я ничего не слышу.

— Что ты, братец! Так и пахнет преисподнею... Уйдем скорей отсюда.

— Погоди, Фрелаф: подыми прежде свой меч.

— Мой меч?

— Ну да! Он бросил что-то вот здесь наземь, сказал, что это твой меч, и советовал тебе поберечь его.

— В самом деле? — вскричал с радостью Фрелаф. — То-то же, — видно, не под силу пришелся этому разбойнику! Да где же он?

— Постой! — сказал Стемид, наклоняясь. — Вот здесь, кажется... Что это? — продолжал он, подымая с земли большое расписное веретено. — Ну, брат, подшутил же он над тобою! Посмотри, каков твой меч!

— Как! Веретено!..

— Да, да, веретено! — повторил Стемид, умирая, со смеху. — Ай да молодец! Ну, теперь и я вижу, что он чародей.

— Ах он собака! — заревел варяг. — Постой, разбойник, вот я тебя!.. Держи его, держи!

— Полно горланить-то, Фрелаф! Не умел держать, когда был у тебя под носом, а теперь орешь.

— Ах он проклятый кудесник! Да я на дне морском его отыщу! Чтоб я не отомстил за эту обиду, я, Фрелаф, сын Руслава, внук Руальда!

— И правнук Ингелота, — промолвил Стемид. — В самом деле, этот чародей вовсе не уважает твоих предков; однако, я чаю, ты не погневаешься на меня, если я не отдам тебе этого расписного меча? Дозволь мне похвастаться им перед товарищами!..

— Что ты, Стемид! — вскричал Фрелаф. — Пожалуйста, не рассказывай никому, пока я не отомщу за эту смертную обиду. Ты знаешь наших молодцев: как попадется им на язычок это веретено, так мне житья не будет.

— Слушай, Фрелаф, — сказал, помолчав несколько времени, Стемид, — я парень добрый, так и быть, не перескажу никому о том, что видел; зато и ты не моги никогда хвастаться передо мною своим удальством и богатырством. Без меня, пожалуй, себе на здоровье, ломай дубья, бери города, разбивай кулаком стены каменные, хвастай сколько душе угодно; но при мне, если ты заикнешься об этом, а пуще коли вымолвишь хоть одно непригожее слово о княжеском отроке Всеславе, — смотри, берегись: этот меч-кладенец будет всегда со мною, и я при всех тебе его отдам... Ну, теперь пойдем — пора спать. Ах он леший проклятый! — продолжал Стемид, пройдя несколько шагов и принимаясь снова смеяться. — И пришло же ему в голову!.. Да кто ему шепнул, разбойнику, что ты храбрый витязь Фрелаф! Ну, видно, он в самом деле кудесник!

Пристыженный варяг, повесив голову, отправился вместе со Стемидом по дороге, ведущей в Киев. Он молчал как убитый и только изредка, когда громкий хохот его товарища прерывал ночную тишину, бормотал про себя, пошевеливая своими огромными усами:

— Смейся, смейся, проклятый русин! Засмеялся бы ты у меня кабы я был сам-третей или сам-четверт!

IV

В высоком тереме, из которого можно было окинуть одним взглядом большую часть Киева и живописных его окрестностей, за дубовым резным столом сидел Богомил, верховный жрец Перунова капища. Бледный свет от стоящей перед ним лампады слабо отражался на бревенчатых стенах светлицы, разделенной надвое деревянного перегородкою. Серебряные сосуды различных форм и некоторые другие вещи, служащие для жертвоприношений, расставлены были в порядке на двух полках, также украшенных резьбою. С другой стороны стола, на скамье, покрытой пушистым мехом серого волка, сидел любимец Богомила Лютобор. Заткнутый за пояс широкий жертвенный нож был единственным признаком его звания. Лютобор занимал место старшего жертвоприносителя и пользовался властью, почти равною с могуществом верховного жреца. Бледно-желтоватое лицо его, похожее на безобразную восковую личину; неподвижные резкие черты, отлитые в какую-то идеальную форму, в которой не было ничего человеческого; совершенное отсутствие жизни в тусклых, беловатых глазах — словом, все в этом живом мертвеце было ужасно и отвратительно. Когда он молчал, то походил на бездушный труп; начинал говорить, и всякий с первого взгляда почел бы его адским духом, который, в виде мертвеца, беседует с повелителем своим, верховным жрецом Богомилом. Казалось, этот последний читал с большим вниманием пергаменный свиток, исписанный руническими буквами[34]. Трудно было бы определить, какого рода ощущения волновали в эту минуту честолюбивую и злобную душу этого хитрого старика. В его седых, почти сросшихся бровях, на высоком наморщенном челе изображалось беспокойство; сверкающие из-под густых ресниц глаза горели нетерпением; он пожирал ими бесконечные столбцы развернутой рукописи; то улыбался, то хмурил брови, казался довольным, и вдруг чело его покрывалось новыми морщинами. Он покачивал с сомнением головою, переставал читать и, облокотясь на руку, предавался глубокой

---

[34] Рунические буквы - вырезавшиеся на дереве, камне и т. п. буквы готического алфавита древних германцев, использовавшиеся главным образом для культовых и памятных надписей (II-XIII вв.).

думе; потом снова принимался за рукопись и наконец, оттолкнув ее с досадою от себя, сказал вполголоса:

— Нет, все эти чужеземные обряды мне вовсе не по душе!.. Арконский Световид[35] ничем не лучше нашего Перуна... Конечно, Стетинский храм великолепен: эти сокровища, эти византийские пурпуровые ковры, этот белый конь Световидов, прорицающий будущее, — все это должно дивить и поражать священным ужасом народ; но Владимир... Нет, не то надобно Владимиру!.. Недаром каждую ночь черный воров каркает над кровлею моего дома... Чу!.. Слышишь, Лютобор, вещий его голос? Недаром в самую полночь стаи голодных псов воют под окнами моего терема; и часто, среди ночной тишины, когда, измученный лютою бессонницей, я начинаю смыкать усталые глаза мои, внизу за Днепром раздаются дивные голоса в воздухе: я слышу отвратительный хохот русалок, пронзительные вопли кикимор, и Долобское озеро ревет, как дикий вепрь. Ах, чует мое сердце!.. Лютобор, мы спим на краю пропасти, и близок... да, близок час нашей гибели!

Страшилище зашевелило губами, и что-то похожее на человеческий голос вырвалось из груди его; казалось, оно повторило с удивлением последние слова Богомила.

— Так, — продолжал верховный жрец, — если мы не предупредим грозящей нам беды, то гибель наша неизбежна. Ты должен знать все, Лютобор... Да, одному тебе могу я открыть эту тайну... Ты всеми ненавидим: вельможи и даже сам Владимир смотрят на тебя с отвращением; ты живешь, ты дышишь, ты создан мною. Слушай: вот уже близко месяца, как великий князь не выходит из своей одрини (Опочивальня); как тяжкий свинец, крепкая дума лежит на душе его; замолкло все в его светлых гридницах, и, глядя на кручину своего государя, приуныли знаменитые бояре, могучие богатыри и все храбрые его витязи; но никто не знает, о чем скорбит и тоскует Владимир. Я один знаю это и трепещу, Лютобор!.. Владимир начинает презирать и гнушаться верою отцов своих!

Живой мертвец вздрогнул, неподвижные черты лица его одушевились, и он вскричал почти с ужасом:

— Как?.. Владимир? Нет, нет, это невозможно! Набожный Владимир, который соорудил этот великолепный храм Перуну, не пожалел своего серебра и злата на изваяние кумира, коему дивятся все гости иноземные; Владимир, который приносит столь частые жертвы, осыпает дарами тебя и всех жрецов!..

— Да, — прервал Богомил, — тот самый Владимир, который недавно

---

[35] Арконский Световид - имеется в виду расположенный на северном мысе острова Рюгена в Балтийском море храм с изваянием бога Свентовита.

преклонял колена не только перед кумиром всемощного Перуна, но пред жертвенниками Стрибога[36] , Позвизда и Купалы, с презрением отвергает мольбы мои и не желает присутствовать при священных наших обрядах, последней беседе со мною, когда я убеждал его прибегнуть к богам, "ибо они одни, — сказал я, — могут излечить душевный твой недуг", он нахмурил свои грозные брови и, покачав печально головою, сказал: "Нет, Богомил, твой Перун безмолвствует: или ничтожные жертвы, тобой приносимые, недостойны его, или мы, в слепоте нашей, поклоняемся не тому, кто правит вселенною и держит в руке своей сердца владык земных! В душе моей созрела мысль — я исполню ее! Не все народы, подобно нам, чтут Перуна, не все жертвенники орошаются кровью бессловесных животных. Я не могу долее смотреть на эту бойню, которую вы называете жертвоприношением. Мне скучно слышать ваши хороводные завыванья, которые вы именуете священными песнями; мне надоели ваши торжества и обряды — эти потехи малых детей, эти женские игрища, в коих ничто не потрясает мою душу, ничто не наполняет ее благоговением и ужасом. Нет, я недоволен верою отца моего!" Так говорил Владимир, и в сверкающих очах его, в его мощном орлином взгляде я прочел смертный приговор наш: мы погибли, Лютобор!

— Никто не должен погибать без бою! — сказал, помолчав несколько времени, Лютобор. — Из речей твоих я угадываю, чего жаждет душа Владимира. Не называл ли он жертвы, приносимые тобой, ничтожными; наши обряды и торжества женскими игрищами? И подлинно, подумай сам: можно ли взирать с благоговением и ужасом на изображение кроткого божества, которому приносят в дар начатки плодов земных, пару голубей, тельца... Нет, Богомил, не бессловесные жертвы падают под священным ножом жрецов варяжских! Вспомни, что рассказывал тебе о своем боге Одене этот чужеземный певец, Фенкал, которого все варяги называют своим вещим скальдом?..

— Что ты говоришь, Лютобор? — вскричал с живостию верховный жрец, вскочив с своего места. — О, каким светом ты озарил меня! Так, верный мой товарищ, — не кроткие обряды и торжества, не сладкоголосное пение перед кумиром Перуна, не мирные потехи в честь богов потрясут и очаруют закаленную в боях буйную душу Владимира; не того требует взлелеянный на бранном щите этот достойный сын кровожадного Святослава. Нет, не уходился еще этот дикий зверь: пресыщенный негою, он заснул на время... Почтим же достойно его пробуждение!.. Ты хочешь крови, Владимир! Добро, мы потешим тебя!..

Богомил призадумался и после минутного молчания продолжал, обращаясь к своему наперснику:

---

[36] Стрибог - древнеславянский языческий бог ветров.

— Завтра же надобно пригласить на совещание именитых бояр и витязей княжеских. Я скажу им, что разгневанные боги неверием многих нечестивых граждан киевских требуют необычайных жертв; что доколе кровь человеческая не обагрит жертвенник Перунов, ничто не уврачует душевный недуг Владимира и не рассеет его мрачных помыслов. Я назначу сам жертву, угодную небесам, ибо мне одному, как верховному жрецу Перуна, открыта воля богов.

— А так как эта воля для тебя всегда открыта, — прервал Лютобор, — то, вероятно, ты можешь теперь уже сказать, на кого должен пасть этот жребий.

— На кого?.. Лютобор, поднимется ли рука твоя, вонзишь ли ты без трепета твой жертвенный нож в грудь варяга?

— В грудь варяга?! — повторил с удивлением Лютобор. — Но что скажут его единоземцы, эти гордые поклонники Одена, едва признающие над собой власть великого князя? Богомил, ты знаешь, что рука моя не дрогнет, но я желал бы лучше принести на жертву десять киевских граждан, чем одного варяга...

— Даже и тогда, если этот варяг христианин?

— Христианин! — вскричал Лютобор. — Христианин! — повторил он, заскрежетав зубами. — О давай его сюда, Богомил! И клянусь преисподнею, если б он был родной брат мой, единственное мое детище, любимый витязь великокняжеский...

— Нет, он простой гражданин. Помнишь ли ты, как дней десять тому назад, совершив обряд жертвоприношения, я вышел из святилища, чтоб благословить народ, который толпился на площади вокруг храма? Все пали ниц; один только бедно одетый, но видный собою муж не преклонил главы своей. Как теперь вижу пред собою это величественное и спокойное чело! С каким обидным состраданием смотрел этот горделивец на толпу народа, отдавшего мне должную почесть! С каким притворным добродушием он покачивал печально головою и, казалось, хотел сказать: "Бедные, вы не ведаете сами, что творите в слепоте вашей!" Во всю жизнь мою не изгладится из моей памяти этот устремленный на меня взор. О, я простил бы ему, если б он пылал злобою!.. Нет, я прочел в нем одно презрение! Понимаешь ли ты, Лютобор, как должен я ненавидеть этого надменного христианина? С первого взгляда я узнал в нем одного из сотников варяжской дружины, который, изменив вере отцов своих, давно уже живет простым гражданином и не служит в числе ратных людей великокняжеских. Его звали Руславом, а теперь зовут Феодором.

— И боги изберут его?..

— Нет, Лютобор, смерть не испугает варяга, и ничто не возмутит надменной души христианина: он с тем же спокойным челом пойдет на смерть, с каким идет на брачное торжество. Но он отец, у него есть сын, прекрасный отрок...

— А, понимаю!

Богомил замолчал, призадумался; снова крутой лоб его покрылся морщинами; в блуждающих взорах изобразилось беспокойство, и он промолвил вполголоса:

— Но если и это средство возбудить набожность Владимира останется тщетным, если, я страшусь вымолвить это слово, если он... захочет сделаться христианином?..

— О, я не опасаюсь этого! — прервал Лютобор. — Когда отец его, несмотря на все просьбы своей матери, не осмелился принять веры, презираемой его храброю дружиною...

— На что не осмелится Владимир! Лютобор, ты не знаешь всю твердость этой непоколебимой души! Один он может разрушить храмы богов наших, низвергнуть кумир Перунов и навеки истребить веру отцов своих. Что противостанет его мощной воле, кто дерзнет не последовать примеру Владимира? Нет, если ненавистные христиане успеют обольстить его, тогда... О, тогда или боги, во гневе своем, изрекут смерть Владимиру, или мы погибнем! Да, не пугайся, Лютобор, — не ты будешь исполнителем воли богов: я знаю одного бесстрашного мужа, который, по единому мановению руки моей, пронзит сердце Владимира. Моя ненависть к Феодору, ко всем христианинам — ничто в сравнении с злобою, которую он питает в душе своей к сему правнуку Олега. Он взял на себя клятвенное обещание, не выполненное ни отцом его, ни дедом: воздать злом за зло, кровью за кровь. Он жил долго у печенегов, ездил в Византию и успел склонить на свою сторону хитрого государя, для которого могущественный Владимир с каждым днем становится опаснее. Ласкаясь надеждою, что он не только совершит кровавую месть свою, но возвратит потомку древних князей киевских законное их наследие...

— Как, — прервал Лютобор, — неужели не совсем еще истребился род Аскольдов?

— Нет. Единственная отрасль этих несчастных князей, сын внуки Аскольдовой, которая с отцом своим успела укрыться от мечей убийц в землю хорватскую, жив еще. По неисповедимой воле богов этот юноша служит теперь правнуку того, кто отнял его наследие и умертвил его прадеда.

— Кто же из витязей княжеских этот потомок Аскольда?

— Тайна эта не многим известна. Я знаю ее, но открою не прежде, пока не истощу всех средств к нашему спасению.

— Но как узнал ты эту тайну? — спросил с любопытством Лютобор.

— А вот слушай, я расскажу тебе все. Лет восемнадцать тому назад, когда покойный князь Святослав Игоревич приехал в Киев повидаться со своею матерью, княгиней Ольгою, случилось ему быть на охоте близ горы Хоревицы, за Вышегородом; он пригласил и меня вместе с ним позабавиться этой любимою его потехою. Вот этак под вечер, когда князь, беседуя со мною, ехал уже с поля, какой-то высокий муж выскочил из-за куста и хотел хватить его по голове бердышем. Князь увернулся, и вся толпа бросилась за разбойником, который пустился бежать в самую средину леса. Все это произошло в несколько мгновений; но исполинский рост незнакомца и грозные черты лица его глубоко врезались в моей памяти. Воевода Претич и трое другие княжеских витязей, гонясь за ним по пятам, наехали на небольшую избушку, построенную в глубоком овраге. Витязи продолжали гнаться за разбойником, а Претич сошел с коня, заглянул в эту лачужку и нашел в ней почти грудного ребенка, весьма бедно одетого, но у которого на шее висела небольшая золотая гривна нехитрой работы. Когда витязи возвратились назад, не поймав убийц, то, размыслив хорошенько, что в этой избушке некому жить, кроме разбойника, и что ребенок — его сын, они захватили его с собою и привезли к князю. Не знаю, что было бы с этим горемычным сиротою, если б не сжалилась над ним княгиня Ольга. Она взяла его к себе и при кончине завещала любимой своей ключнице, Малуше[37], матери нашего князя Владимира, иметь о нем попечение, как о собственном своем детище. Малуша переехала на житье в Великий Новгород, где воеводствовал тогда ее сын, и когда Владимир, по смерти родителя своего, овладев всем царством Русским, начал княжить в Киеве, то я заметил в числе его витязей двух юношей, которые любили друг друга, как родные братья. Они оба охотно беседовали со мною о таинствах и преданиях веры нашей. Один из них, поразговорясь однажды со мною, признался, что, воспитанный матерью великого князя вместе с другим сиротою, который также служил Владимиру, он не знает ни роду своего, ни племени; что с младенчества носит на груди златую гривну как единственное наследие отца своего и что всякий раз, когда он пытался повыведать что-нибудь от благодетельницы своей, Малуши, она отвечала ему. "Не спрашивай, дитятко! Ты и товарищ твой, вы оба горемычные сироты. Одного из вас нашли в дремучем лесу, другого на ратном поле, между мертвыми. Кто вас поит и кормит, тот вам и отец и мать". По этим речам нетрудно мне было смекнуть, что, может быть, этот юноша — тот самый ребенок, которого воевода Претич нашел в избушке. Склонясь на мою просьбу, он показал мне свою золотую гривну; я узнал ее — это была та самая, которую я видел лет восемнадцать тому назад. Я не умел еще в то время разбирать таинственные письмена жрецов варяжских; изучась впоследствии этой

---

[37] Малуша - ключница великой княгини Ольги, наложница Святослава, мать Владимира Святославича.

35

хитрой науке, я без труда, но с удивлением прочел начертанные на этой гривне слова: "Аскольд, князь Киевский". Не знаю, почему мне пришло тогда на мысль, что это неожиданное открытие может некогда мне пригодиться. Опасаясь, чтоб кто-нибудь другой не разобрал надписи, я уверил легковерного юношу, что с этою златою гривною неразлучно соединено все будущее его счастье; что все блага земные изольются на главу того, кто носит на себе этот залог благоволения и милости богов; а поэтому, дабы сохранить вернее эту драгоценность, я крепко-накрепко заказал юноше не только никому ее не показывать, но даже и говорить о ней. Я уже сказывал тебе, что великий князь, беседуя со мною в последний раз до самой полуночи, открыл мне наконец тайную причину своей скорби и уныния. Возвращаясь от него домой, смущенный грозным предчувствием, объятый ужасом, я впал в какое-то младенчество и, подобно малодушной жене, решился прибегнуть к тщетным мольбам: как ночной тать, я прокрался к Перуновой божнице, отпер один из боковых притворов и вошел в святилище. Все было тихо кругом; неугасаемый огонь, горящий перед исполинским изображением Перуна, обливал ярким светом его серебряную главу. Я пал во прах перед стопами божества, вопил, бился главой о каменное его подножие, молил о помощи — все напрасно: камень оставался камнем, неодушевленный истукан безмолвствовал. О, Лютобор, какое бешенство овладело тогда мною! Ничем не изъяснимое, адское отчаяние, как лютый зверь, впилось в мое сердце. "Итак, нет спасения, воскликнул я, нет прибежища!" И вдруг мысль об убийстве, подобно молнии, сверкнула в главе моей. Как одержимый злым духом, я возопил неистовым голосом: "Горе тебе, вероломный! Так смерть, смерть отступнику от веры отцов своих, смерть Владимиру!" — "Да, смерть Владимиру!" — повторил подле меня громовой голос. Я вздрогнул, обернулся, гляжу: передо мной стоит грозный, неподвижный, как второй кумир Перунов, муж исполинского роста, закутанный в черную одежду. При первом взгляде узнав в нем незнакомца, который некогда едва не умертвил Святослава, я с ужасом отскочил назад. "Чего ж ты испугался, Богомил? — продолжал он с усмешкою. — Я подслушал твои речи, так что ж? Давай руку, товарищ!.. Братьями с тобой мы никогда не будем: ты жрец, а я воин; но мы оба ненавидим Владимира... Итак, смерть ему!"

— Чу! Что это? — вскричал Лютобор, прервав рассказ верховного жреца.

Глухой звон от тяжелой железной цепи и дикий отвратительный рев раздались под окнами терема.

— Ага, — сказал Богомил, взглянув в окно, — это мой нелюдим: видно, почуял близко чужого... Ну, так и есть...

36

— Постой-ка, — прервал Лютобор, — да это, кажется, Торопка Голован. Отчего же твой мохнатый сторож так переполошился?

— Но разве ты не видишь, что за ним идет... Так точно, это он!

— Вижу, вижу! — вскричал Лютобор. — Так этот-то?.. Ну, молодчина!.. Посмотри-ка, Богомил, и медведь твой его испугался... Эк, торопится забиться в свою конуру!

— Слушай, Лютобор, — сказал верховный жрец, — притаись за этою перегородкой: ты будешь слышать наш разговор; но смотри, чтоб он не догадался, что в этой светлице есть кто-нибудь другой, кроме меня.

Едва Лютобор успел спрятаться за перегородку, как тяжелые шаги послышались по крутой лестнице, и незнакомый, закутанный в верхнюю свою одежду, вошел в светлицу.

Незнакомый кивнул головою и сел молча на скамью, на которой за минуту сидел Лютобор; а Богомил занял прежнее место.

— Ты хотел со мною видеться? — продолжал жрец, помолчав несколько времени.

— Да! — отвечал отрывисто незнакомый. — Но одни ли мы?

— Да неужели ты думаешь?..

— Что верховный жрец Богомил может быть предателем? О, нет! Я вижу только, что против тебя кто-то недавно сидел. Посмотри, как измят этот волчий мех!

— Здесь, еще до солнечного заката, беседовал со мною один из жрецов, — отвечал спокойным голосом Богомил.

— До заката солнечного? — повторил незнакомый, поглядев недоверчиво вокруг себя. — Так видно же, он не близко живет отсюда.

— Почему ты это думаешь? — спросил Богомил.

— А потому, что гость твой, как видно, спешил уйти, чтоб засветло до дому добраться! Посмотри-ка: второпях и шапку свою здесь оставил!

— Эта шапка моя.

— В самом деле? Вот что! — сказал с насмешливою улыбкою незнакомец, взяв со скамьи и рассматривая небольшую с лисьим околышем шапку. — Смотри, пожалуй! А кажется, с виду-то она тебе и на полголовы не взойдет. Богомил, здесь есть кто-нибудь кроме тебя!

— Не веришь мне, так посмотри сам, — отвечал верховный жрец, не изменяя нимало своему спокойствию.

Незнакомец приподнялся, сделал шаг вперед, но вдруг остановился и, садясь снова на скамью, сказал:

— В самом деле, что тебе прибыли меня обманывать? Разве ты не знаешь, что если бы ты, на беду свою, задумал выдать меня Владимиру и хотя бы для твоей защиты засажена была за этою перегородкой вся храбрая его дружина, то и тогда легче бы ей было в одну ночь переплыть

Русское море[38] и взять на копье твердыни византийские, чем вырвать тебя живого из рук моих. Нет, я знаю тебя, Богомил: у нас до этого никогда не дойдет с тобою!

— Ты напрасно меня подозреваешь. Клянусь тебе...

— Полно, не клянись, — нам некогда долго беседовать. Я хотел только уведомить тебя, что печенеги прислали ко мне гонца с известием, что многолюдная их рать собралась уже на Дону, близ Белой Вежи, и что ясы и косоги[39], под предводительством юного своего князя Редеди[40], готовы громить пределы Тмутараканские[41]. Чтоб не жечь и не разорять Киева, печенеги назначают окуп: с каждого двора по одному солиду. Я найду способ, не обижая граждан киевских, насытить этих плотоядных зверей. Сокровища византийские неистощимы, а греки не пожалеют своего золота, чтоб только сгубить Владимира, который для них тошнее и отца своего и деда. Но не топтать коням печенежским заповедных лугов киевских, не громить косогам Тмутаракани богатой, и печенеги не дерзнут перейти за Дон, и косоги приблизиться к морю Сурожскому[42], доколе еще жив Владимир; а ты знаешь, в чьих руках жизнь его. Скажи одно слово, одно только слово, Богомил! Но до тех пор, пока ты не скажешь его, пока я не найду того, кто один может княжить по правде в великом Киеве, до тех пор рука моя не подымется для совершения правдивой мести: я не хочу предать сограждан моих всем лютым бедствиям междоусобия, не хочу, чтоб смуты народные и безначалие сгубили до конца мою родину. Недаром говорится: "Тяжело быть голове без плеч, а хуже и того быть телу без головы". Послушай, я, кажется, уже не раз тебе сказывал, что тот, кого я ищу, должен носить на шее золотую гривну.

— Я никогда и ничего об этой золотой гривне не слыхивал. Да чуден ты, молодец! Неужели ты думаешь, что воины, которые нашли в лесу покинутого младенца, оставят у него на шее золотую гривну?

— Да, — сказал незнакомец, помолчав несколько времени, — это походит на правду; а дивлюсь я только тому, что ты не знаешь, у кого из витязей княжеских нет ни роду, ни племени.

— Вот то-то и беда! Не могу никак толку добиться.

— Ты лжешь, Богомил! Тебе известна эта тайна, но ты Жрец: уста твои

---

[38] Русское море - Черное море.

[39] Ясы (асы, аланы) - потомки кочевых сарматов, предки осетин. Касоги - черкесы.

[40] Редедя - князь касогов, богатырь. В 1022 г. побежден в поединке тмутараканским князем Мстиславом Владимировичем.

[41] "пределы Тмутараканские" - полулегендарное русское княжество на Северном Кавказе.

[42] Море Сурожское - старинное название Азовского моря.

обыкли изрекать одну лесть и обман. Попытаюсь в последний раз добиться от тебя правды. Слушай: ты можешь еще теперь предлагать мне свои условия, но если я без твоей помощи узнаю истину...

— Без моей помощи! — прервал с усмешкою Богомил. — Не думаешь ли также без моей помощи заставить киевлян признать своим князем безродного юношу, которого ты назовешь потомком Аскольда? Имеешь ли ты власть именем богов приказать дружине княжеской положить оружие, не отомщать за смерть Владимира и покориться одному из прежних своих сотоварищей? Что, если всемогущий Перун наименует тебя предателем, а его обманщиком и самозванцем; если повелит отразить печенегов и избрать в князья киевские одного из сыновей Владимира, или даже одного из знаменитых его витязей? Если я, верховный жрец, возмущу против тебя народ и скажу, что разгневанные боги требуют главы твоей?.. А ты, Веремид, знаешь, трудно ли уверить во всем эту легковерную толпу?..

— Знаю ли я народ, — прервал, нахмурив свои брови, незнакомец, — эту безумную, подлую чернь, которая сегодня закидает грязью того, перед кем вчера преклоняла колена: которая, протягивая за милостыней одну руку, в то же время подымает другую на своего благодетеля? Знаю ли я ее?.. Я видел смерть Ярополка, которого киевляне величали некогда отцом своим, и слышал радостные крики народа, когда Владимир, обагренный кровью брата, явился на городской площади.

— Итак, подумай хорошенько: нужна ли тебе моя помощь?

— Менее, чем ты думаешь, Богомил. Если я не пожалею Киева, то, верь мне, ничто не спасет его. Посмотрим, как устоите вы против печенегов, когда внезапная смерть Владимира как громом поразит изумленных киевлян! Нет, Богомил, когда безначалие волнует воинов, тогда они страшны для одних мирных граждан и губят не врагов своих, а самих себя. Но я не хочу, чтоб правнук Аскольда воссел на отческом столе своем среди дымящихся развалин Киева и княжил над бездушными трупами. Говори, Богомил, какую цену требуешь ты за кровь Владимира? Чего желаешь от законного князя Киевского?

Богомил провел рукою по своему наморщенному челу, погладил седую бороду и, помолчав несколько времени, сказал:

— Ты знаешь главное и необходимое условие — жить по старине и свято хранить закон и веру отцов наших.

— В этом у нас спора не будет, я и сам мыслю то же: нечестно нам искать правды у чужеземцев; есть у нас своя правда по закону богов, ей учили народ прадеды наши; другой нам не надобно. Чего ты еще требуешь?

— Смерти всех христиан.

— Всех?! — повторил незнакомец. — И старых стариков, и жен, и малых детей?

— Да.

— Богомил, ты не служитель богов, а дикий зверь. Все христиане будут изгнаны из пределов киевских, и только непокорные этой воле княжеской предадутся в твои руки.

— Ну, ну, добро, пусть будет по-твоему! Теперь поговорим о сане верховного жреца. Слыхал ли ты, что на Варяжском море[43] есть остров, именуемый Рюгеном?[44]

— Слыхал; так что ж?

— В Арконе, главном городе этого острова, обитают единоплеменные с нами славяне.

— И это знаю.

— А знаешь ли ты всю власть и могущество первосвященника арконского?

— Какое мне до этого дело!

— Постой, постой, молодец: не тебе, так мне есть дело. Первосвященник арконский повинуется одним бессмертным богам...

— И своему князю?

— Нет, он не знает никакой земной власти над собою. Я требую того же.

— Ты требуешь?.. Добро, быть по-твоему.

— Первосвященник арконский имеет своих телохранителей: триста отборных витязей готовы всегда исполнять его приказания.

— И этих рабов жреца именуют витязями?

— Об имени спорить нечего — назови их как хочешь, только я хочу и должен иметь также своих воинов.

— Так и быть, согласен и на это. Ну, теперь ты доволен?

— Первосвященник арконский, — продолжал жрец, не отвечая на вопрос незнакомца, — налагает подати на граждан и на гостей иноземных, дабы умножить сокровища храма.

— И собственное свое богатство?

— Так что ж — разве достояние верховного жреца не есть достояние самих богов? Власть эта должна принадлежать и мне.

— Бедные киевляне!.. Но, делать нечего: лучше уступить половину, чем потерять все. Надеюсь, теперь кончено?

— Не совсем. Первосвященник арконский заключает мир с соседними народами и объявляет им войну.

— Как, — вскричал незнакомец, — и ты смеешь требовать?..

— Я ничего не требую, — отвечал хладнокровно жрец, — это дело полюбовное: хочешь соглашайся, хочешь нет.

---

[43] Варяжское море - Балтийское море.
[44] ...Остров, именуемый Рюгеном... - см. коммент. [28].

— Но, подумай сам, если и эту власть предоставить тебе, что ж будет делать великий князь?

— В час битвы — сражаться с врагами отечества, а в мирное время — пировать с друзьями в княжеских чертогах.

— И жить под рукою своего верховного жреца! Нет, Богомил: управлять войском и народом может только великий князь; он наделит тебя богатыми поместьями; ты будешь первым в его Думе... Доволен ли ты?

Богомил покачал головою.

— Ну, пусть так, — продолжал незнакомец, — без твоего совета он не приступит к миру и не объявит войны. Чего еще тебе?

— Добро, добро, — сказал с улыбкою Богомил, — я человек уступчивый: так и быть, согласен и на это.

— Итак, теперь все кончено?

— Почти. Первосвященик арконский...

— Богомил, — вскричал незнакомец, вскочив с своего места, — ты истощил мое терпение! Ни слова более! — прибавил он, заметив, что жрец хочет говорить. — И если уж пошло на то, так знай, что, несмотря на мою ненависть к Владимиру, я лучше соглашусь видеть его владыкою Киева, чем коварного жреца, который издевается и над людьми, и над бессмертными богами.

— Полно, не сердись! — прервал Богомил. — Ну так и быть — я более ничего не требую.

— Дивлюсь твоей умеренности! Теперь, надеюсь, ты перестанешь хитрить со мною и объявишь мне имя того из витязей княжеских...

— Эх, молодец, молодец! И рад бы радостию, но я уж говорил тебе, что и сам еще доподлинно не знаю...

Глаза незнакомца засверкали; он поднес правую руку к своему поясу, и почти в ту же самую минуту лицо его приняло снова свой мрачный, но спокойный вид. Сложив крест-накрест руки, он устремил проницательный взгляд на жреца а сказал после минутного молчания:

— Ты не знаешь?.. Нет, Богомил, ты не знаешь только, на что тебе решиться: предать ли меня Владимиру или быть моим сообщником. Слушай: я даю тебе еще десять дней на размышление, но если и тогда...

— Да могу ли я поручиться, — прервал жрец, — что в десять дней узнаю эту тайну, могу ли...

— Ты можешь желать, Богомил, перехитрить меня, — прервал с насмешливою улыбкою незнакомец, — но не должен и не можешь надеяться успеть в этом. Вот, чай, ты и теперь думаешь, что тебе удалось обмануть меня, не правда ли? Мы здесь только двое и твой задушевный друг Лютобор не сидит за этой перегородкою?.. Да полно, не божись понапрасну! — продолжал незнакомец, подходя к перегородке и отворяя дверь. — Эй ты, затворник, вылезай из твоей засады! Ты слышал нашу беседу, так можешь дать полезный совет своему верховному жрецу... Да выходи же, — промолвил он, взяв за руку и вытаскивая из-за перегородки полумертвого Лютобора.

— Что, иль у вас обоих язык отнялся? — продолжал незнакомый, посматривая то на побледневшего Богомила, то на наперсника его, который, дрожа всем телом, стоял как вкопанный посреди светлицы. Ну, видишь ли, Богомил, как легко обмануть меня и как я должен верить твоим божбам и клятвам? Не забудь, что через десять дней мы с тобой увидимся, и если ты опять велишь своему другу засесть в какую-нибудь конуру и подслушивать мои речи, то посоветуй ему не оставлять на виду своей шапки или, по крайней мере, завести себе другую, которая была бы не так заметна.

Сказав сии слова, незнакомец завернулся в верхнюю свою одежду и, кинув последний, исполненный презрения взгляд на обоих жрецов, вышел молча из терема.

V

Ручей, известный под именем Почайны и впадающий ныне в Днепр за полверсты от Киева, был некогда хотя небольшою, но глубокою и судоходною речкою. Извиваясь несколько времени по лугам, называемым Облонью, и обтекая весь Киево-Подол, она соединялась наконец с Днепром, близ урочища, наименованного впоследствии Крещатиком. Верховья этой речки терялись в нескольких верстах от Киева, среди непроходимых оврагов и болот, поросших в то время дремучим чернолесьем.

На другой день после вечера, описанного нами в предыдущих главах, часу в четвертом пополуночи, когда еще утренний туман волновался по низменным берегам Почайны и покрытый густою тенью темный лес казался еще темнее от противоположности с ярко освещенными верхами высоких холмов киевских, один молодой всадник, весьма просто одетый, но сидящий на красивом вороном коне, ехал шагом по отлогому берегу этой речки. Казалось, он был еще в самых цветущих годах своей жизни, и прекрасное лицо его, несмотря на мускуловатую и даже несколько загоревшую шею, едва ли бы показалось не у места на белоснежных плечах какой-нибудь русской красавицы. Но в светлых, голубых глазах его незаметно было беспечной веселости, этой минутной, но верной сопутницы первых годов нашей жизни — тех счастливых годов, когда все грустные впечатления скользят еще по душе нашей, не оставляя и следа горести; когда целый ряд надежд, одна другой прекраснее, позлащают нашу безвестную будущность; когда мы, вдыхая в себя животворный воздух весеннего утра и не имея никакой причины радоваться, поем, веселимся, гарцуем от одного избытка жизни и здоровья.

Юный всадник, ехавший по берегу Почайны, не распевал молодецких песен о славном Днепре, о его глубоких омутах, о кровавых битвах с чудью поганою; не заставлял играть под собою коня своего, а ехал шагом, опустя поводья, и казался погруженным в глубокую думу.

Шагах в десяти от него шел, по одному с ним берегу, человек малого роста в большой овчинной шапке, едва прикрывавшей его огромную голову, обросшую густыми волосами. За простым ремнем, который опоясывал смурый кафтан его, заткнут был широкий меч без ножен. Он не спускал глаз с молодого всадника, покашливал, посвистывал, громко разговаривал с самим собою — словом, употреблял все способы, чтоб обратить на себя внимание юноши и заставить его оглянуться. Заметив наконец, что все его старания остаются напрасными, он вдруг запел громким и звучным голосом:

О гой, ты Днепр, ты широкий Днепр,
Ты река моя родимая!
Ты взлелеял добра молодца,
Добра молодца безродного;
На волнах своих укачивал
Сиротинку горемычного;
Как отец его родной,
Как родная его матушка,
Ты вскормил его и выростил;
Расстилал ты для него
По отлогим берегам
Мураву шелковую;
Одевал ты его
По осенним ночам
Теплыми туманами.

Молодой всадник начинал приметным образом вслушиваться в песню; казалось, однако же, что ее веселый и почти плясовой напев не доходил до души его. Он поехал тише прежнего, но не оглянулся. Окончив песню, прохожий помолчал несколько минут, потом откашлялся и запел протяжным, заунывным голосом:

Ты, детинушка, сиротинушка,
Бесприютная твоя головушка!
Без отца ты взрос, без матери,
На чужих руках ты выношен;
Ты о батюшке своем не слыхивал,
Родной матушки не видывал...

При первых словах песни всадник вздрогнул, стал прислушиваться, на глазах его навернулись слезы, и он оглянулся назад:

— Доброго пути, счастливой дороженьки, господин честной! — сказал прохожий, перестав петь и приподнимая свою шапку.

— Спасибо, товарищ! — отвечал всадник, посматривая с удивлением на исковерканную и смешную физиономию певца. — Ну, нечего сказать, — промолвил он, с едва приметною улыбкою, — некрасив ты, любезный, а поешь хорошо!

— Мурныкаем кое-как, добрый молодец! — сказал прохожий, прищурив глаза и искривя рот. — Да не пожалует ли ваша милость, не купит ли у меня вот эту саблю богатырскую? — продолжал он, подходя поближе и вынимая из-за пояса свой меч. — Ты смотришь храбрым витязем, так авось тебе эта игрушка молодецкая по плечу придется.

— Нет, добрый человек, мне твоего меча не надобно; да он же и без ножен.

Так что ж? У кого другого, а у тебя, молодец, он много еще ножен изотрет. Чай, каждый год по десятку меняешь?

— Да почему ты думаешь, что я человек ратный?

— И, господин честной, видна птица по полету. Да если такому молодцу не быть витязем, так кому же и покрасоваться на потехе богатырской. Эх, кабы у меня был этакий сынок! То-то, чай, на тебя и отец и мать смотрят не насмотрятся, глядят не наглядятся.

— Отец и мать! — повторил печальным голосом всадник. — А если у меня нет ни отца, ни матери?

— Ой ли? Ну, молодец, поторопились же они умереть! Тебе, чай, и двадцати двух годов нет от роду: не правда ли?

— Ты не многим ошибся: мне ровно двадцать два года.

— Ну, так и есть!.. А что, молодец, чай, батюшка твой был так же, как ты, человек ратный?

Всадник не отвечал ни слова.

— Эка притча, подумаешь, — продолжал прохожий, как будто бы разговаривая с самим собою, — осиротеть в таких молодых годах!.. — А может статься и то, что отец и мать прижили тебя под старость, так не диво, что им взростить тебя не удалось. Не так ли, господин честной?

— Не знаю, — отвечал отрывисто и почти с неудовольствием юноша.

— Не знаешь? Вот что! Так, видно, ты был у них последний, остался в сиротстве молодым дитею и не помнишь, сердечный, ни отца своего, ни матери. А все-таки не погневайся, коли тебе не знать: ну если сам не видал, так, чай, не раз слыхал о них от братьев, от сестер, от кого-нибудь из кровных?

— От кого-нибудь из кровных! — повторил вполголоса всадник. — Да кто тебе сказал, что у меня есть братья, и почему ты знаешь, обнимал ли я когда-нибудь родную сестру?

— Как так? Да неужли-то, молодец, у тебя нет вовсе никого родных: ни дяди, ни тетки — ни роду, ни племени?

— Послушай, брат, — прервал всадник, поглядев пристально на прохожего, — я тебя не знаю, болтать я не охотник, так ступай своей дорогою: пеший конному не товарищ.

Сказав эти слова, он тронул своего коня и доехал рысью до мелкого кустарника, которым начинался частый лес по берегам Почайны. В ту самую минуту, как всадник, уверенный, что ему удалось наконец отделаться от любопытного прохожего, стал сдерживать своего коня, позади его раздался голос:

— Держи левее, добрый молодец: здесь направо трясина, как запропастишь коня, так один его не вытащишь!

Всадник оглянулся: тот же неотвязный прохожий шел от него в двух шагах, пробираясь сквозь частый кустарник.

— Да что ж ты пристал, в самом деле? — сказал он с досадою. — Я уж сказал тебе, что мне товарища не надобно.

— Не гневайся, молодец, — отвечал спокойно прохожий, — не моя вина, если нам пришлось обоим в одно время — тебе ехать, а мне идти по этой дороге. Хоть ты и сказал, что пеший конному не товарищ, да здесь и ваша милость не расскачется.

Вместо ответа всадник тронул снова своего коня и поскакал вперед.

— Эй, тише, добрый молодец, тише! — закричал ему прохожий. — Смотри, как раз шею сломишь!.. Берегись... берегись — колода!

Борзый конь юноши взвился на дыбы и как птица перелетел через толстую колоду, которая лежала поперек тропинки.

— Ай да конь, добра лошадь! — продолжал кричать прохожий. — Ну, недаром же его прозвали Соколом.

— Почему ты это знаешь? — спросил с удивлением юноша, осадив своего коня,

— Почему? — повторил прохожий, подходя к всаднику. — А на что тебе? Много будешь знать, скоро состаришься.

— Да ты, никак, издеваешься надо мной? — вскричал юноша.

— И, что ты, молодец: ведь я не полоумный какой! Ну к роже ли мне издеваться над тобою? Вот ты, господин честной, так это дело другое:

45

назвал себя круглым сиротою, а я сдуру-то поверил! Ну похож ли ты на сироту? Где взять безродному горемыке такого лихого коня, такую богатую конскую сбрую? Воля твоей милости, а ты изволишь потешаться над моею простотою. Правда, если ты и сирота, да только служишь при великом князе отроком или гриднею и зовут тебя Всеславом...

— Так, это мое имя, но почему ты знаешь?

— То ли я еще знаю, — продолжал прохожий, — поразговорись-ка со мною. Я хоть и в смуром зипуне, а, может статься, знаю то, за что б ты отдал охотно все свои и штофные и парчовые кафтаны; не пожалел бы коня богатырского, расстался бы даже с заветным мечом своим.

— Как? — вскричал Всеслав. — Так ты ее знаешь?.. О, говори, говори! Кто она?.. Где живет?.. Как зовут ее?..

Прохожий хотел что-то сказать, но вдруг торопливо оглянулся назад, вздрогнул, бросился в сторону и исчез среди частого леса.

— Ага, попался, смиренник! — загремел в близком расстоянии веселый голос, и молодой человек приятной наружности выехал из-за кустов. — Так-то ты объезжаешь своего Сокола? — продолжал он, подскакав к Всеславу. — С кем это ты здесь разговаривал?

— Я и сам не знаю, — отвечал Всеслав, поглядывая с беспокойством вокруг себя, — какой-то прохожий... Но куда он девался?

— Прохожий? Полно, брат, прикидываться: разве прохожая какая-нибудь!

— Он ушел!.. Ах, Стемид, ты, может быть, помешал мне узнать, кто она!

— Она?..

— Да, мой друг, она, о которой тоскует душа моя, которую я не знаю и знал прежде, чем увидел в первый раз.

— Что, что?.. Всеслав, если ты желаешь, чтоб я понимал твои речи, так говори по-людски!

— Да, Стемид, я расскажу тебе все. Не знаю, поймешь ли ты меня, — продолжал Всеслав, слезая с коня и привязывая его к дереву. — Я и сам не понимаю, что происходит в душе моей: она рвется, грустит, в ней все, как ночь осенняя, — и темно, и мрачно. Иногда, как будто бы во сне, я вижу вдали что-то прекрасное, как светлая заря, спокойное, как чистые беспредельные небеса; как будто бы отгадываю какое-то блаженство, не похожее на здешние наши радости, и вдруг все покрывается снова тучами — опять вокруг меня и мрак, и безвестность, и тоска. Душа моя ждет чего-то и не дождется. Ах, Стемид, как тяжело у меня на сердце! Как неясно здесь, — прибавил он, приложив руку к голове своей. — Однажды только... Но я расскажу тебе сначала. Сядем!

Стемид привязал также коня своего и сел на траву подле Всеслава.

— Не знаю, помнишь ли ты, — сказал Всеслав, — первые годы нашего

46

детства, когда мы оба, призренные бабкою нашего великого князя, милосердою Ольгою, воспитывались в ее княжеских чертогах. Однажды, не знаю почему, но тебя не было тогда со мною, наша вторая мать, Малуша, ввела меня в опочивальню великой княгини. Она лежала бледная, изможденная злым недугом, не на пышном княжеском одре своем, но на простой скамье, покрытой убогою пеленою. Подле нее стоял высокого роста старик в чудной одежде, с распущенными по плечам власами и седою бородою; в одном углу, пред какими-то дивными изображениями, горело множество светильников, в другом стонали и горько плакали все верные ее рабыни. Подозвав меня к себе, великая княгиня говорила что-то очень долго, жалела обо мне и, как бесприютного сироту, препоручала меня одной деве... помню только одно, что она называла ее Пресвятою; потом приказала подать ее изображение и заставила меня облобызать его. Как теперь гляжу на этот дивный образ величественной девы: казалось, она смотрела с какою-то радостною улыбкою на небеса; мне помнится также, что на руках ее лежал прекрасный младенец. Я не успел еще насмотреться на это чудное изображение, как вдруг Ольга крепко прижала его к устам своим, вздохнула и перестала говорить. Малуша вывела меня вон из опочивальни, и я помню также, что, лишь только мы переступили за порог, позади нас поднялись вопли, плач и громкие рыдания.

— А, теперь и я вспомнил, — прервал Стемид, — я был тогда болен, и когда спросил у Малуши, о чем все так плачут, то она сказала мне: "Плачь и ты, дитятко: не стало твоей кормилицы — скончалась наша матушка, премудрая княгиня Ольга". Я не понял тогда этих слов, но помню, что, глядя на других, и сам очень плакал.

— Когда я подрос, — продолжал Всеслав, — то все, бывшее со мною в первые годы детства, совершенно изгладилось из моей памяти; одна только смерть нашей благодетельницы и все то, что я видел при ее кончине, представлялось мне с такою же ясностью, с какою я вспоминаю теперь нашу удалую жизнь в Великом Новгороде, когда мы, возмужав, поступили в число приближенных слуг великокняжеских; но чаще всего образ юной девы, которой препоручила меня умирающая Ольга, приходил мне на память. Иногда во сне она являлась мне, окруженная дивным светом, в той же белой одежде: казалось, она смотрела на меня с состраданием, а на руках ее улыбался неописанной красоты младенец. Наши бранные тревоги, бегство к варягам, кровавые битвы заглушили на время в душе моей сии воспоминания детства; но когда все враги преклонили главы свои под мощью десницы Владимира, когда он воссел на великокняжеском столе своем и мы вложили в ножны притупившиеся мечи наши, — те же самые помыслы с новою силою овладели моею душою; с каждым днем мне становилось грустнее. Я скрывал тоску мою от всех товарищей, даже от тебя, Стемид; смеялся, когда мне хотелось плакать, и, разделяя ваши шумные забавы, веселился точно так же, как веселится отец, отправляя погребальную тризну над могилою единородного своего сына. Я ходил вместе с вами смотреть на хороводы молодых киевлянок, но их пляски, их песни казались мне отвратительными. Когда я оставался один, мне бывало легче. Сколько раз, вместе с рассветом, я уходил на берег Днепра; как часто, сидя на крутом утесе подле могилы Аскольда, прислушивался к городской тишине, смотрел на светлые, спокойные струи реки и начинал дышать свободнее. Мне казалось, что эта тишина и безмолвие напоминают душе моей какую-то безвестную страну, обитель вечного мира и спокойствия. Мне даже иногда бывало весело: эти безоблачные небеса, эти высокие холмы и обширные луга, покрытые блестящею росою, этот светлый, широкий Днепр и красное солнышко при своем восходе — все наполняло грудь мою тихою и спокойною радостию; но в то же время ничем не преодолимое желание возблагодарить того, кто создал этот белый свет, украсил его, как юную невесту, и дал мне сердце наслаждаться его красотою, отравляло это мимолетное веселие. Я начинал плакать, как малое дитя. "Где Ты? — восклицал я с горестью. — Ты, кого я хочу и не могу благодарить. Ты, пред кем я жажду преклонить колена, за кого желаю положить душу мою..."

— Как? — прервал Стемид. — Ты удивляешь меня! Разве у нас нет богов? Разве всемогущий Перун...

— О, не говори мне об этом! Сколько раз, не вмещая в груди моей чувства благодарности, которое стремилось излиться пред кем бы то ни было, я спешил в храм Перуна; но лишь только переступал через порог его божницы, все умолкало в душе моей; слезы, готовые литься, иссыхали: они превращались в тяжкий камень, который давил мое сердце. О, мой друг, с какою бы радостию я отдал все на свете, чтоб хотя на одно мгновение сбросить с сердца этот тяжелый камень; чтоб сказать Тому, которого не постигает душа моя: "Вот я, возьми жизнь мою, но не запрещай благодарить Себя!"

Всеслав замолчал, грудь его сильно волновалась, и крупные слезы катились по бледным щекам. Посмотрев с сожалением на своего друга, Стемид сказал вполголоса:

— Что за диво такое?.. О чем он толкует?.. Полно, нет ли тут чего-нибудь?.. В наши годы даром не грустят... Воля твоя, Всеслав, а это недаровое. Уж не приглянулся ли ты какой-нибудь киевской ведьме? Говорят, они, проклятые, такую тоску наводят на нашего брата, что и белый свет не взмилится. Со мной этого не бывало, а однажды обошел меня леший, так я целые сутки плутал по лесу. Эй, Всеслав, послушайся меня, поговори-ка об этом с верховным жрецом Богомилом: он даст тебе какого-нибудь снадобья, пошепчет над тобою... Да полно качать-то головой: ведь он, братец, на это горазд. Я помню, как однажды при мне жреца Лютобора схватила какая-то черная немочь: ударило его, сердечного, оземь, да начало так коверкать, что и сказать нельзя. Ну что ж?.. Лишь только Богомил пошептал над ним да дунул ему в лицо, так он вскочил и пошел как встрепаный. Однако ж ты не все еще мне досказал; ты что-то намекнул мне, что однажды...

— Да! — прервал Всеслав. — Дней десять тому назад тоска моя усилилась до того, что я не мог уснуть во всю ночь. Не помню, чтоб я ожидал когда-нибудь с таким нетерпением утра: сердце мое то билось шибче обыкновенного, то замирало. На рассвете пришли мне сказать, что великий князь едет охотиться по берегам Почайны; я оседлал моего коня и, пристав к охотникам, которых отправили вперед, выехал из Киева. Не прошло и часа времени, как великий князь прислал на сборное место сказать старшему ловчему, что он сам на охоту не поедет. Вот все мы разъехались в разные стороны: кто остался в лесу потешиться ловлею, кто отправился назад в Киев; а я, сам не знаю для чего, дал волю моему коню везти меня, куда он хочет, и заехал наконец в такую глушь, что, как очнулся да посмотрел вокруг себя, так волосы стали дыбом: ни следу, ни тропинки — кочки да трясина, овраг на овраге; и такая дичь, что свету белого не видно! Кое-как, то на коне, то ведя его в поводу, я выбрался на обширную луговину, окруженную дремучим лесом. Мне показалось, что сквозь густую зелень трех или четырех берез, как будто нарочно посаженных на самой середине поляны, мелькало что-то белое. Вот я слез с коня, привязал его к дереву и потихоньку подошел к березам. Под навесом их развесистых ветвей я увидел небольшое возвышение, похожее на могилу, а над ним грубо обделанный четвероугольный столбик, перерезанный поперек почти одинакой с ним величины деревянным бруском. Подле этого простого памятника, спиною ко мне, стояла на коленях, по-видимому, молодая девушка, в белом платье с распущенными по плечам волосами; у ног ее лежало голубое покрывало. Я притаил дыхание; скрываясь за деревьями, зашел неприметно с другой стороны и пораздвинул бережно густые ветви. Молодая дева, склоняясь главою к могильному памятнику, усердно молилась... Да, мой друг, она молилась, но только не нашему богу; она называла его Творцом вселенной, Прибежищем несчастных, Искупителем. Светло-русые волосы, опускаясь до самой земли, скрывали от меня лицо ее, и от времени до времени тихие рыдания прерывали ее слова. Я стоял неподвижно, как истукан. Вдруг дева приподняла голову, отбросила назад густые свои локоны... Ах, Стемид, что сталось тогда со мною!.. Ты знаешь, что из всех юных дев киевских ни одна не казалась мне прекрасною, а эта незнакомка!.. Но как описать тебе то неизъяснимое чувство любви, которое, как быстрый

49

пламень, пролилось, закипело в моих жилах! Это девственное, прелестное чело, эти очи, исполненные любви и кроткого блаженства!.. О, никогда еще мой взор не встречал столь дивной красоты! Какой-то тайный голос прошептал мне: вот подруга, назначенная тебе самими небесами, вот та, которая просветит твой разум! Я невольно сделал шаг вперед. Услышав шорох, она обернулась, вздрогнула, внезапный ужас изобразился на лице ее, и, прежде чем я повторил мой вопрос, она, как быстрая серна, исчезла из глаз моих. Долго я не мог опомниться. Вдруг взоры мои остановились на голубом покрывале: испуганная моим нечаянным появлением, дева забыла его на траве подле самой могилы. Вот оно! — продолжал Всеслав, вынимая из-за пазухи голубую шелковую фату. — Я никогда с ним не расстаюсь.

— Ого, — сказал Стемид, рассматривая покрывало, — да оно из греческой камки![45] Я видал такие же точно у гостей византийских.

— С тех пор, — продолжал Всеслав, — я каждое утро езжу по лесу, ищу эту безвестную деву, зову ее, — все напрасно: никто не откликается на мой голос. Часто, обманутый отголоском, я спешу в ту сторону, где повторяются слова мои, — не нахожу никого, и мне кажется иногда, что вдали как будто бы раздается насмешливый хохот.

— Уж не потешается ли над тобой какая-нибудь русалка? — прервал Стемид. — Правда, рассказывают, что у этих проказниц волосы зеленые, а ты говорил о светло-русых локонах. Да и зачем носить русалке покрывало из византийской ткани? Это должна быть какая-нибудь молодая киевлянка... Но как она зашла одна в этот дремучий лес? Послушай, Всеслав, бывал ли ты после на этой поляне, где увидел ее в первый раз?

— Каждое утро. Там только я нахожу какую-то отраду моим мучениям. Когда, после тщетных поисков, душа моя наполняется неизъяснимою тоскою, я спешу на эту поляну и на том же самом месте, где увидел ее в первый раз, точно также, как она, преклоняю колена и начинаю молиться не богам нашим, но неведомому богу, которому она молилась, тому, кого она называла Искупителем. Не знаю, доступны ли до него мольбы мои, но всякий раз скорбь моя мало-помалу утихает, и я с новою надеждою возвращаюсь домой. Теперь ты знаешь все, Стемид!.. Оставь меня.

— Власть твоя, Всеслав, — сказал Стемид, покачивая головою, — а тут замешалась нечистая сила. Что за радость таскаться каждое утро по болотам и дебрям для того, чтоб отыскать какую-то лесную девушку, которую ты путем и рассмотреть не успел? Добро, добро, прощай покамест! Я вижу, тебя так и подмывает. Ступай, шатайся по лесу! Да послушай: не равно набредешь как-нибудь на берлогу медведя, так не

---

[45] Камка - шелковая ткань.

50

вздумай с ним одним схватиться, а скажи мне — вдвоем-то мы лучше повеселимся.

Оба молодые люди сели на коней: Стемид поворотил назад к Киеву, а Всеслав поехал вперед, придерживаясь левого берега Почайны.

VI

Доехав до того места, где речка, осеняемая с обеих сторон густыми липами, текла по каменистому дну глубокого оврага, Всеслав поворотил налево в самую средину леса. Борзый конь его с трудом продирался сквозь частый кустарник: на каждом шагу заслоняли ему дорогу то кудрявый ветвистый дуб, то развесистая береза; в одном месте душистая черемуха, склонясь сводом над дорогою, заставляла всадника нагибаться до седельной луки; в другом — кусты пестрой жимолости, переплетаясь меж собою, застилали тропинку и принуждали его сворачивать в сторону. Вскоре едва заметный след, по коему он ехал, исчез совершенно. Всеслав приостановил коня, поглядел внимательно кругом и, заметив вдали между частым лесом огромную вековую сосну, поворотил в ту сторону; но едва конь его сделал несколько шагов, как начал чутко озираться во все стороны, приподнял уши, захрапел и шарахнулся. Всеслав, схватясь за рукоятку своего меча, кинул вокруг себя зоркий взгляд, и вдруг ему показалось, что сквозь частые ветви выглядывает уродливое лицо прохожего, который так скоро исчез при появлении Стемида.

— Эй ты, товарищ! — закричал он. — Добрый человек, послушай!

Но, вместо ответа, вблизи раздался шорох; потом, через минуту, вдали захрустел сухой валежник, и все утихло. Подождав несколько времени, Всеслав пустился далее, проехал мимо высокой сосны и достиг наконец опушки леса, который в этом месте окружал обширную поляну.

На самой средине этой поляны, под тенью нескольких берез, возвышалась, покрытая зеленым дерном, могила; над нею стоял деревянный крест, а подле него — молодая девушка в белом платье, похожем на греческий тюник. Тихий утренний ветерок играл цветным ее покрывалом; небрежно закинутое назад, оно то застилало ее длинные русые волосы, то обвивалось вокруг гибкого стана. Сложив крест-накрест руки, она смотрела задумчиво на могилу; крупные слезы капали из полуоткрытых глаз ее, но прелестное лицо девы было спокойно; на ее светлом челе изображалось какое-то тихое уныние, но эта кроткая печаль не походила на наше буйное земное горе.

51

Услышав позади себя тихий шорох, она торопливо обернулась: подле нее стоял Всеслав.

— О, не убегай, побудь со мною! — прошептал он едва внятным голосом, простирая к ней свои руки.

Девушка, которая отбежала уже несколько шагов, остановилась и устремила свой робкий и недоверчивый взгляд на трепещущего юношу.

— Чего ты боишься? — продолжал Всеслав умоляющим голосом. — И тебе-то бояться того, кто любит тебя более своей жизни!

Удивление и страх изобразились на прекрасном лице незнакомки. Она сделала Всеславу знак не подходить ближе и продолжала смотреть на него молча.

— Ах, вымолви хотя одно слово! — сказал тихо Всеслав. — Я уже слышал однажды твой голос, но ты говорила не со мною.

— Кто ты? — спросила наконец девушка. — Я тебя не знаю.

— Я Всеслав! — отвечал юноша, сделав шаг вперед.

Девушка вскрикнула от ужаса и пустилась бежать.

— Постой! — сказал с отчаянием юноша. — Постой, возьми хотя назад свое покрывало.

Незнакомка оглянулась и, увидев в руках Всеслава свое голубое покрывало, вскричала с детскою радостию:

— Так, это оно! Спасибо, добрый человек! Положи его здесь на траву.

— Но разве ты не можешь его взять из моих рук? — сказал Всеслав, сделав несколько шагов вперед.

— Из твоих рук! — повторила незнакомка с робостию. — Ты, кажется, не злой человек, — прибавила она, помолчав несколько времени, — но речи твои так чудны... Я боюсь тебя.

— Меня?.. О, если б ты знала, как я люблю тебя, то, верно бы, не стала бояться. Сколько раз я приходил на эту поляну для того, чтобы взглянуть на то место, на котором ты стояла, и молиться тому, кому ты молилась.

— Так ты не язычник? Ах, как я рада!.. Подойди, подойди — теперь я не боюсь тебя!

Всеслав подошел к девушке.

— Вот твое покрывало! — сказал он. — Но если я вижу тебя в последний раз, то не откажи мне: оставь его у меня.

— У тебя?.. На что тебе мое покрывало? — спросила с улыбкою незнакомка. — Разве ты девушка?

— Я не расстался бы с ним во всю жизнь мою: оно прикасалось к тебе, ты носила его.

— Да, и я очень плакала, когда его потеряла; мне подарила его матушка.

— А ты живешь вместе с матерью?

— Нет еще, — отвечала девушка, покачав печально головою.

— Так вы живете розно? Где же она?

— Вот здесь! — шепнула тихо незнакомка, указывая на могилу.

— Так она похоронена здесь? И ты, верно, приходишь сюда молиться ее праху?

— О, нет, я молюсь не ей, а за нее.

— Какому же ты молишься богу?

— Какому? Разве он не один?

— И ты знаешь его?

— А как же?

— Не его ли ты называла Искупителем?

— Да.

— Но кто же он?

— На небесах Он — бог наш, а на земле был сыном Той, которую называют Пресвятою.

— А как зовут тебя?

— Я девушка, дочь Алексея, который живет в этом лесу; меня зовут Надеждою.

— Надеждою! — прервал с удивлением Всеслав.

— Имена моих сестер еще лучше, — сказала с простодушною улыбкою девушка, — их зовут Верой и Любовью.

— Надежда, Вера и Любовь! — повторил Всеслав, покачивая недоверчиво головою. — Ах, счастлив тот, кто заключает их в душе своей! Но разве это имена?.. Я вижу, — прибавил он печальным голосом, — ты издеваешься надо мною.

— О, нет, нам дали эти имена в Византии. Прежде мы не так назывались: меня звали Всемилою, а сестер моих Премиславою и Светланою; но эти имена языческие: ими грешно называться.

— Твоего отца зовут Алексеем; но кто он такой?

Этот вопрос смутил приметным образом девушку. Помолчав несколько времени, она отвечала:

— Он был прежде воином, а теперь кормится работою.

— Но для чего он живет в этом дремучем лесу?

— Он рубит дрова и продает их киевским жителям.

— И ты живешь с ним в этой пустыне? Тебе должно быть очень скучно?

— Да, зимою мне бывает скучно: кругом нас воют волки, ревут медведи, и на меня иногда находит такой страх, что я во всю ночь заснуть не могу; но в земле печенежской мне было еще скучнее. Вот когда мы жили в Византии, там нам было весело. Там остались мои старшие сестры. Когда они вышли замуж, то отец мой приехал сюда со мною и с матушкою; она все тосковала, прошлого года умерла, и теперь я живу с ним одна-одинехонька, — промолвила Надежда, бросив грустный взгляд на могилу.

— Но неужели ты никогда не бываешь в Киеве? — спросил Всеслав.

— Иногда, по ночам, я вместе с батюшкою хожу туда молиться.

— Но по ночам все храмы бывают закрыты.

— О, наш храм запереть не можно, — сказала с улыбкою девушка, — в нем нет ни окон, ни дверей. Да что ты меня об этом расспрашиваешь? Если ты не язычник, то, верно, приходил и сам туда молиться?

— Да где же это? — спросил с удивлением Всеслав.

— На высоком берегу Днепра, подле Аскольдовой могилы. Всеслав отступил с ужасом назад.

— Как? — вскричал он, — Ты говоришь о развалинах этого христианского храма?

— Да. Батюшка сказывал мне, что это была святая церковь во имя чудотворца Николая. Злой Святослав разорил ее, но благодать божия живет и среди ее развалин... Да что с тобой сделалось? Отчего ты так побледнел?

— Прощай! — прошептал глухим голосом Всеслав. — Мы больше никогда с тобой не увидимся.

— Так ты уже не хочешь приходить молиться на могиле моей матери? — сказала Надежда, потупив в землю свои кроткие голубые глаза.

— Нет, — вскричал с отчаянием юноша. — Я люблю тебя, а я не могу и не должен тебя любить: ты христианка!

— Так что ж: мы должны любить и врагов своих, а что я тебе сделала?.. Я вижу теперь, что ты язычник, и мне это очень жаль, но я не стану тебя за это ненавидеть.

— Бедная девушка!.. Если б ты знала, кому ты поклоняешься!

— Я это знаю.

— А знаешь ли ты, о чем молят все христиане того, кого они называют своим Искупителем?

— И это знаю; я не раз слышала, как отец мой, преклонив колена, молил его, чтоб Владимир, великий князь Киевский...

— О, не договаривай!.. Итак, Богомил не обманул меня... Прощай!..

Отойдя несколько шагов, Всеслав не мог удержаться, чтоб не взглянуть украдкою назад: девушка стояла на прежнем месте, и робкие ее взоры следовали за уходящим юношею. Заметив это невольное движение, она с живостью сделала шаг вперед, вдруг остановилась и, перебирая в руках своих голубое покрывало, сказала вполголоса:

— Прощай, Всеслав!

Кто любил, тот поймет все отчаяние несчастного юноши. Он слышал в первый раз имя свое в устах той, чей образ сливался со всеми его надеждами. Он встретил ее и должен был навсегда с нею расстаться!.. Эта грусть, начертанная в голубых глазах ее, этот девственный, исполненный уныния голос проник до глубины его сердца. Ах, какие очаровательные, неземные звуки сравнятся с голосом той, которую мы любим! Какой смертный приговор ужаснее последнего "прости" для того, кто, расставаясь навеки с нею, не может в то же время расстаться и с своею жизнью!

— Прости, Всеслав! — повторила девушка еще печальнее; в глазах ее изобразилась какая-то нерешимость, казалось, она желала и боялась что-то сказать... — Но ты забыл, — промолвила она наконец тихим голосом, — возьми же назад мое покрывало.

— Твое покрывало?

— Да! — продолжала девушка, потупив глаза. — Ведь мы уже больше никогда с тобой не увидимся.

— Как, ты отдаешь мне добровольно это покрывало — наследие твоей покойной матери?

— Я и сама не знаю, для чего это делаю; я видела тебя сегодня в первый раз, а мне не хочется, чтоб ты скоро забыл меня.

— Ах, Надежда, — вскричал с горестью Всеслав, подходя к девушке, — зачем ты христианка, зачем ты молишься злому Чернобогу?..

— Кому? — спросила с удивлением девушка.

— Ты называешь его другим именем, но это все равно. Мать великого князя была моею второю матерью, он воспитал меня, и я должен ненавидеть его врагов.

— Но кто сказал тебе...

— О, я знаю это!.. Отец его разорял ваши храмы, он сам презирает веру христианскую, так вы должны его ненавидеть. Но, может быть, ты не разделяешь злобные умыслы твоих единоверцев... Да, да, Надежда, когда они в молитвах своих упоминают имя Владимира, ты не присоединяешь невинные мольбы твои к их преступным мольбам!

— Нет, я говорю также вместе с другими: "Господи, продли дни Владимира, умягчи сердце его и просвети душу светом истинной, Твоей веры!"

— Возможно ли? — вскричал Всеслав. — Вы не клянете, а благословляете имя великого князя?

— А как же? Ведь он наш государь.

— И вы не просите вашего бога сгубить Владимира?

— Сгубить Владимира? Да разве можно его просить об этом?.. Наш бог спасает людей, а губит их враг божий — дьявол, — да за то-то мы и должны его ненавидеть.

— Но что ж делаете вы, когда собираетесь по ночам на развалинах вашего храма?

— Мы поем славу божью, молимся Искупителю, величаем матерь его, Пресвятую и Пречистую деву.

— И вы ничего другого не делаете?.. Вы не упиваетесь кровью невинных младенцев?

— Ах, что ты говоришь, Всеслав! — прервала с ужасом девушка. — Да простит господь бог твое прегрешение! Разве мы дикие звери?

— Итак, все, что я слышал об ужасных обрядах веры вашей, несправедливо? — вскричал Всеслав. — О, как облегчила ты мое сердце! Я могу любить тебя, не оскорбляя моей совести, могу назвать отца твоего моим отцом и благословлять вместе с ним имя Владимира!

— Как, — вскричала с радостью Надежда, — ты хочешь назвать батюшку отцом своим? Так ты желаешь сделаться христианином?

— Христианином?.. — повторил с невольным содроганием Всеслав.

— А как же? Все христиане называют его отцом своим. Ведь батюшка мой, — прибавила она вполголоса, — иерей.

— Иерей?

— Да, да! Он рукоположен в Византии, и если ты хочешь назвать его отцом, то должен сделаться христианином.

— Нет, Надежда, я не хочу тебя обманывать, — сказал Всеслав, — если все неправда, что рассказывали мне о христианах, то и тогда я не могу быть твоим единоверцем! Сколько раз я слышал от Рохдая, Светорада, от мудрого Добрыни, от всех витязей княжеских, что вера христианская не может быть верою храбрых воинов; что Ольгу, как слабую жену, могли обольстить в Византии, но что сын ее, неустрашимый Святослав, ненавидел христиан, а внук, наш Владимир великий князь, презирает их.

— Итак, ты хочешь остаться язычником? — сказала печально девушка.

— Да знаю ли я сам, чего хочу! — вскричал с горестью Всеслав. — Мне противно служение богам нашим, я горю желанием узнать истинного бога, но чему должен я верить?.. Когда в первый раз я увидел тебя на могиле твоей матери... ты молилась, Надежда... Тогда, о, тогда как будто бы густое облако спало с очей моих! "Вот она!" — раздался в душе моей тайный, могучий голос. "Вот та, о которой тосковало твое земное сердце! Молись вместе с нею, и ты узнаешь того, о ком тоскует бессмертная душа твоя!" Но ты скрылась от глаз моих, и вместе с тобою исчезло все; тот же непроницаемый мрак охватил снова и обдал хладом мою душу. Ах, я походил на горького слепца, который прозрел на одно мгновение, увидел свои родные поля, усеянные цветами; взглянул на широкий Днепр, на ясное солнышко, на всю красу и славу поднебесную — и снова погрузился в вечный мрак. Сегодня ты не убегала меня, твой ласковый взгляд, твои приветливые речи — все, даже твое имя, наполнило мою душу каким-то радостным ожиданием. "Она просветит мой разум, — думал я. — Ее бог будет моим богом..." Но ты христианка, — прибавил Всеслав, покачав печально головою, — ты служишь богу, коему поклоняются коварные византийцы... Нет, нет! Рохдай говорит правду: не пристало честным и храбрым витязям перенимать закон и обычаи иноземных торгашей. Да, Надежда, не может статься, чтоб вера, которой вас учили эти хитрые, женоподобные греки, была истинною верою.

— Ах, Всеслав, Всеслав! — сказала Надежда. — Душа твоя жаждет постигнуть славу господа нашего, но тебя смущает враг божий. Я простая, неразумная девушка: не мне состязаться с тобою о законе нашем; я умею только любить и верить. Вот если бы ты побеседовал с отцом моим...

— Да, Надежда, я желаю узнать твоего родителя, и если он захочет назвать меня своим сыном...

— Чу! Что это такое? — прервала девушка. — Не зверь ли какой?

В близком расстоянии послышался необычайный шорох; какой-то гул раздался по лесу; с треском ломались сучья, и мелкий лес, раздаваясь направо и налево, заколебался, как в сильную бурю.

— Не бойся, Надежда: мой меч со мною! — сказал Всеслав, вынимая его из ножен.

— Посмотри, посмотри! — шепнула девушка, указывая на опушку леса.

С левой стороны, шагах в двадцати от них, показался из-за кустов огромной величины медведь; наклонив к земле свою косматую голову, он стонал жалобным голосом, ревел и старался вырвать лапами длинную стрелу, которою пробита была его шея. Всеслав, обнажив меч, бросился к нему навстречу; но зверь, не дожидаясь его, побежал вкось через поляну и скрылся в противоположном лесу.

— Надежда!.. Надежда! — раздался в то же время с правой стороны громкий голос.

— Это отец мой! — вскричала с ужасом девушка. — Ах, Всеслав, беги, спеши к нему на помощь!

Но прежде чем Всеслав добежал до опушки леса, седой старик, весьма просто одетый, вышел на поляну. Надежда кинулась к нему на шею.

— Слава богу, — вскричала она, — ты не повстречался с медведем! Ах, как я испугалась!

— Я шел за тобою, — сказал старик, — и вдруг в пяти шагах от меня пробежал этот дикий зверь. О, как слаба еще моя вера! — прибавил он, обнимая Надежду. — Я забыл, что без воли божией и единый волос не утратится с главы твоей!.. Я испугался за тебя, дочь моя!

Всеслав, не замечаемый отцом Надежды, стоял подле него и смотрел с каким-то благоговением на величественный и вместе кроткий вид старца. Он был высокого роста; как лунь, седая борода его опускалась до самого пояса; глубокая мудрость изображалась на открытом челе его, ясном и спокойном, как тихие осенние небеса; а взор, исполненный доброты и простосердечия, казалось, высказывал все, что было на душе его.

— Я за себя не боялась, батюшка! — сказала Надежда, отвечая на ласки отца своего. — У меня был защитник.

— Защитник, — повторил старик, поглядывая вокруг себя. — Кто этот незнакомец? — продолжал он, увидя Всеслава.

— Его зовут Всеславом, — шепнула девушка.

— Надежда, — сказал строгим голосом старик, — ты знать его имя, а отец твой слышит о нем в первый раз!

— Не досадуй на дочь свою, добрый Алексей, — прервал Всеслав, поклонясь ласково старику, — она сама в первый раз сегодня говорила со мною.

— А успела уж узнать твое имя и объявить, как зовут ее отца!

— Не сердись, батюшка! — сказала девушка. — Если б ты знал, какой он добрый человек! Он приходил сюда один-одинехонек молиться на матушкиной могиле.

— Но разве он знал ее? — спросил с удивлением старик.

— Нет, — продолжала девушка, — он приходил сюда только для того, чтоб помолиться нашему богу

— Нашему богу?.. Я знаю всех христиан, а не помню, чтоб когда-нибудь видал этого юношу.

— Вот то-то и беда, что он язычник. Поговори с ним, батюшка, — так, может статься, и он сделается христианином.

— Да, Алексей, — сказал Всеслав, — дозволь мне иногда беседовать с тобою и с твоею прекрасною дочерью.

— С моею дочерью! — повторил старик, и приметное неудовольствие изобразилось на челе его. Он посмотрел молча на Надежду: весело и спокойно, как невинное дитя, кроткая девушка глядела на отца своего. Он улыбнулся и обратил на Всеслава свой недоверчивый и испытующий взгляд; их взоры встретились: благородный и откровенный вид юноши рассеял в одно мгновение все подозрения отца Надежды. Помолчав несколько времени, он спросил Всеслава:

— Какой нечаянный случай привел тебя на эту поляну, окруженную со всех сторон непроходимым лесом?

— В первый раз это случилось нечаянно, — отвечал Всеслав, — но после я приезжал сюда для того, чтоб увидеть дочь твою.

— Итак, ты сегодня не в первый раз ее видел? — спросил с приметным беспокойством старик.

— Я видел ее дней десять тому назад на этой же самой поляне, — продолжал Всеслав, — но сегодня в первый раз говорил с нею.

Старик снова призадумался.

— И ты желаешь, — сказал он наконец, устремив проницательный взгляд на юношу, — принять веру нашу?

— Нет, Алексей, я не хочу тебя обманывать: я отрок великокняжеский и не могу быть христианином.

— Дай мне свою руку, Всеслав! — сказал с приветливою улыбкою старик. — Я вижу, ты не обманщик, а честный и благородный юноша. Но скажи мне, если ты не хочешь быть христианином, так что за утеха тебе, отроку великокняжескому, вести знакомство и приязнь с простым дровосеком? Признайся, ты желаешь беседовать не со мною, а с моею дочерью?

— И с тобою, Алексей! Ты был некогда, так же как я, витязем, видел много знаменитых городов, людей иноземных...

— Как?.. Надежда, — прервал почти суровым голосом старик, — ты сказала ему?..

— Нет, батюшка, нет, — вскричала с робостью девушка, — я ему ничего не говорила, а только сказала, что ты был прежде воином!

— Не опасайся ничего, — продолжал Всеслав. — Если ты скрываешь свое истинное имя...

— Мое истинное имя Алексей, — прервал старик. — Это имя дано мне при втором моем рождении.

— При втором рождении? — повторил с удивлением юноша.

— Да, Всеслав. Ты не понимаешь меня; но скажи, как назовешь ты сам то мгновение, когда прозревший слепец увидит впервые свет, дотоле ему неизвестный? Не родился ли он снова? Не приучается ли он, как малое дитя, узнавать понемногу, что лазурный, беспредельный шатер, раскинутый над его главою, — это жилище господа бога нашего, наречено небесами; что рассыпанные по оным сверкающие искры, эти бесчисленные светильники, горящие пред престолом Всевышнего, именуются звездами; что это пламенное, неугасаемое горнило, льющее жизнь и свет на всю вселенную, называется солнцем? Скажи, не должно ли казаться этому слепцу, что он родился снова?

— Ах, Алексей, — вскричал с горестью юноша, — и я такой же точно слепец: и моя душа тоскует о свете!

— Полно, так ли, Всеслав? — прервал с улыбкою старик. — Не привыкла ли она к потемкам? Когда наше земное, скудельное тело обуяет лень, так ему и дневной свет не взмилится; ночью спи да прохлаждайся сколько хочешь, а днем надобно бодрствовать и работать. Ведь и душа-то наша подчас не лучше тела: как полюбится ей дремать в темноте, так не вдруг ее добудишься; да и будить-то надо с опасением: не в меру яркий свет не просветит, а разве ослепит ее. Послушай, Всеслав, ты, верно, устал и желаешь подкрепить себя пищею: ты привык пировать в чертогах княжеских, но если не погнушаешься нашей убогой трапезы, так милости

59

прошу в мою хижину. Да не погневайся, молодец, — чем богаты, тем и рады.

Всеслав, приняв с благодарностью предложение Алексея, отвязал коня своего и, ведя его в поводу, пошел вместе с ним к опушке леса, которая опоясывала с полуденной стороны поляну. В то же самое время на противоположной стороне из-за деревьев показался человек необычайного роста, в пестрой рубашке, сверх которой накинуто было верхнее платье темного цвета. За его украшенным медными бляхами поясом заткнуто было несколько стрел; из-за широких плеч виднелся длинный лук, а в правой руке своей он держал наперевес толстую охотничью рогатину. Увидев Всеслава, который обернулся, чтоб сказать что-то Надежде, отставшей на несколько шагов позади, колоссальный незнакомец указал на него пальцем и спросил вполголоса:

— Это он?

— Да, он! — отвечал кто-то шепотом, и из-за густого орешника высунулось безобразное лицо прохожего, в котором читатели наши, вероятно, давно уже узнали служителя верховного жреца, Торопку Голована.

VII

Едва заметный след, по которому шел Всеслав с Алексеем и его дочерью, довел их в несколько минут до широкого оврага. Опустясь по узенькой тропинке на самое его дно, они пошли берегом небольшого ручья, который то терялся среди мелких кустов дикой черешни и колючего терновника, то появлялся снова; в одном месте, выступая из берегов своих, он разливался по низменному лугу; в другом, извиваясь посреди больших деревьев, подмывал длинные корни дупловатой ивы или журчал под тенью высокого клена. Дойдя до того места, где ручей, покидая русло свое и разливаясь во все стороны, составлял довольно обширный пруд, Алексей остановился.

— Вот моя хижина! — сказал он Всеславу, указывая на противоположный скат оврага, который в этом месте приличнее было бы назвать глубокою долиною.

Всеслав поднял глаза и увидел небольшую избушку, обнесенную высоким и крепким тыном. Тенистые липы осеняли ее с трех сторон; несколько повыше стояла другая хижина, гораздо менее первой; над ее кровлею возвышался деревянный крест, а внутри теплился слабый огонек.

Перейдя через ручей по узкому мостику, настланному из необтесанных бревен, они начали потихоньку взбираться на противоположный скат оврага.

— Надежда, — сказал старик, когда они подошли к избушке, — пока я буду беседовать с моим гостей, ступай и позаботься о нашей трапезе.

Девушка побежала вперед исполнить приказание отца, а старик и Всеслав вошли в хижину.

В небольшой, но чистой светелке, которая отделялась низкими сенями от черной избы, стоял окруженный скамьями стол; в переднем углу, перед двумя образами греческой живописи и медным распятием, горела лампада. Войдя в светлицу, старик поклонился святым иконам и, осенив трижды грудь свою знамением креста, сказал, обращаясь к Всеславу:

— Да благословит тебя господь, если ты без лести и лукавства, а с чистым сердцем посетил убогую хижину неимущего! Сядь, отдохни, и да будет мир с тобою!

— Со мной! — сказал Всеслав, покачав сомнительно головою; но в то же время какая-то тишина и душевный мир не похожие на наше земное обманчивое спокойствие — это минутное усыпление страстей, всегда готовых пробудиться, — наполнили кротким веселием его сердце. Он взглянул в открытое окно хижины: светлые небеса, радостное щебетанье птичек, журчанье быстрого ручья, глубокая долина, зеленый, тенистый лес — казалось, все повторило ему вместе со старцем: "Да будет мир с тобою!"

— О, как хорошо у тебя, мой отец! — сказал юноша, приложив руку к успокоившейся груди своей. — Посмотри, как пестреют там вдали, по берегу ручья, эти яркие лазоревые цветы! Какой прохладой веет из этой долины! Как ясны здесь небеса! О, как хорошо у тебя! — повторил он с глубоким вздохом.

Старик улыбнулся.

— Да, — сказал он, — теперь все ожило и цветет вокруг моей хижины: но зимою, когда по лесу бушует ветер, а вдоль оврага рыщут и воют голодные волки, не только моя дочь, но и я грешу перед господом, и мне подчас становится скучно.

— Для чего же, Алексей, — спросил Всеслав, садясь против старика, — ты живешь круглый год в этом дремучем лесу? Ты мог бы зимою переезжать на житье в Киев.

— И смотреть на богопротивные жертвы, приносимые богам вашим! — прервал старик. — Нет, Всеслав! Я живу здесь один с моею дочерью, но мне отраднее скучать в этой пустыне и слышать отвратительный рев диких зверей, чем веселиться в вашем Киеве и внимать буйным песням народа, который в слепоте своей величает богами бездушных истуканов.

— Но какое тебе дело, Алексей, в кого веруют киевляне? Разве не везде народ имеет своих собственных богов? Варяги поклоняются Одену; западные славяне чтят Световида; в Ретре[46] молятся богу Родегасту[47]; греки, которых веру исповедуешь и ты, имеют также своего бога.

— Бог один, Всеслав! — прервал кротким голосом старик. — Все народы называют по-своему дневное светило, но разве не то же самое солнце, которое освещает нашу землю, светит и у варягов, и у западных славян, и в Ретре, и в Греции? Разве не все повинуется единому закону, не все идет своею чередой? Не везде ли мы родимся с плачем и умираем в скорбях и болезнях; не везде ли, проходя жизненным путем, мы встречаем одни и те же радости, одну и ту же печаль? В юности нас борят страсти, в старости подавляют злые недуги. Та же самая жизнь, которая двигает и заставляет пресмыкаться во прахе ничтожного червяка, расширяет мощные крылья поднебесного орла. Посмотри, как стройно текут по небесам воздушные светила! Обращаются ли реки когда-нибудь вспять; цветут ли зимою деревья; не везде ли день сменяется ночью, а после ночи наступает новый день? И ты думаешь Всеслав, что не одна вседержавная десница, не один всемогущий бог хранит эти предвечные законы, управляет вселенною и держит в руке своей жребий всех царств и народов земных? Что значит ваш великий Киев перед гордою Византиею? Что сама Византия перед древними Фивами, Персеполисом и Вавилоном?[48] Что все эти города, что вся земля наша в сравнении с беспредельными небесами? А испытай посадить в Киев двух великих князей — и ты увидишь тогда, сольются ли в единую волю две власти и два могущества, равные между собою?

— Ах, — сказал Всеслав, — тебе не нужно убеждать меня в этом: давно уже я не могу молиться богам нашим, — душа моя жаждет познать истинного бога. Но кто он, кто этот непостижимый, и почему я должен скорее верить словам твоим, чем словам другого?

— Так ты желаешь познать истинного бога? — спросил Алексей, устремив на юношу свой взор, исполненный надежды и веселья.

— О, Алексей! Я отдал бы за это жизнь мою, но при одной мысли об

---

[46] Ретра - религиозный центр и укрепление у прибалтийских славян племени редариев.

[47] Родегаст - у славян бог весенних гроз и туч (или солнца).

[48] Фивы - древний египетский город, в XXII -XX вв. до н. э. - столица Египта.

Персеполис (Персеполь) - древний иранский город, столица Ахеменидов, основан в VI в. до н. э., богато украшен Дарием I и Ксерксом. Захвачен Александром Македонским, сожжен и заброшен.

Вавилон - древний город в Месопотамии. В XIX-VI вв. до н. э. - столица Вавилонии.

этом смущается мой разум, сердце рвется, тоскует, и я теряю всю надежду...

— Не унывай, Всеслав! — прервал старик, положив ласково свою руку на плечо юноши. — "Блаженны алчущие и жаждущие правды, ибо они насытятся", — сказал Тот, чьи слова не прейдут, как прейдет этот мир и все живущие в нем. Но чтоб найти, надо искать, Всеслав. Ты недоволен своею верою, а старался ли ты узнавать, в чем состоит вера других народов? Желал ли ты просветить твой разум, беседуя с людьми опытными и мудрыми?

— Нет, Алексей, я мало помышлял об этом.

— Но неужели ты думаешь, что, пируя с друзьями своими, потешаясь охотою или удальством на игрушках богатырских, утопая среди забав и утех мирских, ты постигнешь это великое таинство, сокрытое на небесах и чуждое всего земного? Если б какой-нибудь сирота, узнав, что отец его, которого он никогда не видал, жив, но обитает в стране, ему неизвестной, не оставил ли бы свой дом и не пошел бы искать его по свету и расспрашивать всех о его жилище, а стал бы только вздыхать и тосковать о нем, лежа спокойно на своем роскошном ложе...

— О, я понимаю слова твои! — прервал юноша. — Ты называешь его отцом... Ах, никогда Богомил не говорил мне ничего подобного: он учил меня не любить богов, но бояться и трепетать их.

— Одни преступные рабы и лукавые наемники не любят и боятся своего господина! — прервал с сильным чувством старик. — Кто прилепился к нему всею душою своею, тот не раб, не наемник, а домочадец его. Да, Всеслав! Тот, кого мы называем отцом и господином, желал, как кокош[49], собрать под крылья своих всех сыновей земли; он пришел не губить, а спасать людей; он радуется раскаянию грешника и требует любви его, а не богатых даров и жертв, коими вы стараетесь задобрить богов ваших.

— Но о ком ты говоришь, Алексей, — спросил с удивлением юноша.

— А вот послушай, Всеслав! Далеко, очень далеко отсюда, близ одного знаменитого города, о котором, я думаю, ты никогда и не слыхивал, тому назад давным-давно, родился дивный младенец. Он был рода незнатного, явился на свет не в чертогах княжеских, но под убогим кровом нищеты. Его колыбелью было не пышное ложе, но простые деревянные ясли. Первые, воздавшие ему должную честь, были не князья, не бояре, но бедные, неимущие пастухи. Так принят он был на земле, но не то происходило на небесах. Невиданная дотоле звезда явилась и потекла от востока, чтобы остановиться над кровлею, под которою явился этот младенец, и в то же время незримые лики ангелов господних воспели:

---

[49] Кокош - курица-наседка.

63

"Слава в вышних богу, земле мир и человекам благоволение". Когда Он возмужал, то явился посреди народа и стал учить его; но учение его не походило на мудрость человеческую: не хитрым красноречием он увлекал сердца народные — нет, его слова были понятны для всех; он говорил просто, и, слушая его, добрые становились добрее, а злые и надменные смущались, ибо он видел глубину коварных сердец их. Он шел, и как плодотворная река, выступая из берегов своих, оживляет кругом иссохшие от зноя поля, так разливались свет и добро на пути его. Он предпочитал нищего богатому, смиренного раба властолюбивому господину и кающегося преступника надменному горделивцу, исполняющему закон. Все страждущие, недужные, гонимые людьми, покинутые миром стекались к нему толпами. Одним он возвращал здоровье, других утешал и называл детьми своими. Он говорил проливающим слезы: "Блаженны плачущие, ибо они утешатся"; кротким и смиренным: "Блаженны нищие духом, ибо их есть Царствие Небесное"; любящим мир и согласие: "Блаженны миротворцы, ибо они нарекутся сынами божьими". Милостивым обещал помилование, гонимым за правду — вечную награду на небесах. Он повторял беспрестанно: "Любите друг друга"; и, поучая народ, говорил: "Любите врагов ваших, благословляйте клянущих вас, благотворите ненавидящим вас и молитесь за обижающих вас: да будете сынами отца вашего небесного, ибо он велит восходить солнцу своему над злыми и добрыми, и посылает дождь на праведных и неправедных".

В продолжение этого рассказа Всеслав, устремив нетерпеливый взор на Алексея, едва переводил дыхание; каждое слово старца повторялось в душе его. Любить врагов своих, предпочитать малых и неимущих великим и богатым этого мира, — все это казалось столь необычайным и столь дивным Всеславу, что он не мог удержаться, чтобы не прервать слова старика.

— Ах, мой отец, — сказал он, — как счастлива страна, где родился этот добродетельный муж! О, верно, народ избрал его в цари свои?

— Нет, Всеслав, ожесточенные сердца не вняли гласу истины! И могли ли рабы буйных страстей не возненавидеть это чадо предвечного света? Беспорочный, он восстал среди народов, — и обличенный порок закипел местью. Вся жизнь его, как дневной свет для очей зловещего дива (Филин), была казнью и нестерпимым укором для этих загрубелых сынов тьмы и разврата. Образец всех добродетелей, непричастный ни единому из грехов земных, он открывал свои объятия кающемуся грешнику, согревал на груди своей злополучного и благословлял слезы страждущих. Он был мудрейшим из людей, и, как простодушное дитя, любил окружать себя невинными младенцами. И тот, чья душа была всегда исполнена сострадания к бедствиям других, остался тверд и непоколебим среди неизреченных мук и терзаний...

— Как?! — вскричал Всеслав. — Этот добродетельный муж...

— Погиб смертью преступника! — прервал старик. — Злые, надменные и лицемеры восстали против него толпою, оклеветали праведника, и тьма восторжествовала над светом. Но непродолжительно было торжество ее: низведенный на лобное место из града, где каждый шаг его был ознаменован добром, он был предан поносной казни, посреди двух уличенных разбойников...

— Злодеи! — вскричал с ужасом юноша. — О, как должно было загреметь проклятие этого праведника и проклятие божие над главами этих нечестивцев!

— Нет, Всеслав! Он шел на эту вольную смерть, как кроткий агнец, как посредник между небом и землею, как очистительная жертва за беззакония человеков. Пригвожденный ко кресту, умирая смертию преступника, он не проклинал, а благословлял убийц своих, и последними его словами были слова милосердия.

— Благословлял убийц своих?! О, нет, мой отец! — вскричал Всеслав, вскочив со своего места. — Ты издеваешься надо мною. Нет, нет, невозможно, нельзя человеку быть столь добродетельным!

— А если он, — продолжал Алексей, — во время своей жизни единым словом исцелял расслабленных, прикасался рукою — и слепой от рождения прозревал; говорил: "Восстань!" — и мертвые восставали; если он сам на третий день воскрес из мертвых и, окруженный славою, в торжестве вознесся на небеса...

— Что ты говоришь, Алексей?..

— Да, Всеслав, — продолжал старик, глядя пристально на юношу, — если этот праведник... был бог?

— Бог?.. — повторил Всеслав прерывающимся от сильного чувства голосом.

Он замолчал; щеки его пылали, грудь волновалась; убежденная, готовая принять в себя небесную истину, душа его боролась еще с помыслами земными. Вдруг взоры его заблистали, слезы брызнули из глаз.

— Бог — отец! — сказал он вполголоса. — Бог любви и милосердия!.. Так, это Он!.. Это Тот, о ком скорбела моя душа!..

Лицо старца просияло; слезы радости — слезы, коим завидуют сами жители небесные, полились из очей его.

— Благословен господь! — воскликнул он, устремив их к небесам. — Луч света твоего проник в душу этого прозревшего младенца!.. Он познал тебя, непостижимый!.. О, взыграйте, силы небесные, возрадуйся, отец: еще единым чадом умножилось семейство твое! Так, сын мой — сей праведник был бог и сей бог, сей царь славы, есть истинный и единый господь наш!

— Но как зовут его? — вскричал Всеслав. — О, мой отец, скажи, наименуй мне Того, пред кем я горю излить всю душу мою!

— Он Искупитель наш! — сказал Алексей кротким голосом, исполненным неизъяснимой любви. — Он кровью своею омыл первородный грех человека; он сидит на небесах одесную отца своего; он сын и слово божие... Его имя: Иисус Христос!

Конец первой части

Часть вторая

I

Яркие лучи полуденного солнца проникали уже в глубину дремучего леса и горели в светлых струях Почайны, когда Всеслав, возвращаясь в Киев, выехал опять на поляну, посреди которой возвышался могильный памятник. Он с трудом удерживал коня своего: ретивый Сокол рвался, прыгал и храпел от нетерпения; но, повинуясь сильной руке своего ездока, шел шагом. Та же самая задумчивость была заметна во взорах юноши, но она выражала не грусть, а тайное внутреннее блаженство — это мирное наслаждение души, которое столь же мало походит на болтливое и нескромное людское веселье, как несходен кровавый блеск от пожарного зарева с кротким светом полной луны. На глазах его блистали слезы, и в то же время улыбка радости не слетала с уст его.

— Прощай, Всеслав! — раздался позади юноши звонкий и приятный голос.

Он обернулся: у самой опушки леса стояла Надежда.

— Приезжай к нам скорее, — прибавила она, провожая его своим ласковым взглядом, — я здесь каждый день буду тебя дожидаться.

Всеслав хотел остановить своего коня, но девушка махнула ему рукою и скрылась в лесу.

Более получаса ехал он, погруженный в какое-то бездейственное забвение; ни что не возмущало души его, — все прошедшее изгладилось из его памяти; он был так счастлив, так спокоен! Как часто, бывало, прискорбная мысль, что он не знает ни отца своего, ни матери, сокрушала его сердце; но теперь, о, теперь он забыл о сиротстве своем, — он был счастлив и знал, кого должен благодарить за это.

66

Доехав до небольшого протока, который, пробираясь между болот, поросших высокою и густою осокой, вливался в Почайну, Всеслав пустился вниз по его течению, к тому месту, где перекинут был через него узенький бревенчатый мостик — единственная переправа через этот ручей, чьи топкие берега, усеянные опасными окнами, были не только непроходимы, но даже нередко гибельны для проезжающих. Когда он стал приближаться к переправе, то увидел какого-то прохожего, который, завернувшись в верхнее платье темного цвета, сидел на пеньках у самого въезда на мостик.

— Эй, любезный, — вскричал Всеслав, — посторонись! Прохожий поднял голову и, взглянув пристально на Вес-слава, сказал:

— Не торопись, молодец: тише едешь, дальше будешь!

— Посторонись! — повторил Всеслав. — Я запоздал и спешу в Киев.

— Дело, дело, молодец! — продолжал незнакомый, не трогаясь с места. — Ступай скорей, а не то господин твой, великий князь Владимир, разгневается: ведь он не жалует, чтоб его холопы отлучались из Киева.

— Ты ошибаешься, товарищ, — сказал Всеслав, — я не челядинец княжеский...

— А ближний его отрок? Знаю. Так что же? Отрок, гридня, челядинец, раб, как ни называй — по мне, все равно. И ясный сокол на привязи не стоит вольного коршуна.

— Послушай, товарищ, — прервал Всеслав, — я ничем тебя не обидел, — не обижай и меня, а посторонись и дай мне проехать.

— Я и не думаю обижать тебя, а хотел бы кой о чем с тобой перемолвить.

— Со мной? Мы, кажется, не знаем друг друга, так о чем нам говорить?

— Ты не знаешь меня, да я-то тебя знаю. Послушай, Всеслав, — продолжал незнакомец вставая, — сойди с коня и отвечай на то, о чем я буду тебя спрашивать.

Юноша поглядел с удивлением на незнакомца. Его необычайный рост, грозное чело, дикий взор, исполненный мужества, а более всего — обидный и повелительный голос заставили Всеслава невольно ухватиться за рукоятку меча.

— Не трудись вынимать свой меч, — сказал хладнокровно незнакомый, заметив это движение, — еще не время, Всеслав. Быть может, ты скоро обнажишь его, но только не против меня. Да что ж ты не сходишь с коня? Иль Владимир приучил тебя, как любимого своего выжлеца[50] , рыскать подле его стремени и повиноваться только его свисту?

---

[50] Выжлец - гончий пес.

— Но кто ты? — спросил Всеслав. — Почему знаешь мое имя, чего от меня требуешь и кто дал тебе волю мне приказывать?

— Кто дал мне эту волю? — повторил незнакомец с какою-то чудною усмешкою. — А вот посмотрим, совсем ли ты отвык от имени того, кто не был твоим господином, а мог тебе приказывать. Слушай, Всеслав: тот, кто дал мне эту волю, был некогда отцом твоим!

— Моим отцом? — повторил юноша.

— Да!

Всеслав спрыгнул с коня и, схватив за руку незнакомца, вскричал с живостью:

— Ты знаешь моего отца? Ах, скажи мне!..

— Постой, постой, молодец, отвечай прежде на мои вопросы! Ты круглый сирота, не правда ли? Не знаешь ни отца, ни матери?.. У тебя нет ни роду, ни племени?

— Да, я круглый, бесприютный сирота! — сказал с горестью Всеслав. — Нет, нет, — продолжал он, — я был сиротою, когда не знал еще небесного отца моего, но теперь...

— Да речь не об этом отце, — прервал с нетерпением незнакомый. — Этих отцов-то у нас много, да мало они о нас думают. Скажи мне, Всеслав, когда ты был еще младенцем, то был призрен великою княгинею Ольгою, не правда ли?

— Да, меня воспитала премудрая княгиня Ольга.

— Премудрая!.. Она была премудрою, когда обманула послов древлянских и отомстила за смерть своего мужа, а не тогда, как поехала в Византию для того, чтоб пресмыкаться у ног иноземного царя и выплакать себе новую веру.

— Не говори ничего дурного о моей благодетельнице, — сказал с твердостью Всеслав, — или я не стану отвечать на твои вопросы.

— Добро, добро, дело не о том! На чьих остался ты руках, когда умерла эта премудрая Ольга?

— Она поручила меня Малуше, матери нашего великого князя Владимира.

— И ты вместе с нею отправился в Новгород?

— Да! Там прошли первые годы моего детства; там возмужал я и узнал наконец, что у меня нет ни отца, ни матери.

Незнакомец устремил свои сверкающие взоры на юношу.

— Еще один вопрос, — сказал он, — не помнишь ли ты, не слыхал ли от кого-нибудь, где нашли тебя, когда ты был еще грудным ребенком?

— Со мной об этом никогда не говорили; мне помнится только, что однажды Малуша, беседуя при мне с воеводой Претичем, промолвилась о каком-то сироте, найденном в дремучем лесу; но я не знаю, обо мне ли она говорила?

— Итак, нет сомнения, — прошептал вполголоса незнакомец, — это он!

Глаза его заблистали дикой радостью.

— Наконец я нашел тебя! — продолжал он, глядя с восторгом на удивленного юношу. — Так это ты, последняя отрасль злополучного племени, единый наследник и славы, и бедствий твоих знаменитых предков.

— Моих знаменитых предков? — повторил с удивлением юноша.

— Всеслав, Всеслав! — продолжал незнакомый голосом, исполненным уныния. — Было время, и твой древний род, как гордый, осанистый дуб, красовался пред всею землею Русскою; злодеи посекли его у самого корня, — он пал, и ветры буйные разметали по свету его изломанные ветви!

— Но кто же я!

— Покамест — слуга и раб Владимира, — сказал с горькою усмешкою незнакомый. — Слуга и раб!.. — повторил он. — Но погоди, Всеслав: скорее светлый Дон покатит вспять серебряные струи свои; скорее быстрый Днепр потечет болотом в землю Угорскую и станут мощного орла называть синицею, чем величать тебя слугою Владимира, слугою этого презренного рабынича!..

— Перестань! — вскричал Всеслав. — Я не дозволю тебе оскорблять при мне великого князя. Я не знаю, кто ты, а Владимир вспоил и вскормил меня; он мой государь и благодетель!

— Правнук Олега — твой государь и благодетель! Безумный, назовешь ли ты благодетелем своим злодея, который предательски умертвил тебя, позаботился отправить тризну над твоею могилою?

— Я не понимаю тебя.

— А когда поймешь, то сердце твое обольется кровью. Но не здесь я должен открыть тебе эту тайну; не мне принять твои клятвы, не мне благословить тебя на великий подвиг, Всеслав, ты знаешь крутой берег Днепра, именуемый местом Угорским?

— Там, где развалины христианского храма?

— Да! — отвечал, нахмурив брови, незнакомый. — И теперь еще эти презренные христиане сбираются по ночам на его развалинах.

— Ты напрасно обижаешь этих благочестивых людей, — сказал Всеслав. — Не должно порицать того, чего мы не знаем.

— Ого! Так ты за них заступаешься? — прервал незнакомый. — Ну, чуяло мое сердце!.. Да неужели этот полоумный старик, у которого ты сегодня провел все утро, успел уже соблазнить тебя? Да нет: ты молодец — не может статься! И захочешь ли ты из удалого витязя превратиться в слабую жену; вместо крови врагов твоих лить слезы и каяться, как малое дитя, в твоих житейских прегрешениях? Нет, нет! Не медовые речи старика, а разве голубые глаза его дочери очаровали твой разум. И если это так, то, по мне, все равно: люби дочь и, чтоб угодить отцу, поклоняйся вместе с ним, кому ты хочешь; помни, что ты рожден не для того, чтоб плакать и каяться. Послушай: когда ты желаешь знать, кто были твои родители, то приходи сегодня, в полночь, один, на место Угорское: я стану дожидаться. Мы будем только двое, и если от слов моих не закипит кровь в твоих жилах; если душа твоя не вспыхнет местью; если ты, как малодушный христианин, заговоришь о милосердии и прощении, — то найдется третий, и горе тебе, Всеслав, когда не благословение, а проклятие его раздастся и грянет над твоею головою. Прощай!

Сказав эти слова, незнакомец перешел через мост, и, поворотив в сторону, исчез среди густого леса.

Давно уже затихло все кругом; замолк отдаленный шорох, и встревоженные птицы уселись снова на древесных ветвях, а Всеслав все еще стоял на прежнем месте и смотрел в ту сторону, где скрылся этот таинственный незнакомец. Как в сильную бурю, бесчисленное множество горных ключей, сливаясь в один ревущий, ничем не преодолимый поток, наводняют мирную долину, так точно тысяча новых мыслей, новых незнакомых ощущений нахлынули, ворвались и поглотили всю душу несчастного юноши. Давно ли она, чуждая всех житейских помыслов, свободно отделялась от земли, а теперь снова закипели в ней страсти, Слова незнакомца пробудили в душе юноши дремавшие доселе чувства гордости и честолюбия. Всеслав — не безызвестный сирота, не подкидыш, а последняя отрасль древнего рода, единый наследник знаменитого имени. Но кто были его предки?.. Какой должен свершить он подвиг? Кто этот незнакомец, не скрывающий своей ненависти к Владимиру? Кто этот третий, о коем намекал этот таинственный муж? Кому и в чем он должен был клясться?.. Всеслав терялся в своих догадках... Презрение, с коим говорил незнакомец об Алексее, сравнение христианина с малодушною женою и малым ребенком, возмутило также пробужденное самолюбие юноши. Ах, свет, едва проникший в его душу, начинал уже слабеть и меркнуть! Один образ Надежды, как ангел-хранитель, стоял еще меж им и тьмою, которая стремилась снова завладеть своею добычею.

Переехав через мост, Всеслав дал волю коню своему и через полчаса, не встретив никого, достиг до конца леса. Он возвращался прежнею дорогою, но все уже приняло другой вид: при солнечном восходе, подернутые утренним туманом, луга походили на обширные озера; теперь они во всей красе своей расстилались изумрудными коврами до самой подошвы высоких гор киевских. Отлогие берега Почайны усеяны были стадами; народ кипел в предместиях, и шумные толпы горожан, перегоняя одна другую, рассыпались по городскому Подолу; все спешили праздновать в чистом поле и под открытым небом день, посвященный Усладу — славянскому божеству веселий и пиров.

Когда Всеслав стал подъезжать к предместию, то повстречался с дворцовым ключником Вышатою, с которым мы познакомим в двух словах наших читателей. Этот Вышата был из числа тех сановников, которых Владимир презирал, но держал близ себя, как людей, нужных для его забав и увеселений. Вышата, кроме почетного звания дворцового ключника, имел еще другие занятия. Мы не скажем теперь о них ни слова, тем более что в продолжение этой повести сами читатели отгадают, в чем состояла главная должность этого хитрого и бездушного царедворца.

Если б Всеслав имел понятие о баснословии древних греков, то, вероятно, принял бы толстого ключника за весельчака Силена[51] . Небольшая, похожая на осла, сивая лошаденка, на которой он ехал, изнемогая под тяжкою своею ношею, похлопывала печально ушами и с трудом переставляла ноги; у седельной луки была привязана огромная фляга; в одной руке он держал поводья, а в другой предлинную хворостину, которая разгуливала беспрестанно по тощим бокам борзого коня его. Всеслав хотел, не останавливаясь, проехать мимо, но Вышата загородил ему дорогу и закричал охриплым голосом:

— О, гой ты еси, удалой молодец, постой, погоди, дай слово вымолвить!

— Здравствуй, Вышата! — сказал Всеслав, стараясь проехать мимо.

— Да погоди, говорят тебе, — продолжал ключник, — ставь поперек дороги. Куда торопишься? Если к товарищам, так еще успеешь. Я было подбивал их отпраздновать Усладов день за городом, да спесивы больно — не хотят якшаться с горожанами. Простен на этот раз взялся угощать вас всех, а я отпустил ему из княжеского погреба медов всяких да винца фляги две.

— Прощай же! — прервал Всеслав. — Я не хочу, чтоб товарищи меня дожидались.

— Да ведь настоящая-то пирушка будет вечером. Они прогуляют всю ночь, да и ты успеешь досыта навеселиться. Потешайся сколько хочешь до полуночи.

— До полуночи? — повторил Всеслав с невольным содроганием.

— Ну да! Иль забыл, где ты должен быть в полночь?

— А разве ты знаешь, где я буду в полночь? — вскричал с ужасом Всеслав.

— Что ты, молодец? — сказал Вышата, поглядев с удивлением на юношу. — Это диво, что я знаю, когда твоя очередь стоять на страже.

— На страже? Где?

---

[51] Силен - в греческой мифологии воспитатель и спутник Диониса, представлявшийся веселым, пьяным, лысым стариком с мехом вина.

— Вестимо где! У дверей княжеской гридницы. Хорош ты, брат. Ай да гуляка: забыл свою очередь!

— Да, да, вспомнил! — прервал Всеслав. — Но я никак не могу... Я попрошу кого-нибудь из моих товарищей.

— А что? Тебе, молодец, видно, некогда? — подхватил с улыбкою ключник. — То-то же! Ох ты смиренник!.. Да полно, брат, прикидываться-то красною девушкою — знаем мы вас? И что ж за беда, чего таиться? Быль молодцу не укора! А вряд ли, Всеслав, ты отделаешься к полуночи: очередь твою кто-нибудь справит, да товарищи не отпустят. Помнишь, в прошлом году, как стали выбирать, кому на вашем пиру представлять Услада, так без тебя дело не обошлось. Тогда тебя выбрали и теперь выберут.

— А если я не хочу этого?

— Что ты, молодец! Да разве не ведаешь, что тот, кто отказывается от этой чести, оскорбляет не одного, а всех богов. Вот я знаю, что меня не выберут, так не хочу и пировать с моими дворцовыми товарищами; погляжу лучше, как станут здесь на лугах веселиться горожане да посадские; а меж тем и дочек их повысмотрю. Что, брат Всеслав, — продолжал ключник, понизив голос и покачивая печально головою, — плохо дело!..

— А что? — спросил с беспокойством юноша. — Разве наш великий князь?..

— Что день, то хуже! Ума не приложим! Эка притча какая!.. Не то здоров, не то болен. Сидит все, повесив голову, молчит и на свет белый не смотрит: ну словно в воду опущенный; все ему не по нраву. Вот хоть я, чего уже не делаю, чтоб поразвеселить его, нашего батюшку, — ничто не в угоду; а уж трудов-то моих сколько!..

— Да, — прервал Всеслав, не будучи в силах скрывать долее своего отвращения, — что и говорить! И труды-то твои такие почетные! Диво только, что у тебя до сих пор голова цела, а плечам-то порядком, чай, достается.

Ключник нахмурил брови; румяные его щеки побелели от досады; он хотел что-то сказать, но Всеслав пустился вскачь по дороге и выехал в предместие.

— Ах ты молокосос! — вскричал Вышата, когда уверился, что княжеский отрок не может уже слышать слов его. — Смотри, пожалуй!.. Видишь какой прыткий!.. Добро ты, разбойник!.. Разве только не заведешься никогда невестою, а то узнаешь, каково обижать княжеского ключника Вышату. Э, да он говорил, что сегодня в полночь... Ну, так и есть!.. Чему быть, кроме свидания с какой ни есть красавицей!.. Постой же, вот мы тебя сследим, полуночник! И если твой сердечный дружок не отправится на житье в Предиславино, так пусть я захлебнусь первым глотком меда, который стану пить на твоей свадьбе!

II

После ясного дня наступил тихий вечер, и солнце закатилось, когда в одной из многочисленных пристроек дворца княжеского, в просторном и светлом тереме, собрались вокруг накрытого стола человек тридцать ратных людей: отроков, гридней, сокольничих и других ближних слуг Владимировых. В переднем конце стола оставлено было почетное место для того, кто должен был представлять Услада: по левую его сторону величался, развалясь на скамье, наш старый знакомый Фрелаф; по правую сидел Простен. Весь стол был покрыт яствами; янтарный мед шипел в высоких кубках и выливался белою пеною через края глубоких братин; но пирующие сидели и стояли молча, не принимались за роскошную трапезу, и на всех лицах изображалось нетерпеливое ожидание.

— Что за диковина? — сказал наконец Простен. — Да что он, сквозь землю, что ль, провалился? Вот уж солнышко село, а его все нет как нет.

— Да и Стемид еще не приходил, — сказал один молодой сокольничий.

— В самом деле, — прервал Фрелаф, привставая и окинув взглядом все общество, — его точно нет. Я думал, что он сидит вон там, на конце стола. А слыхали ли вы, братцы, поговорку, — продолжал он, выправляясь и разглаживая свои усы, — "семеро одного не ждут", а нас человек тридцать; так, кажется, нам можно и двух не дожидаться.

— Ага, заговорил и ты, Фрелаф! — сказал Остромир, один из десятников великокняжеской дружины. — А я уж думал, что у тебя язык отнялся: ведь ты помолчать не любишь.

— Да что, братец, хоть кого зло возьмет. Чем мы хуже этого Всеслава?.. Мальчишка, ус еще не пробился, а ломается как будто невесть кто! Изволь его дожидаться!

— Видно, что-нибудь задержало, — сказал Простен. — Как быть, подождем; уж если мы выбрали его в Услады, так делать нечего.

— Да что вам дался этот Всеслав? — подхватил варяг. — Молодцов, что ль, у нас не стало? Наладили одно да одно: он, дескать, всех пригожее! Эко диво! Большая похвальба для нашего брата витязя! Уж коли пошло на то, так вам бы лучше выбрать в Услады какую-нибудь киевскую молодицу, чем этого неженку, у которого в щеках девичий румянец, а в голове бабий разум!..

— Да в руках-то брат, у него не веретено, — прервал Простен.

— Веретено? — вскричал Фрелаф. — Что за веретено?.. Какое веретено?

— Какое? Вестимо какое!.. Он только что с лица-то и походит на красную девушку, а в ратном деле такой молодец, что и сказать нельзя.

— Да, да! — возразил Фрелаф, оправясь от своего замешательства. — У вас все в диковинку! Вот как у нас, так этакими молодцами хоть море пруди. Не правда ли, Якун? — продолжал Фрелаф, обращаясь к одному варяжскому витязю.

— Нет, брат, — сказал Якун, — Всеслав — удалой детина, и кабы он был наш брат, варяг, так я не постыдился бы идти под его стягом, даром что у меня усы уже седеют, а у него еще не показывались.

— Под его стягом! — повторил Фрелаф. — Да по мне, лучше век меча не вынимать из ножен...

— Не ровен меч, храбрый витязь Фрелаф, — сказал кто-то позади варяга, иной поневоле из ножен не вынешь, — стыдно показать.

Фрелаф обернулся: позади его стоял Стемид.

— Так ли, товарищ? — продолжал стремянный, ударив по плечу варяга. — Ну что ж ты онемел? Небось мы сошлись пировать, а не драться: так никто твоего меча не увидит. Что пугать понапрасну добрых людей!

Огромные усы Фрелафа зашевелились; он хотел что-то сказать, но вдруг стиснул зубы, и красный нос его запылал, как раскаленное железо: неумолимый Стемид пораспахнул свой кафтан, и конец расписного веретена поразил взоры несчастного варяга.

— Насилу тебя дождались! — сказал Простен Стемиду. — Ну что Всеслав?

— Сейчас будет. Он просит вас не выбирать его в Услады.

— Как так?

— Да вот и он: говорите с ним сами.

— Что ты, братец? — вскричал Простен, идя навстречу к входящему Всеславу. — Неужели в самом деле ты не хочешь быть нашим Усладом?

— Мне что-то нездоровится, — отвечал Всеслав, — а вы, может быть, захотите пировать во всю ночь.

— Вестимо! — подхватил Остромир. — Пировать так пировать! Ведь праздник-то Услада один раз в году.

— Так увольте меня. Я готов с вами теперь веселиться, но если дело пойдет за полночь...

— В самом деле, ребята, — подхватил Стемид, — не невольте его, он что-то прихварывает.

— Да ведь мы его выбрали, — сказал Простен.

— Так что ж, — продолжал Стемид, — разве нельзя выбрать другого? Ну вот Фрелаф, чем не Услад? И дородством, и красотой, и удальством — всем взял.

— Прошу помиловать, — сказал Фрелаф, — я не русин и ваших поверьев не знаю.

— Да чего лучше, — прервал Остромир, — выберем, товарищи, нашего хозяина.

— В самом деле, — раздалось несколько голосов, — выберем Простена!

— Эх, братцы, — сказал хозяин, — есть помоложе меня.

— Нет, нет, — зашумели все гости, из которых многие давно уже проголодались, — выбираем тебя! Ну-ка, ребята, подымайте кубки!.. В честь нашего Услада! Да здравствует!

— Ин быть по-вашему! — сказал хозяин, занимая почетную скамью.

Всеслав сел подле него, а Стемид против Фрелафа. Это соседство вовсе не нравилось варягу: он поглядывал с беспокойством кругом себя; но все места были заняты, и Фрелаф должен был поневоле остаться там, где сидел прежде.

Когда пирующие опорожнили несколько деревянных чаш с яствами и крепкий мед поразрумянил их лица, то молчаливая их трапеза превратилась в шумную беседу. Один рассказывал про свое удальство соседям, которые его не слушали; другой хвастался конем; третий уверял, что он в последнюю войну душил ятвягов и радимичей, как мух; четвертый кричал, что его меч заржавел в ножнах и что пора Владимиру прогуляться в Византию. Несколько уже раз Фрелаф раскрывал свои красноречивые уста, чтоб порассказать, как он нанизывал на копье по десятку печенегов; но всякий раз насмешливая улыбка Стемида обдавала его холодом, и многоглаголивый язык несчастного варяга прилипал к гортани. Вот уже вечерняя заря потухла, и во всех Углах терема запылали яркие светочи; прошло несколько часов в пировании и веселых разговорах, а Фрелафу не удалось ни разу вымолвить словечка ни о своем удальстве, ни о доблести своих знаменитых предков. Стемид не спускал с него глаз, и конец проклятого веретена, как голова ядовитого змея, поминутно выглядывал из-под его кафтана. С горя он принимался за кубок и подливал в него беспрестанно нового меду. Вот наконец варяг начал поглядывать смелее, стал чаще разглаживать и закручивать свои рыжие усы и вдруг, опорожнив одним духом целую стопу меда, закричал громким голосом:

— Ах вы молодцы, молодцы, видно, удальство-то вам в диковинку! Эк вы расхвастались!.. Да полно, брат Якун, рассказывать, как ты один управился с двадцатью ятвягами: ведь ты варяг, так тебе и похваляться-то этим стыдно. Я сам их за один прием по сотне душил, да ни слова об этом

75

не говорю. А ты что, Остромир, все толкуешь о медведе? Удалось тебе как-то пропороть его рогатиной да пришибить кистенем. Это диво! Я не говорю о себе, а мой прадед Ингелот схватился однажды с медведем-то бороться...

— И одолел? — спросил Простен.

— Вот диковинка! Одолел, ничего: я это знаю по себе.

— Так что ж он сделал?

— Что сделал?.. С живого шкуру снял.

— И медведь не пикнул?

— Ну вот уж и не пикнул! Вестимо ревел, да не отревелся.

— Полно, брат Фрелаф, потешаться над нами, — сказал Остромир.

— Что ж ты думаешь, я лгу? — продолжал варяг. — Да у меня и теперь еще шкура-то цела; она вместе с мечом досталась мне от прадеда по наследству. А знаете ли вы, ребята, что это был за меч такой? И теперь еще на моей родине есть поговорка: "Не бойся ни моря бурного, ни грома небесного, а меча Ингелотова". Бывало, хотя два закаленные шелома надень, как хвачу по маковке, так до самого пояса, а на мече, поверите ли, братцы, ни зазубринки!

— Не знаю, как другие, а я верю, — прервал Стемид. — И не такие мечи бывают. Хотите ли, товарищи, — промолвил он, опустив за пазуху свою правую руку, — я вам покажу такой диковинный меч, какого сродясь вы не видывали!

— Покажи, покажи! — закричали его соседи.

— А ты что, Фрелаф, — продолжал Стемид, — иль не хочешь полюбоваться моим мечом-самосеком? То-то же, видно, боишься, что он почище будет того, которым твой прадед Ингелот сдирал шкуры с живых медведей! Ну что, брат, показывать или нет?

— Что ж ты молчишь, Фрелаф? — спросил Простен. — Что с тобой сделалось? Уж не подавился ли ты?.. Смотрите-ка, братцы, как он глаза выпучил!

— Ничего, пройдет! — подхватил Стемид, посмотрев с насмешливою улыбкою на варяга, который бросал на него попеременно то гневные, то умоляющие взгляды. — Однако ж, братцы, — продолжал он, — прежде чем я покажу эту диковинку, мне должно вам рассказать, как она попалась мне в руки...

— Слушай, Стемид, — вскричал доведенный до отчаяния варяг, — я терпелив, но если ты в самом деле думаешь издеваться надо мной!..

— Эге, — прервал стремянный, — уж не хочешь ли ты запугать меня? Так слушайте же, братцы: вчера поздно вечером...

— Вынимай свой меч! — заревел Фрелаф, заикаясь от бешенства.

— Изволь! — сказал Стемид, выхватив из-за пазухи длинное расписное веретено.

Общий хохот загремел вдоль всего стола.

— Давайте поле молодцам! — закричал Остромир. — Да, чур, драться не на живот, а на смерть.

— Эх, брат Фрелаф, — промолвил с громким смехом Якун, — проколет он тебя: эх, надень свою броню булатную!

— Оставь его, Стемид! — сказал вполголоса Всеслав. — Разве не видишь, что он хмелен?

— Что ты, братец! Теперь-то с ним и подраться: в другое время его ничем не подзадоришь. Ну что ж ты, могучий богатырь, выходи!

— Выходи, Фрелаф! — закричали все гости.

Но бедный варяг не в силах был пошевелиться: тот же крепкий мед, от которого он чувствовал в себе необычайную отвагу, подкосил ему ноги; он приподнялся со скамьи, закачался, ударился об стену затылком и сел опять на прежнее место.

— Ты не стоишь, молокосос, — сказал он, принимаясь за кубок, — чтоб я марал о тебя мой булатный меч. Говори, говори! — продолжал он, вылив большую часть меда на свои огромные усы. — Болтай, мальчишка! Забавляй честную беседу!.. Да полно, брат, двоиться-то! Знаем мы эти штуки! Ведь ты кудесник, гусляр, скоморох!

— А что, в самом деле, — прервал Стемид, — не мешало бы нам залучить сюда какого-нибудь гусляра; здесь некому нас и позабавить: храбрый-то Фрелаф скоро языком не пошевелит, а из нас никто и песенки спеть порядком не умеет. Э, постой-ка!

В эту минуту на улице запел кто-то звучным и приятным голосом:

Как у студенова у ключика гремучева,
Под разметистым кустом ракитовым,
Добрый молодец коня поил!

— Так точно, это он! — вскричал Стемид, выбегая вон из терема. — Погодите, товарищи, будет и нам потеха!

— В кого еще он там воззрился? — пробормотал Фрелаф. — Мальчишка! На кифарах[52] бы ему играть, а не с мечом ходить, проклятому зубоскалу!..

— И, Фрелаф, — сказал Всеслав, — не стыдно ли тебе за шутку сердиться? Ну чем он тебя обидел?

— Еще бы обидел!.. Нет, брат, не досталось обижать орла приморского ни ясному соколу, ни белому кречету; так этой ли вороне разнокрылой обидеть меня, молодца! Дай-ка, брат Простен, эту флягу с вином!.. Не

---

[52] Кифары — гусли.

77

хочется только себя срамить, а то посажу на одну ладонь, да другой прихлопну, так и поминай, как звали!

— Ну что, братец! — прервал Простен. — Нынче день Усладов: ссориться не должно.

— Да что мне за дело до вашего Услада! — закричал Фрелаф, расхрабрясь не на шутку. — Я и знать-то его не хочу! А уж коли на то пошло, так проучу же этого буянишку! Хотите ли ребята, я сей же миг при вас сверну ему шею, исковеркаю, в бараний рог согну... узлом завяжу... хотите ли? Ну, счастлив ты, — продолжал вполголоса варяг, увидя входящего Стемида, — благодари богов, что мне вставать-то не хочется... Подлей-ка мне еще медку, Простен!.. Да погоди, погоди, разбойник!.. Не теперь, так завтра, не завтра, так когда-нибудь, а я уж с тобой переведаюсь!

— Ну что же ты? Войди! — закричал Стемид, обращаясь к дверям.

Человек небольшого роста, в смуром кафтане, вошел в терем и поклонился чинно на все четыре стороны.

— Что это за Полкан-богатырь? — вскричал с громким смехом Остромир. — Эка рожа!.. Ну, брат, красив ты!

— И красные девушки то же говорят, добрый молодец, — прервал вновь пришедший, искривив рот и прищурив глаза.

— Прошу любить и жаловать! — сказал Стемид. — Этот парень задушевный мой приятель. Хоть он и не в такой чести, как наш вещий Соловушко Будимирович, а пропоет и проиграет на кифарах, право, не хуже его. Что хотите: сказочку ли сказать, песенку ли сложить — на все горазд. Да, чай, и вы слыхали о нем: его зовут Торопом.

— Эка образина! — пробормотал Фрелаф. — А голова-то, голова — словно добрый чан!

— Какова ни есть, молодец, — прервал Тороп, — а покрепче твоей буйной головушки держится на плечах.

— Что, что? — заревел охриплым голосом варяг. — Ах ты тмутараканский болван! Да разве я пьян?..

— Полно, Фрелаф, — сказал Простен, — пей и молчи! А ты, Тороп, чего хочешь: вина или меду?

— И вина хлебнем, господин честной, и от меду не откажемся, — отвечал Тороп с низким поклоном. — Прикажи поднести, так мы станем пить, а хозяину слава. Веселого пиру, молодцы, легкого похмелья! — продолжал он, выпивая чару вина, которую подал ему один из слуг. — Вам бы веселиться, а нам крошки подбирать!

— Так точно, — шепнул Всеслав Стемиду, — я не ошибаюсь: это тот самый прохожий, который нынче повстречался со мною в лесу.

— Статься может.

— Но почему он меня знает?

— Э, брат, да он такой пройдоха, что всю подноготную знает. Ну-ка, Торопушка, повесели нас!

— Что поволите, батюшка? Рады потешать вашу милость. Прикажите сказочку сказать, а там, пожалуй, и песенку спою. Да не в угоду ли вам будет, я расскажу, что поделалось однажды с добрым молодцем в лесу, за горой Щековицею? Это было в Русалкин день, давным-давно, еще при князьях Аскольде и Дире.

— Так это не сказка? — спросил Остромир.

— Как бы вам сказать, господа честные, да только не промолвиться?.. Сказка не сказка, быль не быль, а старухи говорят, что правда.

— Рассказывай, рассказывай! — закричали гости.

Тороп откашлялся, расправил усы, погладил бороду и начал:

— Не забывать бы добру молодцу час полуночный, не ходить бы ему по лесу дремучему в Русалкин день...

* * *

Как во славном городе во Киеве, на луговой стороне Днепра широкого, в высоком белодубовом тереме жил-был добрый молодец; был он родом детище боярское, звался Звениславом, сыном Богорисовым. Не было у него ни отца, ни матери; но не тужил о сиротстве своем Звенислав удалой; ему булатный меч был отцом родным, а броня кольчужная — родною матерью. Все красные девицы на удалого витязя заглядывались, любовались его русыми кудрями, дивились росту богатырскому и толковали меж собой с утра до вечера о его удальстве и молодечестве.

Недалече от его терема, подле озера Долобского, в ветхой и убогой хижине жила с своею старою матерью красна девица-душа; ее звали Милосветою. И такой красавицы сродясь никто не видывал: и станом, и походкою, и речью ласковою, и приветливою усмешкою — всем взяла; а собой-то лебедь чистая, — и сказать нельзя! Что твой пушистый снег ее перси белые; что цветы весенние ее алые уста; а румянец-то в щеках, как на чистых небесах заря утренняя, а глаза-то с длинными ресницами, словно звезды ясные сверкали из-под облачка. Все молодцы посадские, все гости богатые, все витязи и бояре знатные вкруг ее ухаживали: кто дарил ее золотой камкой, кто заморским бисером. Милосвета улыбалась: ни камки не брала, ни дорогого бисера; жила в бедности со своею матерью и любила одного лишь добра молодца.

Кто же был ее сердечный друг?.. Не скажу, так сами отгадаете: она любила Звенислава молодца, а Звенислав, вестимо, любил ее.

Скоро сказка сказывается, а не скоро дело делается. Вот прошло уж близко шесть месяцев, как Звенислав называл Милосвету своею нареченною, а она величала его суженым своим. Однажды, беседуя с нею, он промолвился, что идет поохотиться в дремучем лесу, за горою Щековицею "Ах, мой сердечный друг, — сказала Милосвета, склонив ласково головушку на его грудь широкую, — не покидай своей суженой, не ходи сегодня в дремучий лес! Время много впереди, а завтра охотою натешишься. Иль ты позабыл что сегодня Русалкин день?" "Так что же, моя радость? — отвечал Звенислав. — Неужли-то я хохота русалок испугаюся, неужли сробею лешего? Был бы со мною мой добрый меч, так я один-одинехонек на всю силу нечистую пойду; не побоюсь ни злых кикимор, ни Буки грозного, ни хитрых русалок, ни Бабы Яги".

Напрасно умоляла Милосвета жениха своего, напрасно плакала и припадала к его могучему плечу: он не сжалился на ее слезы, не потешил своего друга милого — видно, уж так на роду было ему написано.

"Ах, чует мое сердце, чует ретивое! — рыдала красная девица, прощаясь с своим суженым. — Не к добру ты заупрямился, не миновать тебе беды! Я слыхала от старых людей: кто в этот день останется в лесу до полуночи, тому не вернуться живому домой. Послушай, радость дней моих, мое солнышко ненаглядное! Я всю ночь не сойду с тесового помоста, не закрою окна моего косятчатого — буду ждать тебя день, буду ждать другой, прожду и третий, а там... ты знаешь в Долобском озере черный омут: в нем дна не достают, в нем сгибло много людей, а никого из него не вытаскивали!.. Обещай же мне воротиться до полуночи". — "Обещаю", — сказал Звенислав и отправился в путь-дороженьку.

Шел он час, шел другой, и вот перед ним заповеданный дубовый лес. Кругом все пусто и тихо; не слышно нигде голоса людского, не видно нигде следов человеческих; одни пташечки с ветки на ветку перепархивают, и шелестит ветерок между деревьями. Вот доброго молодца раздумье взяло. Ему об этом лесе заповеданном много кой-чего рассказывали; он знал, что одни кудесники не боялись в нем разгуливать, а все люди добрые, и не в Русалкин день, обходили его за версту. Да, на беду, день был жаркий, витязь устал, а от зеленой дубравы так и пышет прохладою; жажда его мучила, а вдали за деревьями, переливаясь по камушкам, журчит ручеек. Делать было нечего! Удалой Звенислав подумал, подумал и пустился прямо в средину леса. "То-то раздолье!" — сказал он, поглядывая вокруг себя. И подлинно: все сучья на деревьях были усыпаны птицами, а зверей-то зверей — сила необъятная! То в два прыжка промелькнет мимо его ушастый заяц; то скоком и летом пронесется по лесу быстрый олень; то из-за куста выглянет, ощетинясь, серый волк; тут хитрая лиса, притаясь в траве, крадется ползком к беззаботной кукушечке; там черный вепрь роет землю вкруг дуба и точит об толстый пень его белые клыки свои; ну, словно все звери лесов киевских собрались в эту дубраву заповеданную.

Вот Звенислав изготовил свой тугой лук, натянул тетиву крепкую, и стрелы его каленые засвистали по лесу. Охотится он час, охотится другой, а проку нет как нет. Бывало, за словом перешибал он крыло у вертлявой ласточки и стрелы его догоняли на лету ясного сокола: а теперь они, как очарованные, едва от тетивы отделялися или, взмывая кверху, обивали листья древесные и лениво падали у самых ног его. Казалось, и звери, и птицы потешались над его неудачею; одни сновали и взад и вперед, поглядывая смело на витязя; другие, беззаботно посвистывая, над его головою увивались; и всякий раз, как он новую стрелу метал, безобразный див, перелетая с дерева на дерево, принимался хохотать и ухать таким голосом назойливым, что вся кровь кипела в добром молодце от досады и нетерпения. Но пуще всех надоел ему один черноглазый олень: как нечистый дух, он шнырял и вертелся вкруг витязя: то подбежит к нему на два шага, то отпрыгнет на десять. Пойдет ли Звенислав направо, олень здесь как здесь; повернет ли налево, олень тут как тут. Несколько раз бросался он на него с мечом в руках, но хитрый зверь увертывался, насмешливо рогами потряхивал и вызывал его на новый бой. "Постой же ты, проклятый оборотень!" — вскричал наконец, заскрипев зубами, добрый молодец. Он кладет на тетиву последнюю стрелу: она взвизгнула и вонзилась в шею звериную; олень дрогнул, взвился на дыбы и помчался сквозь чащу деревьев и кустов, а витязь, вестимо, ударился бежать за ним.

Бежит он час, бежит другой; то зверь подле него, то за версту, а везде дорога скатертью: ни оврага, ни лощинки, ни холма, ни пригорочка. Вот олень добежал до частого березника, юркнул — и след простыл! Звенислав за ним — не тут-то было! Как будто бы деревья сдвинулись: проходу нет. Он глядь туда-сюда, и видит: под одною березою сидит девица; манит к себе витязя и говорит ему голосом приветливым: "О, гой ты, добрый молодец, не покинь меня, сиротиночку, не откажись мне службу сослужить: доведи меня до дому! Здесь диких зверей тьма-тьмущая, и коли ты надо мною не сжалишься, так не быть мне живою". — "Изволь, красавица!" — сказал Звенислав удалой. Вдруг девица громко захохотала, подбежала к витязю и схватила его за руку. "Пойдем, пойдем, добрый молодец!" — говорила она, таща его за собою. "Мы напоим тебя медом сладким, угостим крепким вином; мы истопим для тебя баню теплую и распарим твои косточки. Пойдем, пойдем, добрый молодец!" Как обмороченный шел Звенислав за девицей: не пугался ее дикого хохота, не дивился ее густым зеленым волосам; он глядел на нее во все глаза, а не видел, что идет с русалкою — видно, боги ослепили горемычного!

Идут они дальше и дальше, сперва по узенькой тропиночке, а там широкою просекою; не шелохнет ветерок, а что-то воет по лесу; и вот стая коршунов потянулась вереницею: они почуяли добычу верную и летят на сытный пир; вдруг послышались вблизи хохот, песни и ауканья; и вот широкая поляна, а на поле стоят чертоги изукрашенные, а вокруг-то их челядинцы и прислужники, как рои пчелиные, кишат; и слуги-то все диковинные: по траве идут — не выше травы, идут по лесу — с лесом равны. Вот выходят из чертогов в белых платьях красны девицы; они с песнями встречают витязя, берут его под руки, ведут в терем светлый и сажают за дубовый стол. Куда витязь ни оглянется, все вокруг его диковинки заморские: посредине терема бьет серебряным столбом ключ живой воды — он вверху дробится в капельки и то крутым жемчугом книзу падает, то рассыпается мелким бисером; изумруды, яхонты, как огни, горят на девицах, и скамьи все устланы златотканою багряницею, даже стены-то усыпаны самоцветными каменьями. Позабыл Звенислав удалой час полуночный, позабыл он свою суженую: и сладкий мед, и крепкое вино, и напитки византийские, и песни, и пляски не дают добру молодцу опомниться. Он поет и прохлаждается, к красным Девушкам ласкается, об удальстве своем рассказывает; а солнышка давно в помине нет. Вот потухла и заря, а витязь пьет да потешается; вот близок урочный час. Подул ветерок с полуночи, завыл, а витязь и усом не ведет. Вот громкий хохот раздался по всему терему, а кругом-то по лесу и свист, и шум, и гам такой, что и сказать нельзя; а витязь песню затянул. Нахлынули тучи, закрутила погода, грянул гром... и вдруг запел петух...

Рассказчик остановился, поглядел вокруг себя и, помолчав несколько времени, продолжал:

Прошел день, прошел другой и третий, а Звенислава нет как нет! Вот и лето прошло, а о добром молодце ни слуху, ни весточки. Однажды, в осенний день, заплутались в лесу два охотника; вот идут они большою поляною и глядь: под ракитовым кустом, разметав свои руки белые, растрепав свои кудри русые, спит Звенислав непробудным сном — из крутых ребер его трава проросла, очи ясные песком засыпались.

* * *

Не забывать бы добру молодцу час полуночный, не ходить бы ему по лесу дремучему в Русалкин день!

— Ну, знатная, брат, сказка! Спасибо тебе! — сказал Простен. — Эй, ребята, поднесите-ка ему добрую красоулю вина.

— А с невестой-то его что сделалось? — спросил Остромир.

— А вот что, господин честной, старики рассказывают. Милосвета, не сходя с помоста, трое суток прождала своего суженого, а там пошла на озеро и кинулась в черный омут. Говорят, с той поры иногда по ночам Долобское озеро ревет, как дикий зверь, и в самую полночь из омута выходит дева в белом покрывале, садится на берег и вопит так, что земля дрожит. Рассказывают также, — прибавил Тороп, кинув значительный взгляд на Всеслава, — что будто бы она приговаривает: веселился бы ты, добрый молодец, да не забывал бы час полуночный!

Всеслав невольно вздрогнул.

— Что ты, брат? — сказал Стемид. — Тебя, никак, дрожь разбирает? Уж не лихоманка ли у тебя? Да выпей чего-нибудь!

— В самом деле, — подхватил Простен, — ну что ты за гость: сидишь как убитый, ни слова не вымолвишь, а в вино-то и усов не обмочил.

— А где бы он их взял? — пробормотал Фрелаф, разглаживая свои рыжие усы. — Не дорос еще, молоденек.

— А, гость нежданный! — закричал Простен, увидя входящего ключника Вышату. — Милости просим. — Поразодвинтесь-ка, братцы, дайте место дорогому гостю.

— Хлеб да соль, добрые молодцы! — сказал Вышата, садясь подле Стемида. — Ну, что поделываете? Всем ли довольны? Не подкатить ли к вам еще бочонок, другой медку?

— Давай сюда! — захрипел Фрелаф. — Много ли только у тебя в погребу-то, а за нами дело не станет.

— Полно, так ли? — прервал Вышата. — Не знаю, как другие, а в тебя, Фрелафушка, я вижу, и воронкой уж немного нальешь. Ба, да что это? Так вы не Всеслава выбрали в Услады.

— Сам не захотел, — сказал Простен.

— Вот что! И то правда, — ему уж, чай, прискучило, да и кстати ли такому большому боярину вести с вами беседу. Ведь он только и якшается что с воеводами: с Добрынею, с Рахдаем, с Соловьем Будимировичем. А вы что, ребята, — простые витязи!

Всеслав поглядел с презрением на Вышату и не отвечал ни слова.

— Да где ты, дедушка, погулял сегодня? — спросил Остромир.

— Мало ли где! Был на Подоле, смотрел, как наши горожане веселились и пировали. Что, ребята, не старые времена: подобрались все киевские красавицы. Поверите ль, ни одного смазливого личика не видал... Э, Голован, и ты, брат, здесь? Люблю за обычай: где есть что выпить да закусить, так молодец Торопка тут как тут. Послушай, любезный, ты везде шатаешься — не видал ли хоть ты какой-нибудь красоточки?.. Потешь, скажи! А то, право, горе берет! Неужели-то они вовсе перевелись?

— Где нам, государь, знать об этом, — отвечал Тороп, поклонясь в пояс, — мы люди темные. Вот твоя милость, дело другое: ты на том стоишь.

— А ты на чем стоишь, дурацкое чучело? Чтоб чужого вина хлебнуть да песенку спеть!

— Вестимо, батюшка.

— Так что ж ты молчишь? Затяни, да смотри — повеселее!

— Э, братец, — вскричал Якун, — знаешь ли что? Мне помнится, ты певал препотешную песенку про одного старого срамца, которого молодые ребята называли услужливым, а отцы и матери вчастую поколачивали.

— Да, да, — вскричал Стемид, — спой нам эту песню, а Вышата подтянет: говорят, у него голос презвонкий.

Ключник понаморщился.

— Неправда, — сказал он, — у меня вовсе нет голоса.

— Что ты, дедушка! — продолжал насмешник Стемид. — А помнишь, как близ села Предиславина ты попался в передел к молодым горожанам да как они приняли тебя в две дубины, так ты поднял такой рев, что за Днепром было слышно.

— Полно, Стемидушка! Ну кто твоим сказкам поверит? Ведь уж все знают, что коли ты примешься лгать, так с тобой и грек не схватывайся.

— Ну вот еще, запирайся! Да тебя и выручал-то Фрелаф. Эй, Фрелаф, ведь, кажется, при тебе в прошлом лете попотчевали Вышату дубьем?.. Ну помнишь, близ леса Предиславина, на Лыбеди?

— Неправда, — сказал варяг, — ты лжешь: я ничего не помню!

— Ой ли? Ну, брат, коротка же у тебя память! Кажись, как бы забыть: ведь и тебе вместе с ним порядком досталось.

— Что, что? — закричал варяг. — Не верьте, братцы, этому пострелу! Не правда, одного Вышату поколотили, а я и меча из ножен не вынимал!

Все гости засмеялись.

— Эх, Фрелафушка, — сказал ключник, стараясь скрыть свою досаду, — поменьше бы тебе пить: не знаешь сам, что говоришь.

— Да полноте, ребята! — прервал Простен. — Кто старое вспомянет, тому глаз вон. Ну-ка, Торопушка, спой нам что-нибудь в честь Услада, так и мы тебе подтянем.

— Да уж не поздно ли, господа честные? — сказал Тороп, почесывая в голове. — Мне еще надо сегодня побывать на месте Угорском — не близко отсюда. Если я и теперь пойду, — продолжал он, поглядев на Всеслава, — так вряд ли добреду туда к полуночи.

— Вот еще что вздумал! — вскричал Остромир. — Благо мы тебя заманили, а отсюда уж не выпустим.

— Да, да, — подхватил Простен, — оставайся с нами! Вина и меду пей

84

сколько хочешь, а потешишь нас вдоволь, так мы тебе ногаты[53] по две или по три с брата дадим. — Что делать, молодцы, — видно, быть по-вашему: не пойду сегодня! А если кому надо идти безотменно такую аль так мешкать нечего: позденько становится.

— Куда ты, Всеслав? — спросил Стемид своего приятеля который встал из-за стола.

— Мне что-то нездоровится.

— И подлинно: смотри, как ты побледнел; да и глаза-то у тебя вовсе не людские. Ступай, добро! В полночь я отправлюсь за тебя на стражу.

Всеслав вышел вон из терема.

— Что он, прихварывает, что ль? — спросил Вышата стремянного. — Или ему скучно в нашей беседе?

— Нет, он в самом деле что-то захилел.

— Так он пошел домой?

— А то куда же?

— Что ж он поворотил направо? — продолжал Вышата, смотря в окно. — Ведь ему надо идти налево: направо-то дорога к Днепру.

— Видно, хочет прогуляться.

— Позденько же он гуляет! — заметил с лукавою усмешкою Вышата. — Прощайте-ка, ребятушки! — продолжал он, вставая. — Пора и мне, старику, на боковую.

— Ступай, дедушка! — закричал Фрелаф. — Да пришли нам еще медку из княжеского погреба. Что скупиться-то, ведь не твое добро!

— Хорошо, хорошо! — сказал ключник, торопясь выйти из терема.

III

В обыкновенный день давно бы уже все жители киевские покоились глубоким сном и один однообразный крик ночных сторожей прерывал бы общее молчание, но в праздник Услада во многих домах почти всю ночь проводили в забавах и пировании; и когда Всеслав вышел на улицу, то в редком доме не светился еще огонек — везде раздавались песни и радостные восклицания, а в тереме, где веселились его товарищи, загремел нескладный хор в честь Услада и веселый припев:

---

[53] Мелкая монета.

Чтоб целый год прожить без горя,
Станем пить в Усладов день

повторялся двадцатью различными голосами. В числе их легко можно было отличить охриплый бас Фрелафа, который, желая доказать, что он владеет еще языком, ревел и вопил изо всей мочи.

Когда Всеслав миновал урочище, известное ныне под названием Крещатика, то сцена совершенно переменилась. По всему крутому берегу Днепра, до самого места Угорского, тянулись одни заборы и только изредка попадались рыбачьи хижины и обширные амбары для склада пойманной рыбы и привозимых по Днепру товаров. Усеянные звездами небеса были так ясны, воздух так чист и прозрачен, что, несмотря на отсутствие луны, Всеслав мог без труда различать все близкие предметы. Внизу, у самых ног его, расстилался черною лентою широкий Днепр, тысяча ярких звезд то тихо покачивались и трепетали на спокойных волнах его, то играли и резвились в быстрых струях, когда полуночный ветерок наморщивал гладкую поверхность реки; вдали за Днепром шумело в берегах своих Долобское озеро. Тут вспомнил Всеслав рассказ Торопа, и вдруг что-то похожее на тихий отдаленный стон долетел до его слуха. По всем членам юноши пробежал невольный трепет, он стал прислушиваться: не ревет ли озеро, не вопит ли на берегу его утопленница?.. Нет, это стонет филин и шепчет ветерок, пробираясь сквозь частый тростник топких берегов Долобского озера. Всеслав идет далее. Вон вправо, позади его, на вершине Кучинской горы белеются высокие терема Богомилова дома; в одном из них мелькает огонь: не спит еще верховный жрец Перуна! Вот встает перед ним, как грозный исполин с поникшею главою, высокий песчаный утес; вот чернеются развалины христианского храма; вот и место Угорское, и кто-то на самом краю утеса стоит неподвижный и вперил свои очи в земляную насыпь, поросшую густой травою. Над кем насыпан ты, древний курган? Кто тот, чьи кости покоятся в тебе, уединенная могила? Ах, он некогда владел великим Киевом; его удалая дружина пенила веслами широкий Днепр, была грозою знаменитой Византии: это — могила храброго и злополучного Аскольда.

Вот уже Всеслав недалеко от того места, где ожидал его таинственный незнакомец. Как пойманная пташечка бьется и трепещет в своей клетке, так билось и трепетало сердце в груди юноши. Нетерпеливое ожидание, надежда и какой-то страх попеременно то обдавали его холодом, то быстрым огнем протекали по его жилам. Еще несколько шагов, и он подле того, кто знает его родителей, еще несколько минут — и безвестный сирота, быть может, назовет себя именем, которым гордится земля Русская. В ту самую минуту, как он поравнялся с развалинами

86

христианского храма, послышался ему тихий шорох; потом раздались шаги многих людей, поспешно идущих. Он остановился.

До половины разрушенные стены церкви сохранили еще в двух или трех местах остатки каменного свода; над тем местом, где была некогда святая святых, можно было заметить недавние поправки, но все остальные части здания представляли вид совершенного запустения. Узкие, продолговатые окна заглохли травою, а в том месте, где, вероятно, находились паперть и вход в трапезу, вся стена лежала в развалинах. Всеславу показалось, что какие-то люди, как ночные тати, пробираясь украдкою вдоль стен церкви, исчезали один после другого посреди ее развалин; вдруг блеснул внутри их огонек, послышался невнятный шепот, и потом все утихло.

— Ты ли это, Всеслав? — раздался близ его знакомый голос.

Всеслав вздрогнул — перед ним стоял незнакомец.

— Так это ты? — продолжал он. — А я начинал уже сомневаться. Ты шел как будто нехотя и вовсе не походил на человека, который спешит узнать, кто были его родители. Всеслав, меня смущает мысль... что, если ты... Да и дикий зверь привыкает к своей цепи... Быть может, и тебе любо называться рабом Владимира... Скажи, для чего ты шел так медленно и как будто бы колебался — идти ли тебе ко мне или нет?

— Я остановился здесь для того, что заметил людей в этих развалинах.

— Какое тебе до них дело?.. Не опасайся: они не помешают нашей беседе. Пойдем!

Всеслав молча пошел вслед за незнакомым.

— Вот здесь, на этой могиле, ты узнаешь все, — сказал он, подойдя к кургану, — но, прежде чем скажу, кто были твои родители, я должен открыть тебе, кто я. Мой дед был верным слугою и другом одного князя, который вместе с братом своим управлял сильным народом. Сей мужественный и премудрый князь был в то же время и отцом своих подданных. Правда царствовала в судах, наемные войска не угнетали народа, все были счастливы. Когда этот знаменитый государь покрывал Русское море своими судами и бранный крик его бесстрашной дружины раздавался под стенами Византии, младший брат его, во всем ему подобный, правил народом, и народ не замечал отсутствия своего государя. В то же самое время на севере, в Великом Новгороде, царствовал Олег, прадед вашего Владимира. Как плотоядный зверь, он любил упиваться кровью беззащитных народов: не терпел соседей, если они не были его рабами, и мало-помалу покорил все окружные страны. Сей злобный князь ненавидел государя, коему служил мой дед, потому только, что он один не страшился его могущества и силы.

Теперь слушай, Всеслав! Однажды, когда этот добродетельный государь веселился с меньшим братом и сонмом храбрых витязей в княжеских своих чертогах, вдруг входит чужеземный вестник и говорит, что прибыли на ладьях варяжские купцы, посланные из Новгорода в Грецию, и что им приказано от Олега повидаться с обоими братьями и уверить их в дружбе и мирных помыслах великого князя Новгородского. Вот старший брат, которого благородная душа не постигала измены и коварства, возрадовался и, отпустя с честью вестника, сказал своему брату: "Я не страшусь могущества Олега: моя дружина удалая не сробеет его рати многочисленной — скажу одно слово, и храбрые мои витязи заскачут по лесу, как серые волки, рассыпятся стрелами по чистому полю и лягут все костьми, ища себе чести, а своему князю славы. Но я уважаю великие доблести государя земли славянской, дивлюсь его бранным подвигам и ценю дороже злата византийского его дружбу и привет ласковый. Брат, почтим послов Олега — поспешим к ним навстречу!"

И вот оба брата, в сопровождении нескольких витязей, отправились на берег реки, близ которого стояли многочисленные ладьи купцов варяжских; но едва они достигли пристани, как вдруг сокрытые на ладьях воины высыпали на берег и окружили их со всех сторон. Увидев эту гнусную измену, старший брат вскричал: "Нет, вы не посланные от князя Новгородского, а подлые разбойники! Храбрый Олег не может быть изменником!" — "Ты говоришь правду, — сказал один из чужеземных воинов, — Олег не изменник, а государь твой: он не предает, а наказывает строптивого раба. Гляди: я Олег, а вот, — промолвил он, указывая на стоящего подле него юношу, — вот Игорь, сын Рюриков!" Слова эти были приговором несчастным братьям, и они пали мертвые к стопам этого злодея!.. Ты ужасаешься, трепещешь, Всеслав! — продолжал незнакомый. — Ты хватаешься за рукоятку меча своего!.. Славно, молодец, славно! Итак, кровь в тебе заговорила!.. Всеслав, эти злосчастные князья были Аскольд и Дир, а ты последняя отрасль этого знаменитого рода.

— Что ты говоришь? — вскричал Всеслав. — Кто?.. Я?.. Безвестный сирота?..

— Да, ты! — продолжал незнакомец. — Ты сын Судиславы, родной внуки Аскольдовой!

— Но где же отец мой? Жива ли мать моя?

— Нет, Всеслав, ты не найдешь и места, где покоятся их кости. Отец твой, варяжский витязь, погиб на бранном поле, а мать умерла далеко от своей родины. Но вот здесь, у ног твоих, сокрыт прах неотомщенного и неоплаканного Аскольда. Да, Всеслав, — это могила твоего прадеда!

— Могила моего прадеда! — повторил Всеслав, преклонив колена. Несколько минут продолжалось глубокое, торжественное молчание: незнакомый, сложив крест-накрест руки, стоял с поникнутою головою, а Всеслав... о, Всеслав не постигал сам, что с ним происходило! Бывало, при одной мысли об отце и матери вся кровь кипела и волновалась в его жилах, а теперь, когда он стоял над могилою своего прародителя, когда слышал имена отца своего и матери, сердце его безмолвствовало. Казалось, оно отвергало чувство, которым некогда согревалось, и, как будто бы покрытое ледяною коркою, одеревенело в груди его. Несмотря на уверенность, с которою говорил незнакомый, какое-то невольное сомнение проникло в его душу.

— Но почему ты знаешь, — сказал он, вставая, — что я точно правнук этого злополучного князя?

— Выслушай меня, и ты увидишь, могу ли я сомневаться. Из всех витязей, бывших вместе с Аскольдом и Диром, один дед мой успел пробиться сквозь толпу злодеев, но было уже поздно: как бурный поток хлынули вслед за ним воины новгородские, и, прежде чем войско и народ успели вооружиться, Олег завладел всем городом. Запировала смерть по стогнам великого Киева, и кровь полилась рекою в чертогах княжеских! Презирая тысячу смертей, мой дед успел спасти Брячиславу, одну из меньших дочерей Аскольдовых, и сокрыться вместе с нею в землю Хорватскую. Он поклялся над мечом своим воздать злом за зло, кровью за кровь и успокоить неотомщенные тени князей Аскольда и Дира. Ни ему, ни сыну его не удалось исполнить эту клятву, и отец мой на смертном одре завещал мне это кровавое наследство... Я не стану рассказывать тебе о всех бедствиях дочери Аскольда. Изгнанная из своей родины, преследуемая повсюду убийцами, она не находила во всей земле Русской уголка, где могла бы спокойно преклонить голову свою, и умерла на чужой стороне, в глубокой старости, вдовою одного варяжского витязя, оставив на руках моих своего внука, осиротевшего еще в младенчестве. Этот круглый сирота был ты, Всеслав! Сгорая нетерпением свершить обет, который тяготил мою душу, я отправился вместе с тобою в Киев, и, скрываясь посреди дремучих лесов, его окружающих, выжидал случая свершить кровавую тризну, заповеданную мне отцом и дедом. Однажды... но что рассказывать об этом!.. Святослав остался жив, а я, проклиная свою неудачу и преследуемый его витязями, не успел спастись вместе с тобою, и ты попался в руки врагов твоих. К счастью, они не знали, что найденное ими в дремучем лесу дитя — не сын простого разбойника, а правнук Аскольдов. Вскоре узнал я, что ты жив и воспитываешься в чертогах княгини Ольги. Тут в первый раз мне пришло на мысль дожидаться, пока ты подрастешь, чтоб не только отомстить за смерть твоего прадеда, но, если можно, возвратить тебе законное твое наследие... Когда не стало Святослава, то трое сыновей его разделили меж собой все царство Русское: Ярополк княжил в Киеве, Владимир остался в Новгороде, а Олег владел землею Древлянскою. Желая достигнуть вернее исполнения моих намерений, я записался сначала простым воином в дружину Ярополка, потом, отличенный воеводой его Свенельдом, попал в число приближенных слуг княжеских и вскоре сделался одним из его любимцев. О, как возрадовался дух мой, как взыграло мое сердце, когда Ярополк, подстрекаемый Свенельдом, пошел войною на родного своего брата, Олега. "Режьтесь, злодеи, — думал я, — губите самих себя! И когда останется из вас один, последний из всего ненавистного рода вашего, тогда — да, тогда только наступит час мести, и один удар сотрет навсегда с лица земли это поколение гнусных кровопийц и предателей!" Казалось, сами боги спешили оправдать мои надежды. Война двух братьев была непродолжительна: разбитый наголову Олег погиб близ города Овруча раздавленный в бегстве собственными своими воинами, а Владимир, опасаясь подобной участи, бежал за море к варягам. Два года Ярополк владел всею землею Русскою; два года брат его Владимир жил у варягов, ходил вместе с ними громить земли отдаленного Запада, переплывал обширные моря, изучился всей ратной хитрости этого воинственного народа, и вдруг, предводительствуя многочисленною варяжскою дружиною, явился в Новгород, сменил посадников Ярополковых и велел сказать своему брату: "Вооружайся: иду на тебя!" Но малодушный Ярополк не решился на битву и заперся в Киеве. Когда войска Владимира, разливая повсюду смерть и опустошение, стали приближаться к этому первопрестольному граду, я уверил Олега, что киевляне готовы выдать его руками и все единодушно желают покориться Владимиру: он поверил словам моим и бежал из Киева в Родню — небольшой городок, стоящий при верховьях Днепра. Покинутые своим князем, киевляне поневоле покорились Владимиру, и, чтоб сбылись все мои надежды, мне оставалось только уговорить Ярополка предаться добровольно в руки его брата. Мне известно было беспредельное честолюбие Владимира; я знал, что тот, кто умертвил отца и братьев жены своей Рогнеды, не испугается названия братоубийцы. Когда Ярополк, окруженный врагами, колебался и не знал, на что решиться, один из воевод его, по имени Варяжко, сказал: "Не ходи, государь, к брату: ты погибнешь; оставь на время родину и сбери войско в земле печенежской". Но я восстал против этого совета, возвеличил великодушие Владимира и обнадежил Ярополка, что брат примет его с распростертыми объятиями. Легковерный князь, убежденный моими словами, отправился со мною в Киев. Я сам ввел его в жилище Владимира; я тот, кто притворил двери терема, в котором дожидался его не брат, но двое наемных убийц. Всеслав, теперь ты знаешь, кто я?..

— Как, — вскричал с ужасом юноша, — неужели ты?..

— Да, я тот самый, который был некогда любимцем, наперсником, другом и предателем Ярополка.

— Итак, ты...

— Не произноси этого имени, — прервал мрачным голосом

незнакомец, — оно проклято всеми народами! Теперь я называюсь Веремидом; это имя отца твоего.

— Отца моего? — сказал юноша, отступая назад. — И ты называешься именем отца моего? — повторил он с приметным отвращением. — Нет, лучше остаться навсегда безродным сиротою... — Всеслав остановился.

— Ну что ж, договаривай! — промолвил вполголоса незнакомый. — Не правда ли, что лучше остаться сиротою, чем называть именем отца своего злодея и предателя?

Юноша не отвечал ни слова.

— Ты молчишь? — продолжал незнакомец голосом, исполненным глубокого чувства. — Ах, Всеслав, Всеслав! Пусть те, коим не известна тайная причина всех дел моих, называют меня злодеем: но ты, которому я открыл мою душу!.. Всеслав, я нянчил тебя на руках моих, отец твой называл меня своим другом, чтоб отомстить за смерть твоих державных предков, чтоб возвратить тебе законное твое наследие, я не побоялся прослыть гнусным изменником, опозорить мое имя и собрать на главу мою проклятия всей земли Русской. Для кого я переплывал бурные моря, обошел все обширные Волжские страны и блуждал среди степей печенежских? О ком думал я, скитаясь по неприступным косожским горам? Для кого пресмыкался, как подлый раб, у ног надменных греков? Для кого отказался от всех радостей земных? У меня нет ни дома, ни жены, ни детей! Неблагодарный, не для тебя ли я сгубил всю жизнь мою?

Растроганный юноша молча протянул к нему свою руку.

— Да, Всеслав, — продолжал незнакомый, прижимая ее к груди своей, — я не предатель, я верный слуга законных князей киевских; а называй меня предателем, злодеем, презирай, гнушайся мною — но не измени только знаменитому роду, от коего ты происходишь; воссядь на отеческом столе своем, будь князем великого Киева, и я с радостью положу за тебя мою душу.

— Несчастный, что ты говоришь? — вскричал с ужасом Всеслав. — Мне быть князем великого Киева, мне восстать против моего государя?..

— Против твоего государя?.. — прервал с горькою усмешкою незнакомый. — В самом деле, — продолжал он, — ведь я было совсем и забыл, что говорю с рабом Владимира. Однако ж, знаешь ли, что: если тебе пришла охота клясться уму в верности, так не отойти ли нам подалее от этой могилы? Зачем тревожить кости твоего прадеда!

— Но чего ты от меня хочешь?..

— Вестимо чего! — продолжал тем же голосом незнакомый. — Я хочу, чтоб ты служил по-прежнему в страхе и трепете потомку того, кто истребил весь род твой. Ведь я для того и не потаил от тебя, кто были твои предки, чтоб тебе, правнуку Аскольда, веселее было держать стремя, когда Владимир — этот сын ключницы Малуши — садится на коня своего.

— Я не стыжусь служить моему благодетелю! — сказал юноша.

— Отвечай мне, Всеслав! Скажи, служил ли кто-нибудь рабом в доме отцов своих? Называл ли кто-нибудь благодетелем того, кто, похитив наследие сироты, бросил ему, как голодному псу, кусок хлеба, омоченный в крови его предков?

— Нет, — вскричал Всеслав, — я никогда не соглашусь с тобою! Не Владимир ли пекся обо мне в моем младенчестве? Не он ли вспоил и вскормил меня?..

— Да, тебя, то есть безродного сироту. Но если бы он узнал, что ты правнук Аскольдов, — точно так же, как ты знаешь теперь, что прадед его истребил весь род твой, — если б это подозрение коснулось только души его, сказал ли бы он тогда: "Нет, я никогда не соглашусь умертвить Всеслава! Не он ли служил мне верою и правдою, не он ли проливал за меня кровь свою?.." Как ты думаешь, молодец, сказал ли бы это Владимир? Ну что ж ты молчишь?.. Отвечай!

— Я не знаю, — промолвил с некоторым смущением юноша, — что сказал бы Владимир, но знаю, что должен делать я.

— Ты знаешь, что должен делать! — повторил почти с презрением незнакомый. — Ты — незрелое дитя, младенец, воспитанный слабою женою!.. Владимир научил тебя владеть мечом, но мог ли он, хотел ли возвысить твою душу, наполнить ее любовью к твоим безвестным предкам, приучить с младенчества ненавидеть их врагов? Говорил ли он рабу своему, что сын, который не желает отомстить за отца, не достоин наследовать его имя; что зло за зло, кровь за кровь — есть единый, непреложный закон для всех благородных витязей? Всеслав, — продолжал незнакомый, устремив на юношу взор, исполненный глубокого прискорбия, — я свершу мой обет; но кто насыплет над этою убогою могилою высокий холм? Кто отправит достойную тризну над забытым прахом злополучного Аскольда?.. О, дитя несчастия, взлелеянное на руках моих! О, сын добродетельной Судиславы! Неужели разгневанные боги обрекли в тебе одном на вечное рабство весь род Аскольдов?.. Неужели... страшусь и помыслить... Всеслав, сын Веремидов, бесстрашный на одних игрушках богатырских, не смеет обнажить меча за правое дело и, чтоб прикрыть чем-нибудь свое малодушие, говорит о благодарности, тогда как не благодарность, но подлый страх и робость наполняют его душу?

Голубые очи юноши засверкали; он отступил назад и обнажил до половины свой меч, но почти в то же самое мгновение, опустив его опять в ножны, сказал:

— Я прощаю другу отца моего это обидное подозрение, но если б кто-нибудь другой...

— И всякий другой на моем месте, — прервал незнакомый, — усомнился бы в твоем мужестве. Кто, вместо того чтоб отомстить за пролитую кровь своих предков, твердит о благодарности и милосердии, тот не воин, а робкая жена или малодушный христианин — это одно и то же. Послушай, Всеслав, быть может, внимая речам моим, ты думаешь: "Не безумный ли он? Что могут сделать два человека, без сообщников, без войска, восставая против могучего владыки всей земли Русской?" Так знай же, Всеслав, что, при одном известии о смерти Владимира, многочисленные полчища печенегов ворвутся в пределы киевские; что русское море покроется греческими кораблями; что храбрый косожский князь Редедя, предводительствуя своими крылатыми полками, пронесется вихрем через царство Тмутараканское и раскинет шатры свои в заповеданных лугах княженетских и что бранный крик этой бесчисленной рати сольется в одно общее восклицание: "Да погибнет сын Святослава и княжит в великом Киеве Всеслав, правнук Аскольдов!"

Увлекающий жар, с каким говорил незнакомый, огонь, который пылал в глазах его, эти слова, исполненные уверенности и силы, поколебали наконец твердую решимость юноши. Помолчав несколько времени, он сказал:

— Веремид, ты напрасно обольщаешь себя ложною надеждою: если б я и согласился восстать против Владимира, если бы успех увенчал мое правое дело, то и тогда могу ли я быть государем великого Киева? Что значит название князя без любви народной? А возведенный в это достоинство тобою, я сделаюсь ненавистным для всех киевлян. Твое ужасное имя, неразлучное с моим...

— Да оно-то и будет тебе верным средством к приобретению народной любви, — прервал с живостью незнакомый. — Послушай, Всеслав, — продолжал он вполголоса, — когда все будет кончено, когда, провозглашенный князем Киевским, ты выйдешь на площадь пред храм Перунов давать суд по правде своим подданным, прикажи тогда привести меня пред ясные твои очи: я объявлю при всех настоящее мое имя, и ты вели казнить меня на лобном месте, как подлого предателя и злодея. О, верь мне, Всеслав, — одно это уже навсегда привяжет к тебе сердца всех киевлян! Они любили Ярополка, и тот, кто отомстит за смерть его, будет их отцом и благодетелем.

— Как, — вскричал Всеслав, вне себя от удивления, — ты хочешь, чтоб я для утверждения моей власти предал тебя в руки палача?..

— Чему же ты дивишься?.. — прервал хладнокровно незнакомый. — Да для чего же я и живу на этом свете? Если только по приказанию твоему поведут меня на казнь, то будь спокоен, Всеслав, — мгновение, в которое я преклоню на плаху главу мою, вознаградит меня за все претерпенные бедствия. О, как сладостно мне будет умереть с мыслью, что правнук

Аскольда пирует за княжеским столом Владимира, что я возвратил ему наследие отцов его и, придав себя позорной казни, свершил до конца мой земной подвиг!

В эту самую минуту что-то похожее на глухой, однообразный топот пронеслось по воздуху и звуки каких-то невнятных речей слились с тихим ропотом Днепра. Незнакомый стал прислушиваться; вдруг взоры его помутились, побледневшие губы задрожали, волосы стали дыбом.

— Так, — сказал он прерывающимся голосом, — это вы, неоплаканные, неотомщенные тени! Это ваш радостный и прискорбный ропот! Чу! Слышишь ли, как застучали кости в истлевшем гробе твоего прадеда? Слышишь ли этот глубокий подземный стон?.. Пробудись, о, пробудись, Аскольд! Твой правнук здесь, у твоей могилы... Час мщенья наступил... меч занесен!.. Гибель за гибель, кровь за кровь!..

— Отмщаяй, от господа обрящет отмщение... — раздался едва внятный шепот.

Всеслав оглянулся: кругом не было никого, и только звуки тихих речей от времени до времени раздавались в отдалении.

— Всеслав! — продолжал с возрастающим жаром незнакомый. — Всеслав, еще мгновение — и будет поздно!.. Клянись над могилою твоего прародителя исполнить заповеданное тебе отцом и матерью! Клянись в непримиримой вражде к Владимиру и всему его потомству!..

Всеслав не отвечал ни слова; он смотрел пристально на развалины и, казалось, не слышал речей Веремида.

— Ты молчишь? — вскричал незнакомый. — Ты колеблешься?.. Сын бездушный и недостойный потомок Аскольда!.. О, да будет проклят час, в который ты стал слугою Владимира! Да будут прокляты воспитавшие тебя подлым рабом! Да будут прокляты сами боги, ожесточившие твое сердце!.. Да, я проклинаю их!..

В эту самую минуту в развалинах раздался тихий и согласный клир.

— Чу! Что это? — спросил вполголоса незнакомый.

— Разве не слышишь? — сказал Всеслав. — Ты проклинаешь твоих богов, а они благословляют своего господа: это христиане.

Незнакомый нахмурил свое густые брови.

— Я и позабыл, — сказал он, — что здесь сходбище этих бродяг и нищих. Проклятые полуночники! Не слушай их, Всеслав!

Но Всеслав, по какому-то безотчетному побуждению, сделал уже несколько шагов к развалинам.

Вдруг яркий луч света блеснул в одном из заглохших травою окон разрушенной церкви, вся внутренность развалин осветилась — и Всеслав мог без труда различить, посреди небольшой толпы богомольцев, стоящую на коленях деву в голубом покрывале.

— Это она! — вскричал юноша.

— О ком ты говоришь? — спросил с удивлением незнакомый.

— Так это она — это Надежда!

— Безумный! Куда ты? — сказал незнакомый, загораживая ему дорогу.

— Оставь меня! — вскричал юноша, отталкивая Веремида.

Он побежал к самому окну. Глубокое молчание царствовало внутри разоренного храма, и один только тихий голос иерея раздавался под ветхим сводом горнего места: он молился о великом князе Киевском

— Пойдем отсюда, — сказал глухим голосом незнакомый, — я не хочу долее осквернять мой слух их безумными мольбами. Подлые рабы: Владимир презирает и гонит их, а они молятся о его здравии!

— А я! — прервал с живостию Всеслав. — Я вскормлен Владимиром — он не презирает, а любит меня он не гонитель, а государь и благодетель мой! И ты хочешь, чтоб я восстал против него?.. Нет, нет, никогда!

— Всеслав! — вскричал грозным голосом незнакомый

— Да, Веремид, — продолжал юноша, — когда господь не судил мне владеть Киевом по праву наследства, когда попустил чуждому государю завладеть достоянием моих предков, то да будет его святая воля! Не мне восставать против судеб его, не мне быть судьею Владимира, один бог карает венценосцев. Слушай, Веремид: здесь, пред храмом истинного бога, я отказываюсь навсегда от прав моих: не хочу участвовать в твоих преступных замыслах. Служить верой и правдой моему благодетелю и быть сыном добродетельного Алексея — вот все, чего жаждет душа моя!

— Как, ты хочешь лучше остаться безвестным сиротою?!

— Да!.. Если я не могу назваться правнуком Аскольда без того, чтоб не изменить чести и добродетели, то с радостью остаюсь безродным сиротою, которого государь, великий князь Владимир почтил названием своего отрока.

Неподвижный как истукан, бледный как смерть стоял незнакомый против Всеслава, устремив свои пылающие взоры на юношу, он, казалось, готов был одним взглядом превратить его в пепел. Несколько раз невнятный глухой ропот вырывался из груди его; проклятия, угрозы, слова мщения и гибели теснились на полуоткрытых устах его, и судорожная дрожь пробегала по всем его членам. Наконец он победил этот первый порыв своей неукротимой души; на лице его изобразилось не спокойствие, но какое-то холодное, мертвое равнодушие.

— Ну что ж, верный слуга Владимира, — сказал он с улыбкою, исполненною презрения, — о чем ты задумался? Иль ты не хочешь выслужиться пред твоим господином?.. Выдавай меня руками своему государю и благодетелю, влеки на позорную казнь! Но, может быть, ты боишься меча моего? — продолжал незнакомый, бросив его на землю. — Так вот он, у ног твоих! Иль нет — я и без оружия тебе не под силу!

Ступай, беги, приведи сюда Владимировых воинов: я обещаю тебе не сойти с этого места. Только послушай, Всеслав: если не скоро найдут палача, возьмись уж ты сослужить и эту почетную службу! Да смотри, молодец, не осрамись! Стыдно будет тебе, воспитаннику Владимира, если рука твоя дрогнет, когда я, кладя мою голову на плаху, скажу тебе: "Ну что ж, правнук Аскольдов, чего ты медлишь? Не томи верного слугу твоего прадеда! Потешай своего господина, упивайся вместе с ним кровью того, кто называл родителя твоего другом, кто был сам вторым отцом твоим!"

— Я не ищу головы твоей, — сказал твердым голосом Всеслав, — даю тебе семь дней сроку, чтобы удалиться навсегда от пределов киевских; но знай, что по истечении сего времени я открою все Владимиру, — и тогда пеняй на себя, если ничто уже не укроет тебя от его поисков. Прощай!

Сказав эти слова, Всеслав пошел скорыми шагами вдоль стены церкви и скрылся посреди ее развалин...

Несколько минут стоял незнакомый молча на одном месте.

— Нет, — прошептал он наконец, — нет, этого я не ожидал! Злополучный род! Итак, не истощилась еще над тобою вся злоба враждебных небес!.. Эти подлые рабы греков... да, они, этот Алексей и дочь его — они развратили сердце этого неопытного юноши!.. Христиане, христиане! — продолжал незнакомый, заскрежетав зубами. — Ты прав, Богомил: смерть всем христианам! Пусть гибнут все: и старики, и жены, и малые дети!.. Лицемеры!.. Этот ребенок любит Надежду... Быть может, она, наставленная отцом своим, успела уже подавить в душе его все благородные помыслы; быть может, он уже христианин!.. О, ты счастлив, Веремид!.. Ты не знаешь своего позора, ты не видишь, как сын твой лобызает руку какого-нибудь презренного чернеца... преклоняет колена перед изображением чуждого бога и помышляет не о чести своей, не о славе своих предков, но о посте, молитве и покаянии!.. Вот еще один из этих развратителей! — прибавил вполголоса незнакомый, подымая свой меч.

В самом деле, кто-то, пробираясь тайком вдоль развалин, остановился шагах в десяти от незнакомого и спрятался за толстый дуб, под тенью которого заметны были остатки двух или трех надгробных камней.

— Но чего он хочет? — продолжал незнакомый. — Зачем прячется за этим дубом?.. Мне кажется, он смотрит на меня... Кто ты? — вскричал он, подбежав к этому любопытному прохожему и схватив его за ворот. — Зачем ты здесь?

— Зачем?.. Как зачем?.. — сказал испуганным голосом прохожий, стараясь вырваться из рук незнакомого

— Ты бездельник!

— Что ты, что ты, молодец!

— За кем ты здесь присматриваешь?

— Ни за кем, право, ни за кем! Да пусти меня!

— Ты лжешь!.. Кого тебе надобно!

— Никого, ей-же-ей, никого!

— Ты христианин?

— Кто, я?!! — отвечал запинаясь прохожий — То есть я?..

— Ну да?

— Христианин, христианин!..

— Итак, я не ошибся! — сказал грозным голосом незнакомый. — Ты из числа этих развратителей?..

— Нет, нет, господин честной, я солгал — я не христианин! Чтоб с места не сойти, право, не христианин!

— Но мне кажется... Неужели?.. Этот голос... Говори, кто ты?

— Я?.. Не погневайся, молодец: я княжеский ключник...

— Вышата? — прервал с живостию незнакомый.

— Нет, нет, не Вышата... Право, не Вышата!.. Да пусти меня!

— Ты опять солгал. Но не бойся и посмотри на меня хорошенько: мы старые приятели...

— Как так?..

— Да неужели ты забыл того, к кому присылал тебя Владимир, когда брат его княжил в великом Киеве? Вот я так помню, как ты уговаривал его любимого воеводу выдать руками Ярополка, как сулил ему и милость княжескую, и богатые поместья, дарил серебром и золотом.

— Которого он не взял? — подхватил ключник. — Как забыть такую диковинку!.. Ах, батюшки-светы! Неужели то в самом деле?.. Ну, так и есть... так, так, это ты!.. А я думал, что тебя, сердечного, давно уже и в живых нет.

— Что ж делать, брат: живуч! А, чай, вашему князю куда бы хотелось...

— Что ты, что ты, молодец?.. Да знаешь ли, что тебя везде отыскивали?..

— Я думаю.

— И когда нигде не нашли, так наш государь великий князь больно призадумался.

— Вот что!

— Право, так! Да если б ты к нему явился, так он осыпал бы тебя дарами.

— В самом деле?

— Ты был бы у него первым человеком.

— Нет, брат Вышата, — предателей награждают не честью, а золотом; а уж ты знаешь, что я до него не охотник. Я изменил Ярополку для того, что хотел услужить Владимиру, а не пришел просить награды, затем чтоб сберечь на плечах голову. Ведь живую-то улику никто не любит... Да что

97

об этом говорить!.. Скажи-ка мне, старый приятель, правда ли, что ты в большой милости у князя Владимира?

— Да, государь меня жалует, — сказал Вышата, поглаживая с важностью свою бороду.

— Правда ли, что кроме княжеского погреба у тебя есть на руках кой-что еще другое?

Вышата улыбнулся с довольным видом.

— Так это правда?.. Ну, брат, поздравляю! Да знаешь ли, что это препочетная служба.

— Эх, любезный, кто и говорит: почет велик, да проку мало.

— Как так?

— Да так, худые времена, приятель. Бывало, наш государь любил позабавиться; а теперь не только на других прочих, да и на Рогнеду прекрасную глядеть не хочет. Что ты будешь делать? А на ту беду и красавицы-то все перевелись в Киеве. Говорят, будто бы в Греции их много: уж не съездить ли мне в Византию?

— Зачем так далеко? — прервал незнакомый. — Постой-ка... да, точно так: она молода, прекрасна... Послушай, Вышата, я не вытерпел, чтоб не побывать еще хоть раз тайком на моей родимой стороне, но дней через пять отправлюсь совсем на житье в Византию.

— И не побываешь у великого князя?..

— А зачем? Разве для того, чтобы напомнить ему о брате?.. Нет, Вышата, этим его не развеселишь. Я советую и тебе не говорить обо мне ни слова; пусть знаешь ты, один, что я был на моей родине и простился навсегда с Киевом. Но прежде моего отъезда, так и быть, сослужу еще службу Владимиру и выкуплю тебя из беды.

— Чу! Что это? — прервал Вышата.

Тихие голоса запели снова в развалинах.

— Опять! — сказал с досадою незнакомый. — Уйдем отсюда, Вышата! Погоди, авось мы приложим тебе голову к плечам!

— А разве ты заметил где-нибудь?..

— Да, да! — прервал Веремид, уводя с собою ключника. — Уж не Рогнеде чета! Мало ли где я бывал, а такой красавицы сродясь не видывал!

— Ой ли?.. Да где же она?

— А вот пойдем прогуляемся по берегу Днепра, так я тебе все расскажу.

Незнакомый и Вышата спустились по крутой тропинке с утеса и, пройдя несколько шагов по песчаной косе, скрылись за рыбачьи хижины, которыми в этом месте усеяны были берега Днепра.

IV

Рано поутру, на другой день после Усладова праздника, в одной из частей Киева, прилегающих к Подолу, двое горожан сидели на завалине подле ворот небольшой хижины. Один из них — седой старик с румяным и здоровым лицом, другой в самых цветущих годах жизни, но бледный, худой и, по-видимому, изнуренный болезнью или тяжкою душевною скорбью.

— Каков-то лов будет сегодня, — сказал старик, посматривая на облачные небеса, — а вчера господь благословил труды наши: на меня одного досталось два осетра да пол-сорока стерлядей; и сегодня поутру все с рук сошли, и все почти забрали для верховного жреца Богомила. Видно, он пир какой затевает. А ты сбыл ли свой товар, Дулебушка?

— Какой товар? — спросил молодой человек, продолжая смотреть задумчиво в ту сторону, где синелся вдали дремучий бор, коим поросли живописные берега Лыбеди.

— Вестимо какой! Ведь мы тебя рыбой не заделили.

— Я позабыл ее на берегу, — отвечал Дулеб. — Что это, дедушка, — продолжал он, — виднеется там вдали? Ведь это село Предиславино?..

— Эх, дитятко, нехорошо! — прервал старик, покачивая головою. — Стыдно и грешно презирать дар божий, а и того грешнее — предаваться отчаянию и не радеть ни о теле, ни о душе своей. Скажи-ка, Дулебушка, почему ты вчера в полночь не был на молитве, вместе со всеми православными?

— Виноват, дедушка, — я был далеко, позамешкался и, как пришел, так не застал уже никого.

— Да где же ты был?

— На Лыбеди.

Старик поглядел с состраданием на Дулеба и, помолчав несколько времени, сказал:

— А зачем ты был на Лыбеди?

— Зачем?.. — повторил молодой человек. — А бог весть зачем. Я почти всю ночь проходил кругом села Предиславина, смотрел издалека на княжеские палаты. В одном тереме светился огонек: "Может статься, — думал я, — в нем сидит моя Любашенька!" В другом, у открытого окна, кто-то распевал заунывные песенки: "О ком воркуешь ты, горлинка сизокрылая? — говорил я, прислушиваясь. — Не о твоем ли горемычном голубчике?" Ах, дедушка, мне казалось, что я слышу голос моей Любашеньки!.. Касаточка ты моя... сердечная!.. Бывало, и ты певала веселые песенки, бывало, и я в круглый год слезинки не выроню!

Дулеб закрыл лицо руками и замолчал.

— Послушайся меня, — сказал старик, — не ходи на Лыбедь. Ведь что прошло, того не воротишь. Подумай-ка хорошенько: разве твоя Любаша не могла умереть!

— Тогда бы, дедушка, я стал ходить на ее могилу.

— Эй, дитятко, дитятко, не сносить тебе головы! Ну если заметят, что ты шатаешься по ночам вокруг села Предиславина?..

— Так что ж? Меня убьют?.. Дай-то господи, один бы уж конец?! Ведь я христианин и сам на себя рук не наложу, а жить мне становится куда тошно; видит бог, тошно, дедушка!

— Полно, парень, что ты: иль не хочешь и на том свете увидаться с твоей Любашею? Ведь отчаяние — смертный грех, дитятко! Спроси-ка об этом у отца Алексея... Ах, батюшки-светы, да я и позабыл, окаянный!.. Полно, еще жив ли он, наш кормилец?

— Как, дедушка, что ты говоришь?

— Так ты не знаешь, что вчера было?.. Еще служба у нас не совсем отошла, как вдруг, откуда ни возьмись, целая ватага княжеских воинов, да все-то пьяные, шасть к нам в гости!.. Вот мы — кто куда попал, а отец-то Алексей не только не хотел бежать вместе с нами, а пошел еще навстречу к этим буянам уговаривать их да приостановить, чтоб дать нам всем убраться подобру-поздорову. Сходил бы ты сегодня к нему, Дулеб, да проведал: здоров ли он, наш батюшка?.. А навряд: если эти разбойники и не до смерти его прибили, то уж, верно, изувечили.

Дулеб приподнялся с завалины.

— Погоди-ка, — продолжал старик, — зайди прежде к соседу нашему, Феодору?.. Ты знаешь, где он живет? Вон видишь дом, с высоким-то помостом на четырех столбах?.. Чай, он нынче чем свет ходил проведать отца Алексея. Вот, Дулебушка, христианин-то — не нам, грешным, чета! Говорят, и денно, и нощно стоит на молитве. Постой-ка, постой! Что это такое?.. Посмотри: никак, у ворот его стоят воины?.. Ахти, батюшки! Ну так и есть — с копьями... в кольчугах... Да это, никак, храмовая стража!.. Что за притча такая?.. Уж не взъелся ли на него за что-нибудь жрец Перунов Богомил?.. Избави, господи!.. Я слышал, что он на него давным-давно зубы грызет...

Говоря эти слова, старик вместе с Дулебом пошли к высокому бревенчатому дому, подле которого стояли на страже два воина.

— Доброго здоровья, господа честные! — сказал старик, поклонясь низенько ратным людям и идя прямо в ворота дома.

— Прочь! — закричал грубым голосом один из воинов.

— Что так, молодец? — Не велено входить. — А выходить можно?

— Нет!

— А не знаете ли, господа честные, ради чего отдан этот приказ?

100

— Узнаешь, как придут за хозяином... Да проходи, добро — мы с вашею братею растабарывать-то не больно любим.

— Дулебушка, — сказал вполголоса старик, — побежим на площадь к княжескому двору: не узнаем ли там чего-нибудь.

Как в ненастную погоду ревет и бушует широкий Днепр, так волновался и шумел народ вокруг Перунова капища и высоких чертогов княжеских. Вся площадь, покрытая густыми толпами любопытных, походила на обширное торжище. Византийские гости и богатые купцы киевские раскидывали шатры и выставляли напоказ свои заморские дорогие товары. Торгующие напитками и съестными припасами строили на скорую руку лубочные балаганы; в одном месте выкачены были бочки с медом; в другом, за деревянными прилавками, стояли огромные кади с олуем[54], по обеим сторонам главного притвора Перуновой божницы расположена была многочисленная стража; храмовые прислужники и жрецы суетились внутри капища — одним словом, все возвещало наступление необыкновенного торжества, причина которого была еще не известна народу.

На одной из ступеней широкого крыльца, ведущего в любимый княжеский терем, сидел молодой человек, прекрасной и благородной наружности. Одежда его была из дорогой греческой камки. Он держал в одной руке музыкальный инструмент, похожий на лютню или ручную четырехструнную арфу, и смотрел задумчиво на волнующийся народ; но, казалось, не замечал и даже не видел окружающих его предметов: он носился мыслью по синему морю, омывающему крутые берега угрюмой Норвегии, взлезал на утесистые скалы и прислушивался к шуму горных потоков своей родины.

Плененный Владимиром, который в один из своих морских походов с варягами приставал к западным берегам Норвегии, он не жил, а чахнул на чужой стороне. Напрасно великий князь осыпал его дарами: с каждым днем взоры несчастного певца становились мрачнее и мрачнее; изредка только блистали они огнем вдохновения, и живые струны его молчали по целым дням. Вещий скальд Фенкал был любимцем Владимира: он ел со стола государева, одевался с плеча его, разделял все его забавы и потехи молодецкие, ему завидовали бояре знатные и витязи знаменитые, а бедный певец сохнул от печали и не знал веселых дней. Ему было душно в позлащенных чертогах княжеских, он тосковал о мрачных небесах своей отчизны, о своих неприступных горах, о непроходимых дебрях, об обширных озерах и даже о своей тесной хижине. Там, свободный сын дикой Скандинавии, он пел, когда желал, а здесь, отторгнутый от своей родины, невольник и собственность Владимира, он повиновался не

---

[54] Род нынешнего пива или крепкой браги.

101

вдохновению, но воле того, кто называл его рабом своим. Бывало, мощный голос его сливался с воем полуночных бурь: он пел о славе древних норманнских витязей; а теперь, тихий и унылый, он выражал одну тоску и скорбь.

Человек пять варяжских воинов подошли к Фенкалу.

— О чем ты призадумался, соловушко великокняжеский? — спросил один из них, ударив его по плечу.

Певец, взглянув на воина, кивнул ему ласково головою, но не отвечал ни слова.

— Уж не тоскуешь ли о светло-голубых очах какой-нибудь красавицы? — продолжал с улыбкою воин.

— Да, Якун, — отвечал певец, — я тоскую об одной красавице, да только она не походит на ваших белолицых девушек. Она неприветлива, угрюмо выглядывает из-за моря синего, любит слушать, как воет ветер меж гор и ревут бури среди лесов дремучих...

— Ай, ай, ай!.. Что ты говоришь? Да как зовут эту суровую красотку?

— У нее много имен, товарищ, а я просто называю ее моею отчизною.

— Вот что! Так ты все еще грустишь по своей родимой стороне. Эх, Фенкал, Фенкал! Кому другому, а тебе как пожаловаться: уж такое ли житье — не житье? Кабы нашему брату было во всем такое довольство, так я бы и ох не молвил.

— Но ты не пленник, а слуга Владимира и оставил охотою свою родину.

— И, Фенкал, не об охоте речь: было бы только житье-то привольное... Да что об этом толковать! Скажи-ка лучше, брат, не знаешь ли хоть ты, что сегодня за праздник такой? Посмотри, народ так и кишит вокруг храма, и торгаши все выползли на площадь; а бочек-то с медом, бочек!.. не хочет ли Владимир задать пир во весь мир?!

— Не знаю, — сказал Фенкал, посматривая задумчиво вокруг себя.

— А не худо бы со вчерашнего-то опохмелиться, — продолжал Якун, — у меня что-то и теперь в голове шумит. Ну, брат Фенкал, натешились мы вчера!.. То-то была попойка! Фрелаф так натянулся, что под конец вовсе с ума спятил: всю ночь проговорил о каком-то оборотне, с которым дня три тому назад дрался не на живот, а на смерть. Он клялся, что видел его вчера между нас, что хотел схватить за ворот, но что чародей ударился оземь, обернулся в серого волка, да и был таков.

— Охота тебе слушать этого пустомелю! — прервал один из воинов. — А кто у вас был вчера Усладом? Уж не опять ли Всеслав?

— Его было выбрали, — подхватил другой, — да сам отказался. Такой спесивый, что и приступу нет! Мальчишка вовсе зазнался! Кабы вы знали, ребята, как он разобидел вчера нашего товарища Икмора!.. Ну, если бы он был не княжеский отрок, дали бы мы ему себя знать!.. Эх, не прежние

102

годы! Да смели ли, бывало, русины задевать нашего брата варяга!.. Бывало, бьешь их сколько душе угодно, а они лишь только кланяются. Нет, ребята, отжили мы наше времечко!

— Да, — прервал Якун, — бывало, берешь на торгу, что хочешь, а теперь за все про все плати.

— А не заплатишь, так потащут тебя к городскому вирнику. Что и говорить — туго пришлось жить нашему брату!

— Да не дразни, пожалуйста! — продолжал Якун. — Делать-то нечего: плетью обуха не перешибешь. Послушай-ка Фенкал, — продолжал он, обращаясь к скальду, — развесели хоть ты нас — что тебе стоит, потешь, спой что-нибудь, мы послушаем твоих песен.

— Моих песен! — повторил Фенкал с горькою усмешкою. — Ах, я давно уже пою одну только песню! Она люба мне, эта песня; да не знаю, полюбится ли вам, товарищи? — промолвил он, принимаясь за свою арфу.

Как бессильный ропот умирающего тихо потрясает воздух, когда последний вздох вылетает из груди его, так застонали струны под вещими перстами скальда. Устремив неподвижный взор на черные тучи, которыми подернута была вся северная сторона небосклона, он запел унылым и сладкозвучным голосом:

> Где вы, глубокие долины,
> Родные горы и поля,
> Леса дремучие, и море,
> И тихий кров моих отцов?

> Увижу ли тебя, о, Берген —
> Страна и славы, и певцов,
> Отчизна витязей могучих,
> Свободных Севера детей?

> Давно ль и ты, Фенкал, был волен,
> Как наши дикие орлы.
> Как легкий ветер полуночный,
> Свободно вьющий средь гор?

> Давно ль под сосной вековою
> Певец с родными пировал,
> Иль на верху скалы прибрежной
> Гремел его могучий глас?

> Он пел — и бури умолкали,
> Дремало море в берегах,

И не шумел поток гремучий,
И ветер буйный засыпал;

И девы Скании младые
Толпилися вокруг певца,
И старцы мудрые внимали
Его и песням и речам...

Фенкал остановился; тихо зазвучали струны, и скальд повторил трепещущим голосом:

Где вы, глубокие долины,
Родные горы и поля,
Леса дремучие, и море,
И тихий кров моих отцов?

С каждым стихом голос его слабел, дрожащие пальцы с трудом пробегали по звучным струнам; напрасно Фенкал старался заглушить рыдания в стесненной груди; напрасно глотал свои слезы: они прорвались и хлынули рекою из потупленных очей его. Несколько минут продолжалось молчание. Вдруг вещий скальд поднял поникшее чело свое, отряхнул назад густые кудри и ударил снова по струнам. Слезы не текли уже по бледным щекам его, но какая-то мрачная безнадежность изобразилась в его мутных и диких взорах; он запел:

Нет, нет, певец, уж не увидишь
Свою родимую страну,
И дева гор возненавидит
Раба, живущего в плену!..

В плену!.. О, радости святые,
Надежды все... всему конец!
Порвитесь, струны золотые,
Умолкни навсегда, певец!

Фенкал замолчал. Тихо затрепетали струны, и последний звук их замер под онемевшею рукою певца.

— Хорошо, Фенкал, — сказал Якун, — хорошо, да только ты этим пением никого не развеселишь. Вот однажды ты пел в гриднице великокняжеской о подвигах твоих предков; я стоял тогда на страже у дверей — как теперь помню, у меня под конец твоей песни так молодецкая кровь в жилах разыгралась, что я чуть-чуть было не вцепился в волосы моему товарищу: ну хоть с кем-нибудь, да только бы подраться. Вот это пение!

— Нет, Якун, — прервал скальд, — ты не знаешь моих песен и не слыхал моего голоса. Иль ты думаешь, что соловушка в клетке поет и тем же голосом и о том же, о чем певал в густой дубраве, перепархивая по воле с ветки на ветку и перелетая на свободе из одной рощи в другую? Нет, товарищ, чтоб оживить дела моих предков, чтоб вызвать их из чертогов Одена и заставить отряхнуть могильный прах веков с туманных одежд их, чтоб раздуть потухший пламень в одеревенелых сердцах ваших, напомнить вам о славе покинутой вами отчизны, — о, для этого не нужны вещему скальду ни богатые одежды, ни золотые кубки с вином византийским: ему надобно подышать воздухом своей родины, посидеть на могильном кургане отцов своих, поспорить с бурями на родных морях, искупаться в утреннем тумане на вершинах снежных гор и, возвратясь под тихий кров свой, сказать: "Я дома!"

— Да разве у тебя здесь нет дома? — прервал Якун. — Разве государь великий князь не пожаловал тебе высоких хором на Днепре, с двумя теремами, с усадьбою и с таким богатым поместьем, какого, верно, все твои предки и во сне не видывали?

Фенкал поглядел с сожалением на варяга и, не отвечая ни слова, облокотился задумчиво на свою арфу.

В числе слушателей, которые окружали певца, шагах в пяти от него, стоял высокий мужчина в грубой, но опрятной одежде; он не походил на простого гражданина: длинный нож, заткнутый за его поясом, колчан со стрелами, высокий лук, на который он опирался, а более всего неустрашимый и воинственный вид отличали его от толпы мирных горожан, кои, не смея подойти поближе к скальду, теснились вокруг стен храма и слушали его издалека. Этот высокий мужчина, заметив, что Якун и другие варяжские воины, разговаривая меж собою, поотдалились от Фенкала, подошел к нему и сказал вполголоса:

— Не погневайся, добрый молодец, если я попрошу тебя спеть еще раз эту песенку: она мне пришлась больно по сердцу.

— А разве и ты так же тоскуешь о своей родине? — спросил Фенкал, взглянув с участием на незнакомца.

— О родина! — повторил с мрачным видом высокий мужчина. — Нет, Фенкал, моя доля хуже твоей: тебе хоть есть о чем потосковать, а мне и поплакать-то не о чем!

— Как, — вскричал певец, — да разве у тебя вовсе нет отечества?

— Будет, может статься, а теперь... да не обо мне речь. Послушай, Фенкал, я видел тебя года два тому назад: куда, ты с тех пор переменился?! Ты был тогда весел, румян, здоров и красовался как маков цвет на зеленом лугу!

— Я надеялся тогда, что Владимир возьмет за меня выкуп.

— Надеялся! Плохо же ты его знаешь. Нет, молодец, попадись только в лапы к этому медведю, а уж живой из них не вырвешься! Ему нет нужды, что ты зачахнешь на чужой стороне, что у тебя остались на родине, быть может, отец и мать, жена и дети, — какое ему до этого дело! Был бы при нем скоморох, чтобы забавлять его, когда он распотешится со своими витязями.

— Скоморох! — повторил с негодованием Фенкал.

— Да неужли ты думаешь, — продолжал хладнокровно незнакомый, — что Владимир отличает тебя от прочих гусляров, которыми набиты его княжеские чертоги? Нет, Фенкал, на твоей родине и князья и витязи знаменитые чтят, как равных себе, и братаются с вещими скальдами, а здесь их кормят, только посытнее других челядинцев. Ведь для Владимира что борзый конь, что резвый пес, что голосистый певец — все едино! У него красивых коней кормят ярою пшеницею, на резвых псов надевают серебряные ошейники, а на вашу братию, певцов, кафтаны из дорогой камки — вот и все тут. Правда, Владимир до сих пор еще ни коням своим, ни псам поместьев не раздавал, да почему знать, авось придет и их черед.

Бледные щеки Фенкала вспыхнули; он схватил за руку незнакомца и сказал тихим голосом:

— Ты правду говоришь, товарищ! Певец, который охотою согласился служить Владимиру, недостоин называться скальдом, точно так же как и тот, который, попав к нему в неволю, утешится, променяет свою хижину на его позлащенные чертоги и не умрет от тоски по своей родине.

— Умереть-то всегда успеешь, — прервал незнакомый, — руки на себя не подымутся, так в Днепре есть омуты. Да уж это последнее дело: надобно прежде не в том, так в другом удачи попытать. Правда, уйти-то отсюда трудненько: вишь как этот чужехват Владимир локти-то пораздвинул, — куда ни погляди, все его да его. Родина твоя, как я слыхал, больно далеко отсюда: говорят, по самый край земли, — так и без погони не скоро туда доберешься; а теперь, как разошлют во все стороны гонцов да велят о тебе клич кликнуть, так, вестимо дело, не дойдешь до дому.

— О, я не сомневаюсь, — прервал Фенкал, — одна только смерть избавит меня от этого ненавистного рабства.

— И я то же думаю: конечно, смерть, да только чья?

— Как чья?

— Ну да! Неужли то тебе и в голову не приходило: что, если умрешь не ты, а Владимир?..

— Владимир? — повторил с удивлением скальд.

— А что?.. Уж не думаешь ли ты, что он два века проживет?

106

— Но он еще в самой силе и поре своей...

— Да разве только одни старики умирают?.. Слыхал ли ты, Фенкал, о прежних киевских князьях Аскольде и Дире?

— Слыхал.

— Так знаешь, чай, что и они были в самой силе и поре, когда отправились на житье к своим предкам.

— Но их умертвил предательски Олег.

— А разве правнука-то его убить никто не может?

— Что ты говоришь? — вскричал с приметным испугом Фенкал.

— Ничего. Эка диковинка, подумаешь! — продолжал спокойно незнакомый. — Добро бы кто-нибудь рода знаменитого, а то рабынич, сын ключницы Малуши, прибрал к рукам всю землю Русскую да и в ус себе не дует: попивает с своими витязями да потешается песнями знаменитого скальда Фенкала, который, живя в неволе, позабыл и то, что люди не всегда своею смертию умирают. То-то и есть — видно, золоченые-то цепи таскать не тяжело!.. Да что из пустого-то в порожнее пересыпать! Прощай, молодец, и так я с тобой заболтался! Видишь, народ собирается вокруг княжеских палат: может статься, Владимир сегодня хоть в окно выглянет, так мне хочется вместе с другими крикнуть: "Да здравствует наше красное солнышко, наш батюшка великий князь!"

— Постой! — вскричал Фенкал. — Скажи мне...

— Что тебе сказать? Русскую поговорку, что ль?.. Изволь: "Глупый свистит, а умный смыслит". Прощай, добро!

Сказав сии последние слова, незнакомый подошел к толпе варяжских воинов, которые, теснясь вокруг одного из своих товарищей, казалось, слушали его с большим вниманием.

— Да полно, так ли, Икмор? — говорил Якун. — От кого ты это слышал?

— От жреца Лютобора — ему как не знать. Вот до чего мы дожили, товарищи! Если б на родине узнали, что мы разиня рот смотрим, как над нами здесь ругаются, и не смеем рук отвести, — так и жены-то бы наши сгорели от стыда. Слыхано ли дело: приносить в жертву природного варяга! Да разве мы за тем покинули наши домы, чтоб эта козлиная борода, Богомил, выбирал из нас, как из стада баранов, любую жертву? Да и кому же: добро бы нашему богу Одену, а то какому-то деревянному болвану с золотыми усами[55], перед которым и шапки-то снять не хочется.

— А я слышал о сыне какого-то Феодора, — прервал один из воинов.

— Экий ты братец! — подхватил Икмор. — Да ведь этот Феодор был нашим десятником; он природный варяг и прежде не так назывался.

---

[55] Истукан Перуна был деревянный, голову имел серебряную, а усы золотые (летопись Нестора).

107

— Э, знаю, знаю! — закричал Якун. — Да он уж года два не служит в нашей дружине.

— Так что ж? Разве только тот и варяг, кто не скидает шелома да мерзнет по зимам у дверей великокняжеских? Эх, братцы, дали мы волю этим русинам! Глядите-ка, сколько их высыпало на площадь, а все ведь затем, чтоб над нами смеяться: чай, все уж знают, что сегодня приносят в жертву варяга. Вот уж, ничего не видя, смотрите, как этот долговязый, глядя на нас, ухмыляется. Чему ты зубы-то скалишь? — продолжал Икмор, обращаясь к незнакомому, который, завернувшись в свою верхнюю одежду, стоял позади варяжских воинов и улыбался, слушая их разговор. — Экий леший проклятый! Над кем ты смеешься?

— Да не погневайтесь, господа честные, — над вами, — отвечал спокойно незнакомый.

— Как над нами?.. Ах ты неотесанный болван! — вскричал Икмор. — Да к роже ли тебе смеяться над варяжскими витязями?

— А как же не смеяться-то!.. — сказал хладнокровно незнакомый. — О чем вы сошлись горевать?.. Эх, молодцы, молодцы — "снявши голову, о волосах не плачут". Вольно ж вам было сглуповать да отпустить в Византию ваших товарищей. Много ли вас теперь осталось? Ребятушки киевские шапками закидают. Нет, господа, Владимир-то себе на уме: смекнул, что с вами ладу не будет, если он не рассует вас по разным местам. То-то и есть! Говорят: "Русский человек задним умом крепок", а поглядишь — так и варяги-то не дальше нашего видят.

— А что, братцы, — сказал Якун, — ведь этот пострел дело говорит: кабы мы сами не сплоховали... Да кто ты таков, — продолжал он, обращаясь к незнакомому, — и откуда родом?

— Не бойтесь — я не здешний, со мной говорите смело: в донос не пойду.

— Да ты, никак, ратный человек? — спросил один из воинов.

— Вот то-то и есть! Кому другому, а мне как не пожалеть о вас? Храбрые варяжские витязи, сподвижники Святослава, живут в таком загоне!.. И то ли еще будет, погодите! Теперь вы все как будто бы по охоте служите, а придет время — станете служить из-под палки.

— Из-под палки! — вскричал с негодованием Икмор.

— Да, не погневайтесь! И теперь у вас старшими-то все русины, а вот еще годок-другой, так и десятника ни одного из варягов не будет.

— Клянусь Геллою, — прервал Икмор, — я лучше соглашусь умереть!..

— И, полно, молодец, — привыкнешь! Да что вы толкуете, товарищи? Чтоб с вами Владимир ни делал, а случись с ним какая невзгода, так вы первые за него грудью станете.

— И не хочешь, а станешь! — сказал Якун. — Делать-то нечего: если уж мы ему служим...

— А зачем же вы ему служите, коли он вам нелюб?

— Зачем? Да куда же нам деваться? Чтоб не вернуться с пустыми руками домой, так надобно же какому-нибудь государю служить.

— Так что ж? Разве Владимир один роду княжеского на белой Руси? Иль не промыслите себе князя по сердцу? Эх, братцы, братцы, была бы только у вас охота, а за князем дело не станет.

Испуганные этим неожиданным предложением, варяги, поглядев робко вокруг себя, устремили удивленные взоры на незнакомого, который, облокотясь на свой лук, смотрел на них спокойно и как будто бы не замечал их удивления.

— Смотри-ка, Дулебушка, — сказал один седой старик молодому детине, с которым он уже несколько времени стоял в двух шагах от толпы воинов, — никак, это тот самый разбойник, что третьего дня, помнишь, у пристани подъезжал к нам в челноке? И речи те же самые! Тогда он хотел помутить нас, а теперь смущает ратных людей против великого князя. Уж в самом деле, не ятвяги ли его подослали? Да что ж он это, проклятый, средь бела дня, на площади?.. Иль на него управы нет?.. Эй, молодцы! — продолжал старик, подойдя к большой толпе граждан, посреди которой блистали стальные шеломы киевских воинов. — Потерпите ли вы, чтоб кто ни есть смущал народ и говорил непригожие речи о нашем государе? Вон видите этого высокого мужчину? Он поносит великого князя Владимира.

— Кто?.. Где?.. — раздались голоса из толпы.

— Ну вот, что стоит с варягами.

Несколько русских воинов и множество граждан кинулись толпою к варягам. Услышав шумные крики, незнакомый обернулся и устремил свой мрачный, но спокойный взор на приближающуюся толпу.

— Вот он! — вскричал старик, указывая на него пальцем. — Хватайте его, ребята!

Незнакомый нахмурил брови и взялся за рукоятку своего ножа.

— Убирайся, покуда цел! — шепнул Якун, выходя вперед и заслоняя его собою.

Незнакомый опустил руку и, подобрав свое верхнее платье, пошел скорыми шагами вниз по улице, ведущей к Подолу.

— Держите его, держите!.. Это разбойник!.. Печенег! — загремели сотни голосов. Вся площадь взволновалась, тысячи любопытных и зевак бросились к тому месту, где раздавались крики бегущих за незнакомым; в одну минуту они были смяты, разлучены друг от друга, смешались с общею толпою и потеряли из виду того, за кем гнались.

— Да что такое?.. Куда бегут?.. Кого ловят? — шумел народ, давя друг друга.

— Держите его, держите! — кричал, запыхавшись, толстый купец.

— Кого держать? — спросил плечистый посадский, стараясь опередить его на бегу.

— Не знаю! — отвечал первый, падая и продолжая кричать. — Держите его, держите!

И вся толпа повторяла с ужасным криком:

— Держите, ловите!.. Он пленный печенег!.. Разбойник!.. Вор!.. Он ограбил храм!.. Зарезал боярина!.. Держите его, держите!

Пользуясь этим общим смятением, незнакомый пробирался спокойно к реке. Он шел по самому краю оврага, или, лучше сказать, глубокой рытвины; промытая весеннею водою, она с половины горы тянулась до самого Днепра и местами была не шире двух сажен, но почти везде вдвое глубже. В ту самую минуту, как незнакомый начинал уже надеяться, что он вне всякой опасности, человек пять киевлян показались вверху улицы; увидев его, они закричали:

— Держите, ловите его!

Он удвоил шаги, но в то же самое время навстречу к нему вышли из переулка старинные наши знакомцы Стемид и Фрелаф. Последний, услыша крик бегущих граждан, заслонил дорогу незнакомому, но, лишь только взоры их встретились, варяг побледнел, отскочил назад, и вскричал с ужасом:

— Это он!

— Что ж ты, Фрелаф? закричал Стемид. — Держи его!

— Держи его! — повторили граждане, подбегая к незнакомому.

— Ага, разбойник, — сказал Фрелаф, отступя еще шага два, — попался! Хватайте его, братцы, хватайте! Да скрутите хорошенько!

Но незнакомый, кинув быстрый взгляд на глубокое дно рытвины, которая отделяла его от другой стороны улицы, подался несколько назад и с одного скачка перелетел на противоположную сторону.

— Береги свой булатный меч, храбрый витязь Фрелаф! — закричал он, скрываясь за углом узкого переулка, который, изгибаясь по скату горы, примыкал к густому кустарнику, растущему в этом месте по берегу Днепра.

— Ах он пострел! — вскричал один из граждан. — Ушел как ушел, проклятый!

— Эх, Фрелаф, — сказал Стемид, — и придержать-то его не умел! Что, руки, чай, отнялись?

— Да, да, ты бы его остановил! — прервал варяг. — Нет, Стемид, с ним на силу не много возьмешь. Ведь это тот самый...

— Ага, так вот что!

— Видел ли ты, как он перемахнул через овраг? Посмотри-ка, саженей до трех будет, а он словно через лужу перешагнул. Ну-ка, ты, молодец, попытайся перепрыгнуть!

— В самом деле, — сказал Стемид, поглядев с удивлением на глубокую рытвину, — ай да скачок!

— То-то же! Я тебе говорю, что он кудесник.

— Не знаю, брат, кудесник ли он, а, чай кулак у него тяжел! Как ты думаешь?

— Почему я знаю, я с ним на кулаках не дрался.

— Эй, Фрелаф, полно, так ли?.. Да что вы за ним гнались, зачем? — спросил Стемид, обращаясь к горожанам, которые, посматривая друг на друга, стояли в недоумении на краю рытвины.

— Зачем? — повторил один из них. — Вестимо зачем, господин честной, чтоб задержать.

— Да что он сделал?

— А кто его знает?

— Так что ж вы за ним бежали?

— Как что? Аль не слышишь? Вон и теперь еще кричат на площади: "Держи его!".

— Он разбойник! — сказал один молодой детина.

— Нет, парень, — прервал другой, — беглый печенег

— Неправда, — подхватил третий, — ятвяг!

— Да что у вас там на площади делается? — спросил Фрелаф.

— Слышь ты, какой-то праздник: народу видимо-невидимо!

— Да что там празднуют?

— А кто их ведает! Веселье, знать, какое: бочек-то с медом выкачено, бочек!..

— В самом деле? — вскричал Фрелаф. — Пойдем, Стемид, на площадь: там лучше все узнаем. От этих серокафтанников толку не добьешься.

— Да, да! — заговорили меж собой вполголоса горожане, смотря вслед за уходящими Стемидом и Фрелафом. — Слышь ты, серокафтанники!.. А ты-то что — боярин, что ль, какой?.. Эк чуфарится! Велико дело: надел железную шапку, да лба не уставит! Не путем вы завеличались, господа ратные люди!.. Много вас этаких таскаются по Киеву-то!.. Видишь — серокафтанники!.. Ох вы, белоручки!..

V

Не шумели и не волновались уже толпы народные, когда Стемид и Фрелаф вышли на площадь. Все наблюдали глубокое молчание и, теснясь вокруг капища Перунова, ожидали с нетерпением появления верховного жреца Богомила. Главные двери капища были отворены, и по обеим сторонам их стояли храмовые прислужники в праздничных одеждах. Вот показались наверху расписного крыльца владимирских чертогов бояре, витязи и приближенные слуги великокняжеские; они шли чинно, друг за другом и, сойдя на площадь, стали рядом, у самого входа в божницу.

— Ого, — сказал Стемид, — да праздник-то не на шутку!.. Посмотри, Фрелаф, все вышли: воевода Добрыня, боярин Ставр, Тугарин Змеевич... Ян Ушмович... любимый баян княжеский Соловей Будимирович... Что это: и Рохдай идет вместе с вашим воеводою Светорадом? Ну, видно, большое будет торжество! Молодец Рохдай попить любит, а не часто храм заглядывает, да и с Богомилом-то он не больно ладит. Я помню: однажды за почетным столом у великого князя он чуть было ему в бороду не вцепился.

— Да что это, — прервал Фрелаф, — никак, он прихрамывает?

— Да, брат, на последней игрушке богатырской Всеслав задел его порядком по ноге, — видно, еще не оправился. Э, да где же Всеслав? Вон идут позади все княжеские отроки, а его нет?

— Чай, ушел нарочно и шатается где-нибудь по лесу. Вперед-то не пустят, а пристало ли идти позади бояр и витязей такому знаменитому сановнику?.. Да что о нем толковать! Погляди-ка, Стемид, никак, вон там, с левой стороны храма, стоят в кучке все мои товарищи; ну, так и есть: Якун, Икмор... Тур... Руальд... Пойти и мне туда.

— Полно, Фрелаф, не ходи! Отсюда нам будет и слышнее, и виднее... Да тише, тише: вот, никак, и Богомил выходит из храма!

Опираясь на плечо любимца своего, Лютобора, первосвященник Перунов вышел на широкий помост главного притвора. Он поклонился ласково на все четыре стороны и, окинув беглым взглядом многолюдные толпы народа, покрывавшие площадь, начал говорить громким голосом:

— Бояре мудрые, храбрые витязи, сановники великого князя Владимира Святославича и вы все, сущие под рукою его, люди ратные и граждане киевские, послушайте речей моих. Вот уже около месяца, как наш кормилец, государь великий князь одержим злым недугом: безвестная тоска пала на его сердце ретивое. Он не пьет и не веселится со своими домочадцами; ему белый свет опостылел и стали нелюбы все прежние игрушки и потехи великокняжеские. Я вопрошал всемощного

Перуна, и вот что он ответствовал мне, представ очам моим в сонном видении: "Богомил, возвести всему народу, что мера терпения моего исполнилась! Неблагодарные киевляне давно уже перестали усердствовать богам своим: многие из них принимают нечестивый закон греческий, с каждым днем жертвы, приносимые мне и другим богам, становятся скуднее, но всего более раздражает и гневит меня их непочтение к тебе, верховному жрецу моему. Где богатые дары, коими осыпали жрецов Перуна благочестивые предки нынешних киевлян? Где обширные поместья и отчины, какими владели твои предместники? Я попустил тоске овладеть душою вашего великого князя, и горе киевлянам, если они не поспешат меня умилостивить. Но да ведают они, что не кровь бессловесных жертв, а кровь человеческая может только утолить гнев мой!" Так вещал всемогущий Перун и, скрываясь от очей моих средь грозного пламени, он назвал по имени жертву, ему угодную: это единственный сын киевского гражданина Феодора, бывшего некогда десятником варяжской дружины.

Богомил замолчал; тихий шепот, как отдаленный гул волнующегося моря, пробежал по площади, и вдруг громкий голос раздался по левой стороне храма:

— Нельзя приносить варяга в жертву русским богам!

— Нельзя, нельзя! — загремели многие голоса. — Мы не допустим... не дозволим... умрем все до единого!.. Никто не смей обижать варягов!..

— Как? Что? — заговорили меж собой киевляне. — Почему так?.. За что?.. Да чем лучше нас эти пришельцы?..

И глухой ропот, усиливаясь поминутно, превратился в общий оглушающий крик.

— Да исполнится воля богов! — раздавались тысячи голосов. — Давайте сюда варяга! Где он?.. Варяга, варяга! — повторяли неистовым голосом русские воины и весь народ.

Верховный жрец махнул рукою; Лютобор сошел с помоста и, окруженный многочисленною стражею, вышел на площадь; народ расступился и, пропустя жреца, хлынул вслед за ним необозримою толпою. Через несколько минут большая часть площади опустела. Варяги, видя свое бессилие, молча и со стыдом стали понемногу расходиться, и вскоре осталось на площади только человек двадцать самых задорных воинов, они продолжали шуметь меж собою и клялись, что скорее решатся умереть, чем снести такое посрамление.

— Что, брат Фрелаф, — сказал Стемид, — видно, не прежние времена? Бывало, как твои товарищи примутся шуметь, так и великий князь не скоро их уймет; а теперь что взяли — и слушать-то их не хотят!

— Да кто с этим глупым народом уладит? — прервал Фрелаф. — Ты себе хоть тресни, а он все свое орет. Конечно, если бы дело дошло до мечей, так эти бы крикуны мигом язычок прикусили.

— Ой ли? Так что же твои товарищи зевают?

— И, братец, ну какой варяг захочет руки марать об этих скотов?

— И то правда, Фрелаф, — что с ними связываться: руки-то об них замараешь, а там, глядишь, они же тебе бока обломают. Да что ж мы здесь стоим? Пойдем за народом, посмотрим, что там делается.

— Пожалуй, пойдем.

Пройдя всю площадь, Стемид и Фрелаф пустились по улице, ведущей к Подолу. Во всю длину ее кипели бесчисленные волны народа. То продираясь с трудом сквозь густую толпу, которая, стеснясь на повороте, перерезывала, как стеною, широкую улицу; то увлекаемые народным потоком, Стемид и Фрелаф достигли наконец того места, где начинался обширный посад по отлогому скату горы, прилегающей к Подолу.

Шагах в двадцати от них городовая стража, расположась полукружием перед одним высоким домом, удерживала напирающий народ, который, прорываясь сквозь двойную цепь воинов, кричал, ревел, бесновался и, осыпая ругательствами варягов, повторял тысячу раз имя Феодора.

— Пойду назад, — сказал Фрелаф, поглядывая робко вокруг себя.

— И, полно, братец, — отвечал Стемид, таща за руку Фрелафа, — посмотрим поближе!

— Чего смотреть, пойдем! Видишь, как эти дурачье разорались.

— Ага, так вот что?.. Ты опасаешься, чтоб эти крикуны не догадались, что ты варяг?.. Небось, я тебя не выдам.

— Смотрите-ка, ребята! — закричал один гигантского роста мясник, поглядывая через головы тех, кои стояли впереди. — Вишь какой: кругом заперся и княжеского приказа не слушает!.. Ах он разбойник, варяг!

— Да они все на одну стать, — подхватил другой. — Эх, братцы, передушить бы их всех разом, так и концы в воду. Да куда они подевались?.. То-то и есть: догадливы, проклятые, — все на площади остались!

— Пусти, братец, — сказал вполголоса Фрелаф, — мне, право, некогда, да что-то и нездоровится.

— А что, чай, лихоманка трясет?.. Ага, Фрелаф, видно, здесь не на пирушке? Что, брат, боишься?

— Боюсь? Вот вздор какой!

— Да отчего же ты дрожишь как осиновый лист?

— От досады, братец, иль ты думаешь, мне весело слышать, как они ругают варягов? Что, в самом деле, долго ли до беды? Ну, как я и сам разгорячусь?

— Небось, они тебя как раз остудят: ведь Днепр отсюда близехонько. Ну, ну, ступай, добро, храбрый витязь! Смотри только, обойди огородами, а то пойдешь без меня по улице да как в самом деле осерчаешь, так и унять-то доброго молодца будет некому. Я ведь тебя знаю: примешься крошить народ — беда: живой души не оставишь в Киеве!.. Ах он пострел! — продолжал Стемид, глядя вслед за уходящим варягом. — Эк начал шагать — по косой сажени... Ну, легок он на ногу... Посторонитесь-ка, ребята!..

Расталкивая направо и налево народ, Стемид с большим трудом пробрался наконец до самой стражи. Узнав стремянного великокняжеского, ратные люди пораздвинулись; и когда он вышел вперед, то увидел, что жрец Лютобор и человек пять воинов стучатся в дубовые двери высоких бревенчатых хором, более похожих на огромную вышку чем на обыкновенный дом. Верхний его ярус с широким помостом, или открытою площадкою, построен был навесом, выдавался сажени на две вперед и всею своею тяжестью лежал на двух столбах, которые поддерживали не только его, но и все здание, ветхое, подмытое водою и готовое рухнуться от первого сильного потрясения.

— По приказу верховного жреца Перуна, — кричал Лютобор, — по воле великого князя Владимира, отоприте!

— Отоприте, иль худо будет! — повторяли воины, стуча в двери своими железными булавами.

Их сильные удары потрясали все здание, но толстые дубовые двери не подавались; внутри дома все было тихо и безмолвно, как в могиле.

— Да полно, дома ли он? — спросил Лютобор воинов, стоящих на страже у дверей.

— Как же, — отвечал один из них, — он недавно выходил на верхний помост.

— Но нет ли другого выхода?

— Есть, да там поставлена также стража.

— Не отпирает, так двери вон! — сказал начальник стражи. — Что с ним торговаться-то! Эй, ребята, бревно.

— Бревно! Давайте бревно! — закричал народ. Человек двадцать горожан бросились по домам и явились через минуту, неся тяжелый вязовый брус, приготовленный для начатого вблизи строения. Воины отодвинулись; народ, раскачав бревно со всего размаха, ударил им в двери.

— Ага, подаются! — закричал Лютобор. — Ну-ка, ребята, еще!

Со второго удара дверь соскочила с петель, и в то же время внутри дома раздался громкий треск.

— Вот те раз! — сказал один из воинов, переступя через порог. — Потолок-то в сенях обвалился... Ого, смотрите-ка, и лестница рухнула!.. Эва, как завалило, а пыль-то какая, пыль!.. Ну, доставай их теперь!

В самом деле, развалившийся потолок и лестница делали всякий доступ к верхним отделениям дома невозможным. Лютобор бесился, народ шумел; но вдруг все взоры обратились кверху.

— Вот он, вот он! — раздались бесчисленные крики, и Феодор, в белой простой одежде, с распущенными по плечам власами, показался на краю высокого помоста. Он держал за руку прекрасного отрока, который, посмотрев с детским любопытством на необозримые толпы народа, окружавшие их дом, робко прижался к отцу своему.

Душевное величие, изображавшееся на спокойном челе Феодора, его кроткий и светлый взор, необычайная красота отрока, их белые одежды, тихо взвиваемые ветром, — все пробудило в душе Стемида чувства, дотоле ему вовсе незнакомые. Царство света и царство тьмы во всей разительной противоположности своей представились его взорам: внизу — это безобразное смешение лиц, выражающих холодное, зверское любопытство и какую-то безотчетную жажду крови; это дикое, беспокойное волнение народа; эти отвратительные крики; а вверху, над головами этого буйного скопища, два существа, обреченные смерти, но спокойные, кроткие и смиренно покоряющиеся воле своего господа. Полуразрушенный помост, служащий им подножием, был выше всех окружающих его зданий: он выдавался вперед и как будто бы висел на воздухе. Феодор и сын его Иоанн стояли на самом краю его, и, отделенные от земли, облитые лазурью небес, казалось, они, как два светлых херувима, парили над главами неистовых убийц своих. Их нечаянное появление произвело хотя минутное, но сильное впечатление на народ; громкие восклицания прекратились, и все замолкло вокруг дома. Пользуясь этою кратковременною тишиною, Феодор простер свою руку и сказал твердым голосом:

— Чего вы требуете от меня, граждане киевские?

— Выдай нам твоего сына, — вскричал Лютобор, — он назначен богами в жертву всемогущему Перуну. Не медли исполнить волю богов и приказ твоего государя!

— Государь великий князь, — отвечал Феодор, — волен снять главу с плеч моих и умертвить моего сына, но ни я, ни сын мой не принесутся в жертву бесам, коих вы называете богами вашими.

— Умолкни, богохульник! — завопил с яростью Лютобор. — Как дерзаешь ты поносить богов наших?

— Да, — прервал Феодор. — Господь, которому мы служим, господь, которого исповедуем, не посрамит верных чад своих. Часы нашей жизни изочтены, и ангел смерти царит уже над главами нашими, но не возвеселятся враги господни, не возрадуется царство тьмы — отчизна богов ваших! Да, сограждане, кровь христианина не прольется в нечестивом капище, где вы приносите богопротивные жертвы не

116

создавшему этот мир, но мятежному рабу его — сатане, низверженному с небес и запечатленному вечным проклятием и гневом божиим.

— Да замолчишь ли ты, змея, — вскричал Лютобор, заскрежетав зубами. — Эй, ребята, лестницу! Проворней!.. Что ж вы стоите?.. Иль этот чародей вас обморочил?.. Давайте скорей лестницу!.. Да что, вы за одно, что ль, с ним?..

Но напрасно кричал и бесновался Лютобор: и воины, и народ, и даже прислужники храмовые, изумленные речами Феодора, не трогались с места, чтоб исполнить приказание жреца.

— Сограждане, — продолжал Феодор громким голосом, заглушающим сиповатый крик Лютобора, — внемлите речам умирающего, внемлите гласу истины! Кому поклоняетесь вы, ослепленные киевляне? Кого нарицаете бессмертными богами вашими? Кто этот всемогущий Перун, перед которым вы преклоняете колена?.. Бесчувственный, деревянный истукан! Вы сами видите и не хотите разуметь истины. Неужели господь, сотворивый всяческая, господь, хранящий жизнь вашу, проливающий на вас и свет и теплоту, был некогда бездушным деревом, растущим в лесах ваших? И тот, кто создал и землю, и небеса, и солнце, и луну, и звезды, неужели создан сам руками вашими? Киевляне, не всегда ли пригревало вас солнце и господь ниспосылал на вас свой дождь небесный; а давно ли сооружена божница Перунова? Ответствуйте, граждане киевские: не перед вами ли, не в глазах ли ваших сделан кумир, которому вы поклоняетесь?

Тихий ропот пробежал по народной толпе; сомнение и страх изображались на всех лицах: одни молчали, другие шепотом повторяли слова Феодора; но те, которые были посмышленее, заговорили громко меж собою.

— А что, братцы, — сказал один купец, — и впрямь, давно ли стоит у нас этот Перун? Ведь деды наши и отцы жили же без него.

— Вестимо! — прервал другой. — Да я помню, как этот приезжий грек и золотые усы-то ему отливал. Досуж был, проклятый... а уж плут какой!..

— Эко диво! — подхватил веселой наружности молодой детина. — Чай, знаете вот этого древодела — Чурилу Пучеглазого, что на площади живет: он при мне ноги-то ему стругал.

— То-то, парень, — промолвил один осанистый гражданин, — в самом деле, уж полно, бог ли он?

— Так-то вы меня слушаетесь? — закричал воинам жрец Лютобор, который, задыхаясь от бешенства, не мог несколько минут промолвить ни слова. — Добро вы, неслухи, я донесу обо всем Богомилу!.. Давайте лестницу!.. Я сам вырву язык у этого богохульника!.. Не слушайте его, киевляне!.. — продолжал он, обращаясь к народу. — И знаете ли вы, безумные, что с вами будет, если вы поверите этому крамольнику?.. Знаете ли, что померкнет солнце, по всей земле будет засуха, сделается потоп, трус, во всем Киеве не останется камня на камне, все реки иссякнут, Днепр потечет вспять, и печенеги уведут в неволю жен и детей ваших!.. Да кричите громче! — шепнул жрец, толкая воинов. — Кричите, что есть мочи: он опять хочет говорить!.. Добрые люди, граждане, не слушайте его!.. Он чародей, кудесник!.. Он поклоняется Чернобогу!..

— Да, да, он чародей и кудесник! — завопили воины и слуги жреца.

— Эх, братцы, — сказал вполголоса начальник стражи, — худо дело! Смотрите-ка, народ молчит; один бы уж конец! Да пропадай он совсем: не хочет сойти, так пусть слетит. Ну-ка, ребята, рубите столбы!

— Да, да, — подхватил Лютобор, — рубите столбы!

В одну минуту острые секиры заблистали в руках воинов, и столбы, на коих держалось все здание, заколебались.

— Остановитесь! — раздался знакомый Стемиду голос.

— Пропустите, дайте место!.. Гонец от великого князя! — зашумел народ. — Посторонитесь, братцы, посторонитесь!..

И Всеслав, покрытый пылью и потом, выбежал из толпы.

— Государь великий князь, — сказал он Лютобору, — приказал остановиться жертвоприношениям.

— Берегись, берегись! — проговорил торопливо Стемид, схватив его за руку и оттащив к стороне.

Один из подрубленных столбов рухнул.

— Назад! — вскричал начальник стражи.

Воины кинулись в сторону, а народ с громким криком, отхлынул от дома.

— Боже мой, — сказал Всеслав, глядя с содроганием на разрушающийся дом, — они погибли!

Верхний ярус здания, потеряв одну из подпор своих, подался на левую сторону, и помост, на котором стояли христиане, готовые принять венцы мученические, отделяясь от стены, повис на последнем, до половины подрубленном, столбе.

— Именем великого князя, — закричал Всеслав, — спасите этих несчастных!.. Лестницу, скорей лестницу!

— Да, — сказал вполголоса начальник стражи, — не хочешь ли сам сунуться. Дальше, товарищи, дальше!

Вдруг последний столб, нагнетаемый осевшим зданием, погнулся; несколько бревен из передней стены нижнего яруса, не выдержав сильного напора, сдвинулося с своих мест, и весь дом покачнулся вперед. Народ молчал; на всех лицах изображались страх и какое-то нетерпеливое, смешанное с ужасом ожидание; один Феодор казался спокойным, уста его безмолвствовали, но по тихому движению губ можно было отгадать, что он молился. В ту минуту, как здание снова поколебалось, спокойный и тихий взор его встретился с потухшим взором сына: весь ужас смерти изображался на бледном лице отрока. Феодор затрепетал.

— Сын мой, сын мой! — прошептал он прерывающимся голосом; глаза его наполнились слезами; он устремил их к небесам, и вдруг они заблистали необычайным светом: неизъяснимый восторг и веселие разлились по всем чертам лица его. — Сын мой, — сказал он торопливо, — смотри, смотри! Он грядет с востока... Он простирает к нам свои объятия... О, Искупитель! — воскликнул Феодор, прижав к груди своей Иоанна. — Се аз и чадо мое! — И в то же самое мгновение пламенный луч солнца, прорезав густые лучи, облил ярким светом просиявшие лица отца и сына.

— Глядите-ка, братцы, — закричал один из граждан, чему они так обрадовались?.. Ну, и последний столб... Дальше, ребята, дальше!

Погнувшийся столб с треском расселся надвое; высокое здание заколебалось... рухнуло; густое облако пыли обхватило его со всех сторон, и все исчезло.

— Пойдемте, товарищи! — сказал начальник стражи. — Да и тебе, Лютобор, здесь делать нечего: видно, вам не пировать сегодня.

— Постойте, — вскричал Всеслав, — надобно посмотреть: быть может, они еще живы!..

— Это не наше дело! — прервал грубым голосом начальник стражи. — На это есть люди у городского вирника. Ну, что стали? Ступайте, ребята!

Всеслав с Стемидом, при помощи нескольких сострадательных граждан, с большим трудом разрыли лежавшие беспорядочною грудою бревна перекладины и кирпичи.

— Вот они! — вскричал Стемид. — Под этим брусом... оба вместе... обнявшись...

— Ну, что? — спросил боязливо Всеслав, подбегая к Стемиду.

— Да что, братец, уж им не пособишь, бедные! И то хорошо: не долго мучились. Посмотри-ка: у обоих головы раздавлены!..

— Молитесь за нас, грешных, угодники божий, Феодор и Иоанн! — сказал кто-то тихим голосом.

Всеслав обернулся: подле него с поникшею главою стоял Алексей. Он молился, и крупные слезы, катясь по бледным щекам старца, упадали на изувеченные тела святых мучеников христовых.

VI

Солнце еще не показывалось, но легкие, прозрачные облака рделись на востоке; звезды тухнули одна после другой, и утренняя заря разливалась огненным заревом по небосклону. Ночь была бурная; вдали, на западе, исчезающие тучи тянулись черною грядою; от времени до времени сверкала еще молния, но гром едва был слышен, и последние дождевые капли, перепадая с листа на лист, шумели по дремучему лесу диких берегов Почайны.

На небольшой луговине, усеянной полевыми цветами под навесом густого дуба, заметна была свежая насыпь, подле нее, прислонясь к дереву, стоял седой старик; казалось, он отдыхал после тяжелого труда. У ног его лежал железный заступ.

— Здорово, Алексей! — сказал небольшого роста детина выходя из леса и приподымая свою огромную шапку с овчинным околышем.

— Здравствуй, Тороп! — ответил ласково старик. — Что так рано?.. Куда идешь?

— Да все тебя искал, дедушка! Днем-то отлучаться мне из городу подчас нельзя: так я еще с полуночи вышел из Киева; дома тебя не застал, и когда бы дочка твоя не сказала мне, что ты здесь, за Песочным оврагом, так я бы все утро даром прошатался по лесу. Ну, раненько же вы с ней встаете!

— Мы ведь не горожане, Тороп: и ложимся и встаем вместе с солнышком.

— А я думал, что вы еще спите. Подошел к избушке, глядь — Надежда, как встрепанная, сидит у дверей, да разодета как!.. Иль она дожидается кого-нибудь?

— Жениха своего.

— Как, дедушка, так ты уж ее просватал?.. За кого?

— За того, кто пришелся ей по сердцу. Да зачем ты искал меня, Торопушка, что тебе надобно?

— Мне покамест ничего. А вот, изволишь видеть, — продолжал Тороп, понизя голос, — мой господин хочет поговорить с тобою.

— Богомил?

— Нет, у Богомила я только на время в услуге: я говорю тебе о настоящем, притоманном моем господине. Смотри, дедушка, не рассерди его: он что-то и так на тебя зубы грызет.

— Но кто же твой господин и за что он на меня сердится?

— Кто мой господин? — повторил, почесывая в голове, Тороп. — Как бы тебе сказать?.. Его зовут теперь Веремидом, а за что он на тебя злится, не ведаю: он сам тебе скажет.

— Когда же он хочет со мною повидаться?

— А кто его знает! Он сказал мне вчера: "Тороп, я должен непременно поговорить с этим стариком, что живет в лесу за Почайною, и если он не перестанет мне все вопреки делать, то..." Тут он что-то пробормотал про себя, да так страшно на меня взглянул, что у меня душа под пятку ушла. Вот я и подумал: пойду скажу Алексею, чтоб он поберегся, да ни в чем ему не перечил. Ведь мой господин... ох, дедушка, с ним шутки плохие!

— Я не знаю, кто твой господин, — отвечал спокойно Алексей, — и не ведаю, чем мог его прогневить, но если бы он был и великим князем Киевским да захотел от меня лести и неправды, так я и тогда бы в угоду его не стал кривить душою.

— Ну вот еще — великим князем! Полно, дедушка, где нашему брату заедаться с великим князем! Ведь у нас с тобой по одной только голове на плечах.

— Голова ничего, Тороп, была бы только душа цела, а в душе-то волен один господь.

— Толкуй себе! И мы знаем, что в душе вольны одни бессмертные боги, да ведь и голова-то у нас не чужая: как станут до нее добираться, так небось и ты испугаешься. Вон посмотри-ка на это деревцо: теперь оно стоит прямехонько — стрела стрелою, а, чай, сегодня ночью, как ветерок разыгрался по лесу, гнулось в три погибели и не раз припадало к матушке сырой земле. Придет беда, согнешься и ты.

— Перед неправдою... никогда, Торопушка!

— Ой ли?.. Ну, Алексей, борода у тебя седая, а ум-то, видно, молодой. Я слыхал от богатых людей, что и они ничего не боятся; да то иная речь: богатому подчас и сам великий князь поклонится, а знатные-то бояре и вчастую. Уж полно, не богат ли и ты? Постой-ка, дедушка, что это?.. Ого, да ты что-то здесь копал... Ну, так и есть!.. Ни свет ни заря!.. И впрямь, не клад ли какой зарывал?

— Ты не ошибся, Тороп. Я зарыл здесь бесценное сокровище: это могила двух праведников.

— Сиречь: добрых людей?.. Э, уже не тех ли, что третьего дня хотели принести в жертву?

— Тех самых.

— Доброе дело, Алексей! Кабы не ты, так, может статься, они сердечные, и теперь не были бы преданы земле. Да не родня ли ты им?

— Да, они называли меня отцом своим.

— Как так?.. А я думал, что у тебя детей всего-навсего одна дочка.

— Нет, Тороп, все христиане мои дети.

— Так они были христиане? Вот что!.. То-то Богомил так на них и взъелся. Уж он бесился, бесился, когда ему пришли сказать, что великий князь отменяет жертвоприношение; да ну-ка с сердцов колотить всех своих челядинцев. Досталось бы и мне на орехи, кабы я не догадался и не запел любимой его песенки:

> Как идет наш верховный жрец,
> Наш родимый батюшка:
> Он идет в Капырев конец,
> Выступает гоголем;
> А за ним-то весь народ —
> Словно пчелки все за маткою...

Вот он немного и стих: стукнул меня раза два по маковке, да на том и съехал. Ведь, правду матку сказать, он только худо нас кормит, а жить с ним можно. Да я вдесятеро больше боюсь настоящего моего господина: когда не сердит — болтай с ним что хочешь, а коли осерчает — ну, беда, да и только! Успел увернуться — жив, не успел — прощайся с белым светом! Уж куда крут! Что и говорить: ему служить — не малину есть!

— Так зачем же ты ему служишь?

— Зачем? Да ведь и отец мой ему служил, и дедушка служил его батюшке; мы испокон веку коренные слуги его роду и племени. А уж когда и деды мои и прадеды ели хлеб-соль его пращуров, так мне и подавно не приходится его покинуть; худо ли при нем, хорошо ли, а делать нечего — куда он, туда и я... Эге, смотри-ка: вон уж и солнышко всходит — эк я с тобой заболтался. Прощай, добро!.. Да, пожалуйста, не ершись с моим боярином: тише едешь — дальше будешь, дедушка. Прощай.

— Постой! — загремел в кустах грозный голос, и незнакомый вышел на поляну. — Зачем ты здесь? — продолжал он, подойдя к Торопу. — Что у тебя за свиданье с этим стариком?.. Ну что ж ты молчишь?.. Отвечай!

— Не гневайся, боярин! — сказал с низким поклоном Тороп. — Помнишь, я тебе сказывал, что обещал купить веретено дочери этого доброго человека? Я сегодня за тем к ней и заходил, да вот поразговорился кой и о чем с ее батюшкой.

— Ты чересчур любишь болтать! — прервал незнакомый. — Добро, останься здесь: ты мне надобен.

Тороп поклонился и, соблюдая почтительное молчание, отошел к стороне.

Незнакомый не говорил ни слова; он стоял против Алексея и, устремив на него свой угрюмый взгляд, казалось, рассматривал его с большим вниманием. Алексей, облокотясь на заступ, также молчал. Сначала он глядел спокойно на незнакомого, но вдруг светлые взоры его

122

помрачились, и что-то похожее на ужас и отвращение изобразилось на лице его.

— Чего ты от меня желаешь? — спросил он наконец не ласковым и кротким своим голосом, но с приметным негодованием.

— Ай, ай, ай! Худо! — сказал про себя Тороп, поглядывая боязливо на своего господина.

— Молчи, старик! — прервал незнакомый. — Не я, а ты должен отвечать на мои вопросы.

— Так спрашивай.

— У тебя есть дочь?

— Есть.

— Ее зовут Надеждою?

— Да.

— Ты христианин?

— Да.

В продолжение этого отрывистого разговора незнакомый не переставал смотреть пристально на Алексея; прислушивался с беспокойством к его голосу, и мало-помалу как будто бы воспоминание о чем-то неприятном покрыло морщинами высокое чело его.

— Какое сходство! — прошептал он. — Этот голос... этот взгляд... Да нет, не может статься! Как зовут тебя, старик?

— Алексеем.

— Послушай, Алексей: я хочу дать тебе полезный совет.

— Спасибо. Но я уж стар и знаю по опыту, что не все советы полезны. Иной советует для того, чтоб верней погубить легковерного, который полагается на его совесть.

Незнакомый посмотрел с недоумением на Алексея и помолчав несколько времени, продолжал:

— Нет, я не губить хочу тебя, а спасти от гибели. Ты знаешь княжеского отрока Всеслава?

— Знаю.

— Но знаешь ли ты, кто этот Всеслав?

— Он добрый юноша и жених моей дочери.

— Твоей дочери! — повторил насмешливо незнакомый. — Дочери простого дровосека! Посмотрим, стоите ли вы оба этой чести? Слушай, старик: если ты станешь исполнять все мои советы, то дочь твоя будет женою Всеслава; но страшись и помыслить!..

— Мне страшиться? — прервал твердым голосом Алексей, кинув презрительный взгляд на незнакомого. — Мне нечего страшиться: я не изменник и не предатель.

Незнакомый вздрогнул и хватился за рукоятку своего меча; его посиневшие губы дрожали, а из-под нахмуренных бровей, как молния из-за черных туч, засверкали его грозные очи.

— Видишь ли, — продолжал спокойно Алексей, — я слабый старик, без оружия, кругом дремучий лес, мы одни с тобою; но я верую в господа истины, верую, что без воли его ничтожна вся воля земная. Совесть моя чиста, и я не боюсь тебя, цареубийца!

— Это он! — вскричал с ужасом незнакомый. — Тороп, оставь нас одних!.. Ступай! — продолжал он громовым голосом, заметив, что служитель не спешит исполнить его приказание.

Тороп сошел с поляны и спрятался за густой ореховый куст, из-за которого он мог слышать и видеть все, что происходило на лугу.

— Варяжко, — сказал незнакомый, подойдя ближе к старику, — так это ты? О, теперь я ничего не опасаюсь: мы верно поймем друг друга.

— Мы! — повторил Алексей. — Боже правосудный, — прошептал он, смотря с горестью и состраданием на незнакомца, — до какой степени может ожесточиться сердце человеческое!.. Итак, последняя искра совести потухла в душе твоей?.. Злодей, ты узнал меня: так чего же ты от меня хочешь?

— Я хочу подать тебе мою руку и сказать: Варяжко, забудем прошедшее! Я не могу переменить того, что было, не могу возвратить жизнь Ярополку; но настоящее и будущее в воле нашей, и я готов загладить мое преступление.

— Загладить твое преступление? — сказал Алексей, поглядев недоверчиво на незнакомого. — Нет, — продолжал он, покачав печально головою, — в этих кичливых взорах, на этом надменном челе я не вижу и признаков раскаяния.

— Раскаяния!.. И, Варяжко, что проку в этой бесплодной добродетели слабых душ? Пусть плачут и раскаиваются жены наши; но мы... нет, верный слуга злополучного князя Киевского; нет, не слез требует неотмщенная тень Ярополка: он жаждет крови!..

— Крови! — прервал Алексей. — Дикий зверь, иль не довольно еще ты упился кровью человеческою?

— Да, Варяжко, Владимир должен погибнуть!

— Безумный, тебе ли мстить за смерть Ярополка? Не ты ли сам предал его в руки Владимира? И неужели ты думаешь загладить твое преступление, соделавшись вторично цареубийцею?

Незнакомый поглядел с удивлением на Алексея.

— Старик, — сказал он, — не обманулся ли я? Ты ли тот неустрашимый воин, тот верный слуга своего государя, тот Варяжко, кипящий местью?.. Я знаю, он клялся отомстить за смерть своего государя и, верно, не забыл своей клятвы.

— Господь не принимает беззаконных клятв, — отвечал кротким

голосом Алексей, — ему одному принадлежит мщение, он один совершенно правосуден, ибо он один видит глубину сердец наших.

— Господь! Господь!.. Полно, Варяжко, говори это глупцам, которые верят всему, что им рассказывают. Если этот господь, коего киевляне именуют Перуном, а ты называешь по-своему, живет в самом деле на небесах, так какое ему Дело до земли? Вот когда бы ты мне сказал, что Владимир был благодетелем твоим, кормил, поил тебя; что он любил веру, которую ты исповедуешь, или, по крайней мере, что он человек добродетельный, — о, тогда бы я не подивился речам твоим; но, пока Владимир жив, ты должен скрывать истинное свое имя: он умертвил твоего друга и государя, он лишил тебя всего. И осмелишься ли ты назвать добродетельным злодея, обагренного кровью своих ближних? Как христианин, ты должен ненавидеть Владимира: он презирает твой закон. Давно ли двое единоверцев твоих погибли по его приказу?.. И если прекрасная дочь твоя живет еще с тобою, то благодари за это не Владимира, а дремучий лес, в котором она скрывается.

— Не мне судить дела великого князя Киевского, — отвечал Алексей. — И знаю ли я, ничтожный червь земли, что тот самый Владимир, который ненавидит теперь христиан, не предназначен от господа посеять благие семена веры, просветить всю землю Русскую и мощною рукою своей низвергнуть идолов, коим поклоняются ослепленные народы. Я христианин, я могу и должен умолять Спасителя просветить разум и смягчить сердце Владимира; готов нетрепетно исповедовать пред ним моего господа; называть правду правдою, зло злом и говорить вслух и пред лицом его о том, о чем шепчут про себя его хулители; но никогда не восстану против того, кто свыше избран во владыки народа русского. Враждующий против своего государя враждует против самих небес: ибо "нет власти, аще не от господа".

— Варяжко, — прервал с нетерпением незнакомый, — не истощай напрасно твоего красноречия: я пришел говорить с тобою о деле, а не слушать твои христианские поучения. Я знаю сам, как должен поступить, и не требую твоей помощи, но не потерплю также, чтоб ты мешал исполнению моих намерений. Послушай: ты хочешь выдать свою дочь за Всеслава, но знаешь ли ты дивную судьбу этого юноши?..

— Я знаю все, — сказал спокойно Алексей.

— Как? — вскричал незнакомый.

— Всеслав — мой сын духовный и не имеет от меня ничего тайного.

— Ничего?

— Да. Я знаю все: он — последняя отрасль древних князей киевских, он правнук Аскольдов; но перст божий коснулся души его: он смирился пред тем, кто мог единым словом потрясть вселенную, и не произнес его для спасения земной своей жизни. И ты напрасно ласкаешь себя преступною надеждою: Всеслав не восстанет против своего государя и благодетеля — он христианин!

— Итак, сбылись мои опасения, — вскричал незнакомый, — ты обольстил этого неопытного юношу! О, да будут прокляты медоточивые уста твои, коварный старик!.. Как, правнук Аскольда не отомстит за смерть своего прадеда?.. Он отречется от своего наследия, не воссядет на отеческом столе своем?..

— Нет, — прервал Алексей, — Всеслав не посрамит святое имя христианина: он не будет убийцею второго отца своего и не предаст на расхищение и гибель родной страны, для того чтоб утолить жажду крови, которая пожирает внутренность твою, зверь плотоядный!

— Старик, — вскричал незнакомый, бледнея от бешенства, — берегись пробудить во мне эту жажду крови! Еще одно слово!..

— Так слушай же! — сказал Алексей твердым голосом. — Ты можешь умертвить меня; но пока сердце бьется в груди христианина, пока смерть не наложила еще вечной немоты на уста его, — он не перестанет возвещать истину и обличать порок. Служитель алтарей, я не обнажу меча на пролитие крови человеческой, но вот поле битвы, на котором, сильный верою в господа, я посмеваюсь угрозам буйных и стану смело против тебя, надменный сын погибели! Чего желаешь ты? Низвергнуть Владимира, открыть свободный путь врагам в сердце России? Наводнить бесчисленными полчищами печенегов мирные поля наши? Уступить косогам богатую область Тмутараканскую и, устилая родную землю трупами несчастных киевлян, возвести этим кровавым путем на царство безвестного юношу?..

— Который будет вторым отцом своего народа, — прервал незнакомый.

— Нет, — продолжал Алексей, — не кормилец тот земли русской, кто предает ее во власть врагов! Владыко силен любовью своих подданных, и горе им, если он должен прибегать под защиту иноплеменных. Только тогда блаженствует страна, когда царь и народ, как душа и тело, нераздельны меж собою. И неужели ты думаешь, что призванные тобою печенеги, истребив войско Владимира, удовольствуются временною данью и удалятся спокойно от пределов наших? О, нет! Ты знаешь сам, что эти хищные звери покроют пеплом всю землю Русскую, уведут в неволю жен и детей наших, запрудят широкий Днепр трупами беззащитных поселян и до тех пор не покинут Киева, пока развалины его не порастут травою. Несчастный, иль не довольно еще ты собрал проклятий на главу свою? Ты некогда любил отечество, ты с гордостью называл себя русским! Подумай, что готовишь ты для своей родины?.. Если печенеги не разорят до конца Киева, то пощадят ли его соседние народы? Не слетятся ли над его трупом, как алчные коршуны, ятвяги, радимичи, литва и хорваты? Ответствуй мне: спасет ли тогда неопытный юноша от рабства и вечной гибели растерзанное врагами, смутами и междоусобием злосчастное царство Русское?

Как уличенный в преступлении злодей стоит с поникшею головою перед своим неподкупным судилищем, так, мрачный и безмолвный, стоял незнакомый против Алексея. Подавленный истиною слов его, он не смел поднять взоров и остановить их на величественном и спокойном челе этого верного слуги божия.

— Ты молчишь? — продолжал Алексей. — Ты колеблешься?.. О, не искушай долготерпения божия!.. Не умножай числа твоих беззаконий!.. И почему ты знаешь, несчастный, в чью грудь направит господь твой меч, изощренный на погибель Владимира? Почему ты знаешь, что тот самый, для которого ты идешь на новое цареубийство, не падет под его ударами?.. Представь тому, кому известны все сокровенные наши помыслы, и казнить, и миловать. Я заклинаю тебя его святым именем, умоляю тебя именем твоей родины, откажись, о, откажись от преступных твоих замыслов!

— Откажись! — повторил мрачным голосом незнакомый. — Да для чего же я останусь жить на этом свете? Круглый бесприютный сирота, я отрекся от родины, загубил всю жизнь мою для того, чтоб возвратить законное наследие правнуку Аскольда; я родился, взрос, живу неразлучно с этою мыслию, она не покидает меня ни днем, ни ночью; эта мысль была для меня отцом и матерью, семьей, родными, всем — и ты хочешь!.. Да!.. Тебе легко говорить, старик: у тебя есть дочь, друзья, ты не один в этом мире, а я...

— Ты! — прервал с живостью Алексей. — О, нет, нет, ты не будешь сиротою: скажи одно слово, и я назову тебя братом; Всеслав и Надежда будут детьми твоими; я стану день и ночь молить господа, да просветит и успокоит он твою душу; мы составим одно семейство, любовь детей усладит остаток дней твоих, они будут любить тебя столько же... нет, более, чем меня; чтить волю твою, покоить в старости, и ты, примирившись с небесами и своею совестью, заснешь спокойно вечным сном посреди своего семейства.

— Прочь, прочь, соблазнитель, оставь меня! — вскричал незнакомый. Он закрыл руками лицо свое. — Семья, дети!.. — прошептал он едва слышным голосом. — О, зачем я родился на этом свете!.. Нет, старик! — продолжал он, устремив на Алексея неподвижный и сверкающий взор. — Нет, я пойду до конца путем, мною избранным, я хочу свершить обещанное мною на могиле отца и деда: или я исполнял доселе долг мой и должен исполнить его до конца, или все сделанное мною было преступлением, и тогда... О, Варяжко, довольно уже и прошедшего, чтоб не примирить меня никогда с самим собою. Совесть, совесть!.. —

прибавил незнакомый, прижав крепко правую руку к груди своей. — Неужели, я слышу твой голос?.. Молчи, о, молчи, злодейка!.. Ты спала до сих пор, так не пробуждайся вовеки!.. Варяжко, прежде чем я расстанусь с тобою, ты должен мне поклясться твоим богом, что тайна, которую открыл тебе этот безрассудный юноша, и все то, что ты слышал от меня, умрет вместе с тобою!

— Я не хочу быть клятвопреступником, — сказал Алексей, смотря смело на незнакомого, — и не обещаю тебе хранить этой тайны.

— Несчастный, что ты говоришь?..

— Да, я свершил долг христианина, — продолжал спокойно Алексей, — теперь мне остается исполнить то, что повелевает моя совесть и долг каждого русского. Или ты сей же час отречешься от крамольных твоих замыслов, или завтра же Владимир узнает все!

— Завтра! — прошептал глухим голосом незнакомый. — Завтра!.. повторил он. — Да знаешь ли ты, что для тебя нет уже завтрашнего дня... Безумный, ты мог бы обмануть меня, но теперь... старик, ты произнес твой смертный приговор!

— Он произнесен еще до дня моего рождения, — прервал с кротостью Алексей. — Днем позже, днем ранее...

— В последний раз, Варяжко, клянись, или ничто в мире не спасет тебя!.. Клянись! — повторил ужасным голосом незнакомый.

— Да, — сказал с твердостью Алексей, — я клянусь исполнить все сказанное мною, и умру, если господь пожелает призвать меня к себе; но знай, неистовый убийца, что ни ты, ни все живущие на земле не властны сократить или продлить единым мгновением число дней, определенных для земного моего испытания; и я еще раз повторяю тебе: если господь бог не допустит тебя быть моим убийцею, то завтра же Владимир узнает все. Прощай.

Сказав эти слова, Алексей пошел тихими шагами по тропинке, ведущей в глубину леса. Обнажив до половины свой меч, незнакомый сделал несколько шагов вслед за ним, но вдруг остановился: руки его дрожали, обезображенное судорожными движениями лицо то пылало, то покрывалось смертною бледностью.

— Нет, — сказал он наконец, — не могу, рука моя не подымается на этого старика! О, если б он стал защищаться, если б, по крайней мере, старался спасти себя... но это бестрепетное спокойствие, эта кротость, самоотвержение... Варяжко!.. Варяжко, ты победил меня!.. Меня! — повторил незнакомый после минутного молчания. — Как, тот, кто не побоялся прослыть предателем, не дрогнул, поднимая руку на своего благодетеля, уступит презренному христианину, признает победителем своим полоумного старика? Нет, нет!.. Ненавистный Варяжко, ты всегда, как враждебный дух, препятствовал моим намерениям; везде, как неугомонная совесть, становился между мной и судьбой моею! Или ты, или я, но один из нас должен погибнуть!.. Да, да... — продолжал незнакомый, — этот мир тесен для нас обоих!..

Он замолчал. С полминуты еще продолжал он бороться с самим собою и вдруг, заскрежетав зубами, как пробужденный от тяжкого сна, как будто бы подвигнутый какою-то чуждою, непреодолимою волею, ринулся вихрем вслед за уходящим Алексеем.

Тороп, который во все время дрожал как лист, прижавшись за ореховым кустом, несмотря на все старания свои, не мог подслушать, о чем говорил его господин с Алексеем, но всякий раз, когда на лице незнакомого изображался гнев, сердце его замирало.

— Прибьет он его, беднягу! — шептал про себя Тороп. — Долго ли до беды? Как даст ему раз... Да и он-то какой!.. Экий назойливый старичишка! Смотри, пожалуй: так и лезет на драку!.. Усидит ли голова на плечах, а уж быть ему без бороды!.. Ух, батюшка, насилу разошлись! — промолвил он наконец, вздохнув свободнее. — Ай да Алексей!.. Ну, исполать ему — ушел целехонек! Эй, да куда это кинулся боярин?.. За ним!.. Так и есть! — продолжал Тороп, выходя на поляну. — Повернул направо... к оврагу... Ох, плохо дело!.. Догонит он его... да схватится с ним опять!.. Чу!.. Что это?

Вдруг шагах в двадцати от поляны, среди густого леса, раздался пронзительный вопль.

— Охти! — вскричал Тороп. — Чуяло мое сердце: заколотит он его до смерти!.. Еще!.. Ах, как он стонет, сердечный!

Тихо повторил отголосок еще один слабый, болезненный вопль, и в то же время самое отдаленный и последний удар грома прокатился по лесу; потом настала мертвая тишина. Вот послышались скорые шаги идущего, и незнакомый, озираясь поминутно назад и бледный как мертвец выбежал на поляну.

— Это ты, Тороп? — сказал он. — Пойдем отсюда... Иль нет: ступай скорей на Почайну, к мосту... быть может, они пошли другою дорогою...

— Кто, боярин?

— Нет, нет! Я сам пойду к ним навстречу, а ты ступай ко мне и дожидайся...

— Да мне пора в Киев, боярин.

— Зачем?

— Как зачем: а если Богомил меня спросит?

— Ты уж более ему не служишь. Постой! — продолжал незнакомый, кинув вокруг себя дикий взгляд. — Нет, нет, это стонет филин.

— Боярин, боярин! — сказал с ужасом Тороп. — Посмотри-ка: ты весь в крови!

— Молчи! — закричал незнакомый. — Молчи, Тороп! — повторил он

129

шепотом, посматривая на свои окровавленные руки. — Пойдем скорей отсюда!

VII

Мы просим читателей наших припомнить описанный в первой части этой повести овраг, или глубокую долину, над которою построена была хижина Алексея. Восходящее солнце еще не показывалось из-за частого леса, коим поросла сторона ее, противоположная хижине; длинные тени деревьев, устилая крутой скат оврага, тянулись до самого пруда, в котором, как в чистом зеркале, отражались и синие небеса, и перелетные дымчатые облачка, и веселая хижина Алексея, и радостные лица Всеслава и Надежды, которые сидели друг подле друга на широкой скамье у дверей хижины.

Кто никогда весною, после бурной ночи, не встречал восходящего солнца в диком лесу или чистом поле; кто не упивался этим свежим животворным воздухом, который, как юная жизнь, проливается по всем жилам нашим, — тот не имеет никакого понятия об одном из величайших наслаждений, какими столь богата роскошная природа в первобытной простоте своей и так бедна, когда затейливое искусство людей подчиняет ее каким-то однообразным законам: подкрашивает, стрижет и, как на холсте писанную картину, вставляет в тесные золотые рамы. То, что представлялось взорам и обворожило все чувства Всеслава и Надежды, вовсе не походило на оранжерейную природу наших загородных деревьев, с их опрятными рощами, укатанными дорожками и подкошенными лугами. Перед ними на противоположной стороне оврага зеленелся дремучий лес; толстая ясень, высокий клен, прямая, как стрела, береза, темнолиственный дуб, кудрявая рябина, душистая липа и благовонная черемуха, перемешанные между собою и растущие по уступам отлогой горы, образовали беспредельный зеленый амфитеатр. Внизу, изгибаясь по изумрудной мураве, быстрый ручей вливался в светлый пруд. По влажным берегам его, как узорчатые каймы, пестрелись белые ландыши, желтые ноготки и голубые колокольчики. Тысячи лесных птиц, отряхая с своих крыльев дождевые капли, вились над вершинами деревьев и спешили обсушиться на солнышке. Все кипело жизнью. Быстрокрылый веретенник кружился на одном месте; неугомонный дудак гукал, опустив свой длинный нос в болото; от времени до времени раздавался пронзительный голос иволги; испещренная всеми радужными цветами, красавица соя перелетала с ветки на ветку; дятел долбил своим крепким клювом деревья, и заунывная кукушечка, как будто бы прислушиваясь к звонким песням соловья, умолкала всякий раз, когда этот вещий баян лесов русских, воспетый нашим Крыловым:

> На тысячу ладов тянул, переливался,
> И мелкой дробью вдруг по роще рассыпался.

— О, как хорош, как прекрасен божий свет! — сказала тихим голосом Надежда, опустя беспечно свою голову на плечо Всеслава. — Не правда ли, мой суженый? — продолжала она, глядя с обворожительною улыбкою на юношу. — Да что ж ты все смотришь на меня?

— А на что ж мне и смотреть, как не на тебя, мой бесценный, милый друг! — шепнул Всеслав, прижимая ее к груди своей.

— Как на что?.. Видишь ли там, на зеленом лугу, словно снежок, белеют ландыши?

— Ты в сто раз белее их, моя ненаглядная.

— А вон посмотри там, за ручьем, какие яркие малиновые цветы!

— Твои алые уста милее их.

— А этот зеленый лес, как пышет от него прохладою!.. А эти светлые лазурные небеса...

— Они темнее твоих голубых очей, моя суженая!

— Да полно меня хвалить, Всеслав, — мне, право, стыдно!

— Ты краснеешь?.. Красней, красней, моя радость! О, как ты хороша, Надежда! — вскричал Всеслав, глядя с восторгом на свою невесту. — Во всем Киеве, в целом свете нет краше тебя! И когда мои товарищи тебя увидят...

— Ах, нет, Всеслав, не показывай меня никому.

— Так ты не хочешь, чтоб другие тобою любовались?

— А на что? Коли я хороша для тебя, мой суженый, так какое мне дело до других.

— И ты не желаешь, чтоб все знали, как ты пригожа?

— Все! А что мне до всех? Была бы только Надежда люба тебе, мой друг, так другие думай что хочешь, — мне и горюшка мало. Да что это батюшка нейдет? — прибавила она, вставая со скамьи и смотря вверх против течения ручья. — Вот уж солнышко показалось: он всегда об эту пору завтракает.

— Видно, не кончил еще своего дела.

Надежда покачала печально головою и призадумалась.

— Что ты, моя радость, — спросил заботливо Всеслав, сажая опять подле себя Надежду, — что с тобой?

131

— Не знаю, мне что-то вдруг стало так грустно. Я вспомнила матушку... Так-то и она, бывало, дожидалась его, сердечная, а теперь...

— Что ты, что ты, Надежда? Ты побледнела... Ты плачешь!..

— Ах да, мой милый друг, какая-то грусть и тоска... О, не покидай меня, Всеслав... не покидай бедную, бесприютную сироту!.. У меня нет матери, и если батюшка...

— Полно, не греши, Надежда!.. Бог милостив: он, верно, сохранит от всякой беды отца нашего.

— А разве господь не может призвать его к себе?

— Да отчего ты это думаешь?

— Я и сама не знаю, но мне вдруг пришло в голову, что матушка так давно уже его дожидается.

— Дожидается?.. Где?..

— Вон там, мой друг!.. — сказала Надежда, подняв кверху наполненные слезами глаза свои. — Посмотри, Всеслав, посмотри! — продолжала она с живостью. — Видишь ли там, высоко, очень высоко, белого голубя?

— Вижу! вижу!.. Почти под самыми облаками!.. Смотри-ка, он как звездочка золотая светится от солнца.

— Как чудно!.. — шепнула Надежда, продолжая смотреть на голубка. — Кажется, как будто бы он все на одном месте, словно дожидается кого-нибудь... Постой — вот зашевелился... опускается к нам... Ах, как шибко он летит!..

В эту самую минуту, другой, белый, как снег, голубь с быстротою молнии пронесся так близко подле Надежды, что тихий ветерок от его крыльев взвеял кверху ее русые локоны; в то же самое мгновение отдаленный и последний удар грома долетел до их слуха, и, повторяемый отголоском, зарокотал по лесу.

Два голубка слетелись, радостно затрепетали своими крылышками, понеслись все выше, выше и наконец исчезли за облаками.

— Улетели! — сказала Надежда с тихим вздохом, который, казалось, облегчил ее сердце. — Уж как же им должно быть весело!.. О, зачем и мы не можем летать, как эти голубки, мой милый? Мы поднялись бы с тобою, как они, туда за облака; полюбовались бы на ясное солнышко, посмотрели бы, хотя издалека, на славу божию.

— А там, — прервал Всеслав, — мы полетели бы с тобой, где вечная весна, где всегда зеленеют деревья и листья никогда не опадают, где круглый год все поля усыпаны цветами благовонными и каждый день тихий ветерок навевает прохладу в полдень и затихает к вечеру.

— Да полно, есть ли такая земля, Всеслав? — сказала Надежда. — Я слыхала, что краше царства Византийского нет страны под солнцем, а и там не всегда весна бывает.

— Нет, милый друг, — велик и пространен божий свет, и много есть в нем всяких земель. Когда я жил с великим князем Владимиром в стране варяжской, то один старый витязь мне рассказывал, что годов тридцать тому назад он отправлен был с посольством от царя своего Свенона к какому-то владыке Локлинскому. Долго они плавали по разным морям; вот в половине второго месяца показались высокие берега Локлинской земли; но в то же самое время подул сильный ветер, поднялась неслыханная буря, и понесло их на запад. Дня через два ветер переменился, но забушевал еще пуще прежнего и вынес их корабль в такое обширное море, что они, проехав дней двадцать, никакой земли не видали. Наконец пристали они к одной неизвестной стране. По счету их, время было зимнее; как же они удивились, когда вышли на берег: поля и холмы зеленелись, в лесах пели птицы, деревья осыпаны были плодами, и время стояло такое теплое, как у нас под конец весны. Они узнали, что греки называют эту землю Иверию[56] , что в этой земле зимы не бывает и снегу никогда не видывали и что там во всем такое довольство, что хоть рук ни к чему не прикладывай, а с утра до вечера ешь, веселись и прохлаждайся. Пуще всего им полюбился там один дивный плод: он как золото горит на солнышке, благовоннее всех цветов земных, а уж сладок так, что и сказать нельзя. Старый витязь, рассказывая мне об этом, всегда прибавлял, что он бывал и в Византии, и во многих других землях, а привольней страны сродясь нигде не видывал.

— Так и ты, Всеслав, побывал на чужой стороне! — сказала Надежда, выслушав рассказ своего жениха. — Ты жил в земле варяжской? Расскажи-ка мне, что это за земля такая? Далеко она отсюда?

— Да, неблизко, мой друг! Все надо идти на полночь: пройти все царство Русское, через землю кривичей, до самого Великого Новгорода, а там идти лесами дремучими и сыпучими песками вплоть до моря варяжского, а уж за этим-то морем и начнется их земля.

— А за их землею что еще?

— За их землею лукоморье.

— А за лукоморьем-то что?

— Уж бог весть что, видно, самый край земли. Старики говорят, что по дороге к лукоморью стоят сплошные горы каменные до самых небес, что за этими горами и денно и нощно слышен клич и говор, что какие-то люди все трудятся и от незапамятных годов просекают эти горы, но до сих пор не могли еще прорубить и малого окошечка; а кто эти люди, как они живут, как прозываются, откуда взялись — об этом и старики даже не рассказывают. Есть только поверье, что когда они просекут каменные горы, то хлынет оттуда море-океан и потопит всю землю варяжскую.

---

[56] Земля Иверия - древнее название Грузии.

— Вот что!.. Ну, а земля-то варяжская лучше, что ль, нашей?

— И, нет, Надежда: горы, озера да болота непроходимые, а холода-то по зимам — не нашим чета!

— Бедные, то-то, чай, они нам завидуют?

— Не больно завидуют. Послушай их, так они свою землю ни на какую другую не променяют.

— Так отчего же этим варягам не сидится дома и они по всему белому свету шатаются?

— Народ-то они удалой, Надежда! Тот у них и молодец, кто побывал в чужих землях, на кровавых пирах понатешился, прославил имя варяжское и воротился домой с богатою добычею. У них своего ничего нет, земля их бедная, а посмотрела бы ты, как разукрашены их жены и девы молодые! Чего у них нет: и монисты самоцветные, и бисер дорогой, и жемчуг, и гривны золотые!..

— А что, Всеслав, — шепнула Надежда, положив ласково свою руку на плечо юноши, — правда ли, я слышала, что варяжские девушки пригожи собой и приветливы со всеми чужеземцами?

— Да, Надежда, они ласковее наших киевлянок: не бегают от ратных людей, любят с ними речь вести о их дальних походах и битвах знаменитых, и даже многие из них не отстают в удальстве от мужей своих и братьев. Вот Минвана, дочь Геральда, старого воина, у которого я жил в дому, не раз обнажала меч и билась, как неустрашимый воин, подле отца своего. Бывало, как оденется витязем да застегнет на груди броню булатную, так и в голову не придет, что она девушка. Когда же скинет свой шелом и ее русые кудри рассыпятся по белым плечам, а на алых устах заиграет улыбка приветливая, — о, как начнут тогда толпиться вкруг нее все варяжские юноши, как спешат вещие скальды потешать ее песнями, как радуется тот, на кого она взглянет весело! Кого назовет по имени, тот не побоится десяти врагов, а кому скажет слово ласковое, тот готов один идти на тысячу.

— Вот что! — прервала Надежда, потупив свои голубые глаза. — Так, видно, эта Минвана очень пригожа собою?

— Да, Надежда, красота ее славна по всему Поморью; и, бывало, не проходило дня, чтоб за нее не сватались удалые воины, знаменитые витязи и даже князья варяжские.

— И она никого из них не выбрала?

— Никого. Минвана предпочитала всем женихам своим одного чужеземца. Этот чужеземец был я, Надежда!

— Ты?.. — прервала с живостью девушка, и рука ее тихо опустилась вниз с плеча юноши. — Ты? — повторила она, перебирая в руках конец своего голубого покрывала. — Так зачем же ты на ней не женился?

— Затем, что я давно уже любил другую.

— Другую?..

— Да, мой друг! Я не знал ее, но кроткий небесный ее образ не покидал меня ни днем, ни ночью; она, как невидимый ангел-хранитель, о котором мне говорил отец твой, была всегда со мною; она одна казалась мне прекрасною. О, как тосковало по ней мое сердце! "Найду ли я тебя когда-нибудь, — говорил я, проливая слезы. — Где ты? Ты, которую я не умею назвать по имени!.." Да, мой друг, я не знал еще тогда, что ее зовут Надеждою. Когда Минвана открылась мне в любви своей, я отвечал ей, что ищу не товарища в битвах, но скромной подруги, что русский любит защищать кроткую и боязливую супругу, а не делиться с нею славою на поле чести. Если б ты посмотрела, Надежда, что сталось тогда с этою надменною девою, как обезобразил гнев прекрасные черты лица ее, как запылали местью ее дикие взоры!.. Нет, мой друг, ничто в целом мире не может быть отвратительнее лица молодой девушки, когда оно выражает не скромность, не доброту, а неистовый гнев и мщение! Когда я вспомню эту гневную Минвану, ее охриплый от бешенства голос и погляжу на тебя, моя кроткая Надежда... о, во сколько раз ты ее прекраснее! Заговоришь ли ты — словно горлинка застонет; улыбнешься — словно солнышко проглянет!.. Да посмотри на меня, радость дней моих! — продолжал Всеслав, глядя с восторгом на свою невесту. — О, промолви хоть одно словечко, ненаглядная моя! Скажи мне, любишь ли ты меня?

Надежда не отвечала ничего, но рука ее лежала снова на плече юноши, и, когда их взоры встретились, Всеслав прочел в голубых очах ее такую беспредельную любовь, что сердце его сжалось от какого-то ужасного предчувствия. Ах, бедный юноша не смел верить своему счастью: он пугался этого неизъяснимого блаженства; ему казалось, что в здешнем мире нельзя быть столь благополучным. И кто не испытывал на себе самом этой горькой истины? Кого не заставало горе с полною чашею в руках? Мы веселимся с друзьями, упиваемся нашим минутным блаженством — а беда тут как тут; не видим конца нашему счастью — а беда стучится под окном.

— Что это батюшка нейдет! — сказала, помолчав несколько времени, Надежда.

— Если это тебя тревожит, мой друг, — прервал Всеслав, — так пойдем к нему навстречу.

— Нет, ступай лучше один, а то неровно мы с ним разойдемся. Я подожду здесь: да смотри, не уходи далеко отсюда.

Всеслав простился с Надеждою, сошел в долину и пустился вверх против течения ручья по известной уже нам тропинке.

Долго стояла Надежда на одном месте; взоры ее провожали уходящего Всеслава. Вот он перешел через бревенчатый мостик; то скрывался за деревьями, то появлялся снова, когда тропинка извивалась по лугу, и

135

вместе с нею исчезал опять посреди частого кустарника. Вот еще раз мелькнул он в промежутке двух ветвистых ив, поворотил в сторону и скрылся за утесистым берегом оврага, который в этом месте, загибаясь налево, принимал совсем другое направление. В ту самую минуту, как Надежда, потеряв из виду жениха своего, обернулась чтоб взойти в хижину, раздался шорох позади лип, которые окружали ее с трех сторон, и сквозь частые ветви мелькнуло лицо, обросшее густою бородою.

— Это ты, Тороп? — сказала девушка. — Нет, нет, это не он! — продолжала она, смотря с беспокойством на лысую голову старика, который, выглядывая из-за деревьев, рассматривал ее с какою-то странною улыбкою.

— Доброго здоровья, красная девица! — сказал старик, выходя наружу и продолжая смотреть на Надежду с таким наглым видом, что щеки ее вспыхнули от стыда и замешательства.

— Что тебе надобно, дедушка? — спросила она робким голосом.

— Погоди, внучка, скажу — так узнаешь.

— Ты, верно, пришел к батюшке? Да его нет дома.

— Что мне в твоем батюшке? У меня есть дельце до тебя, моя красоточка!

— До меня?.. Да кто ты такой? Я тебя не знаю.

— Кабы знала, так давно бы уж не жила в этом захолустье. Ну, правду же мне сказали: хороша ты собою! И лицом, и станом — всем взяла. Да, постой, постой! — продолжал старик, схватив за руку Надежду, которая хотела уйти в хижину. — Куда ты, лебедь белая? Дай перемолвить с тобой словечко!

— Пусти меня, — кричала девушка, — пусти! Я не хочу говорить с тобой.

— И, полно, моя касаточка! Что так разгневалась? Скажи-ка мне: ты знаешь княжеского отрока Всеслава?

— Он жених мой. А ты его знаешь?

— Как же, мы с ним большие приятели. Ну, жаль мне его!.. Э, да детина молодой: погорюет денек, погорюет другой, а там, глядишь, на третий, как с гуся вода!

— Что ты говоришь? — вскричала с ужасом Надежда.

— А то, моя пеночка голосистая, что не все суженые женятся на своих невестах. Послушай-ка, красная девица, я принес тебе радостную весточку, слух о твоей красоте достиг до ушей нашего великого князя, и он приказал представить тебя перед ясные его очи.

— Милосердый боже!..

— Что, моя красавица, не верится?.. Да небось, я отвезу тебя сейчас на Лыбедь, в село Предиславино.

— В село Предиславино! — вскричала Надежда, стараясь вырваться из рук старика. — Нет, нет, я лучше соглашусь умереть!

— Что ты, что ты, дурочка! Теперь-то тебе и пожить! Да полно рваться-то! Э, да какая брыкливая! Эй, молодцы!

Человек десять воинов выскочили из-за деревьев.

— Ну-ка, ребята! — продолжал старик. — Нейдет сама, так понесите ее. Да береженько!.. Тише, тише, не зашибите!.. Вот так!

Два воина, несмотря на сопротивление Надежды, подняли ее на руки и понесли в лес.

— Всеслав, Всеслав! — кричала Надежда.

"Всеслав!" — повторял отголосок и умолкал.

— Да полно кричать-то, лебедка, — сказал один из воинов, — осипнешь!

— Не тронь ее! — прервал старик, идя позади с остальными воинами. — Пускай себе тешится!

— Батюшка, батюшка, где ты?

— Вот так, мой свет, громче, громче! Кричи сколько душе угодно: как надсядешься, так сама перестанешь!

— Всеслав, Всеслав, спаси меня! — продолжала кричать Надежда.

Но Всеслав был далеко. Не встретив нигде Алексея, он продолжал искать его по лесу и доходил до самого берега Почайны. Около часу прошло в бесполезных поисках, и Всеслав, уверясь наконец, что он с ним разошелся, решился воротиться в хижину. Когда он вышел на поляну, на которой возвышалась свежая могила угодников божьих Феодора и Иоанна, ему послышался близкий шум; казалось, довольно многолюдная толпа людей шла по лесу. Всеслав остановился. С каждою минутою шорох становился слышнее, и даже несколько отрывистых речей долетели до его слуха. Вдруг пронесся по воздуху тихий стон; Всеслав содрогнулся: этот жалобный вопль проник до глубины его сердца.

— Всеслав, Всеслав! — раздался слабый, умирающий голос.

Вся кровь застыла в жилах юноши.

— Праведный боже!.. Это она!.. Это голос Надежды!

Как молния засверкал в руке его обнаженный меч, он кинулся в ту сторону, где раздавался крик, и в то же время двое воинов, неся на руках полумертвую Надежду, показались на поляне.

— Стойте, злодеи! — воскликнул Всеслав, подбежав к воинам.

Испуганные нечаянным его появлением, они остановились и выпустили из рук девушку.

— Это ты, мой суженый! — воскликнула Надежда, бросившись в объятия Всеслава.

Один из воинов сделал шаг вперед.

— Прочь, разбойник! — сказал юноша, обняв левою рукою свою невесту. — Еще один шаг, и кости твои истлеют на этом месте!

— Потише, молодец, потише, не горячись! — заговорил насмешливым голосом старик, выходя с остальными воинами на поляну

— Вышата! — вскричал с ужасом Всеслав.

— Ах ты, заливная головушка! — продолжал ключник, — Уж тотчас и драться! Вложи в ножны свой меч, храбрый витязь, да ступай, куда идешь, и не мешай сановнику великокняжескому исполнить приказ твоего государя.

— Как? Неужели великий князь!..

— Да, по воле великого князя Владимира я должен отвезти эту девушку на Лыбедь, в село Предиславино. Оставь ее!.. Ну что ж ты, молодец, иль не слышишь?

— Праведный боже!.. Злодей, да знаешь ли, что она моя невеста?

— Добро, сыщешь другую! Да полно же, мне некогда с тобою разговаривать; отцепись от нее!

— Чтоб я выдал тебе мою суженую!..

— Не выдашь волею, так возьму насильно.

— Вышата, — сказал Всеслав умоляющим голосом, — не погуби меня навеки! Я знаю, ты можешь спасти нас обоих... О, верь мне, во всю жизнь я не забуду твоего благодеяния!

— Ага! — прервал ключник, поглядывая насмешливо на Всеслава. — Что, брат, видно, спесь-то поспала? Как пришла нужда до Вышата, так небось заговорил другим голосом!.. А помнишь, в Усладов день не хотел и словечка со мною перемолвить? То-то же, любезный, не глумиться бы тебе над тем, кто тебя старее!

— О, будь великодушен: не попомни зла, и если я оскорбил тебя, то клянусь, что буду впредь уважать все слова твои и чтить тебя, как отца родного!..

— В самом деле? — прервал Вышата. — Да что ты, очень, что ль, ее любишь?

— Больше всего на свете!

Лукавый старик призадумался; потом, поглядев с состраданием на Всеслава, сказал:

— Жаль мне тебя, молодец!.. Оно, конечно, можно бы... Ну, ну, так и быть!.. Счастлив ты, что человек-то я не злой!..

Глаза юноши заблистали радостью.

— Добрый Вышата, — вскричал он, — поверь, я никогда не забуду!..

— Хорошо, хорошо, — не нажить бы только мне самому беды... Ведь она уже теперь и для тебя, и для всех заветная: не должно бы и близко-то к ней никого подпускать... Ну, да делать нечего: разжалобил ты меня, молодец! Добро, добро, так и быть — обнимитесь уж в последний раз!

— Как! — вскричал Всеслав.

— А что, не хочешь? На вольного воля. Что стали, ребята, не ночевать же нам здесь?

Воины приблизились к Всеславу; Надежда вскрикнула и крепко прижалась к груди его.

— Презренный старик, — сказал Всеслав, закипев гневом, — так-то ты издеваешься над моим отчаянием? Пойдем, Надежда, и первый, кто осмелится!..

— Эге!.. — прервал Вышата. — Так ты вздумал бунтовать!.. Эй, молодцы, что ж вы зеваете!.. Неужели этот молокосос будет над нами смеяться? Берите девушку, и если он только руку занесет, так хватайте его самого!

Воины бросились на Всеслава, и один из них схватил за руку Надежду.

— Прочь! — вскричал Всеслав, махнул мечом, и воин с разрубленною головою упал на землю.

Но в то же время товарищи его окружили со всех сторон жениха Надежды, который, держа ее на одной руке, не мог свободно защищаться. Его схватили сзади, обезоружили и повалили наземь.

— Свяжите его хорошенько, — кричал Вышата, — вот вам мой пояс, да туже, чтоб и пальцем не мог пошевелить!.. Ах он сорвиголова! Ах он разбойник!.. Поднять руку на сановника великокняжеского, убить старшего десятника дворцовой стражи!.. Ого, брат, посмотрим, как ты теперь разделаешься?.. Ну, молодец, надоело, видно, тебе носить голову на плечах!.. Ребята, ступайте скорее с девушкою: я пойду с вами; а вы несите убитого товарища к городскому вирнику, да буяна-то оттащите к нему! Я сам доложу обо всем государю великому князю.

Сказав эти слова, Вышата отправился по тропинке, ведущей к Почайне, вместе с воинами, которые несли на руках лишенную всех чувств Надежду. Два воина, подняв тело убитого десятника, пошли вслед за ними, а двое остались со Всеславом.

Как бесчувственный неодушевленный истукан, молчал несчастный юноша, когда воины, связав его, подняли на ноги. Его неподвижные взоры были устремлены в ту сторону, где скрылся Вышата; сквозь сжатые уста его с трудом вырывалось стесненное дыхание. Чувство настоящего бедствия, память прошедшего, столь близкого блаженства, гнев великого князя, неминуемая смерть под позорною секирою палача — все это казалось ему каким-то непонятным, темным сновидением. Рассудок его безмолвствовал; он не чувствовал ничего, кроме какого-то могильного холода, который вместе с кровью струился по его жилам. Всеслав слушал и не мог понять, чего требовали от него воины, которые повторяли ему несколько раз, чтоб он шел вместе с ними, и только тогда передвигал машинально ноги, когда они его тащили за собою.

Они не сошли еще с поляны, как вдруг что-то свистнуло мимо ушей Всеслава — и один из воинов повалился мертвый на землю, другой выхватил до половины свой меч, но рука его замерла на рукоятке: пробитый навылет стрелою, он с глухим стоном упал подле своего товарища. На опушке леса показался незнакомый; он подбежал к Всеславу и перерезал ножом ременный пояс, коим были связаны его руки.

— Ты свободен, — сказал он, — но враги твои близко — пойдем со мною!

Подобно лишенному рассудка, который безотчетно повинуется своему вожатому, Всеслав, не отвечая ни слова, не изъявив ни радости, ни удивления, пошел влед за незнакомым. Пройдя через всю поляну, они вошли в густой лес, растущий по крутому скату песчаного оврага. Незнакомый, заметив, что Всеслав начинает отставать, взял его за руку.

— Ты нездоров, — сказал он, посмотрев пристально на юношу, — твои руки холодны как лед.

Всеслав молчал.

— Я вижу, ты еще не можешь опомниться. Да, если б я не успел тебя выручить сегодня, то спать бы тебе завтра в сырой земле... Куда, куда, молодец? — продолжал незнакомый, увидев, что Всеслав повернул по тропинке, ведущей к жилищу Алексея. — Постой, — вскричал он, устремив с приметным беспокойством свои взоры на густой ореховый куст, мимо которого проходил Всеслав, — ты не туда идешь: наша дорога направо.

— Направо? — повторил юноша, остановись и глядя с удивлением вокруг себя. — Да куда же мы идем?.. Что со мною было?.. Это ты, Веремид?

— Да, это я: твой друг, твой верный слуга... Ты должен теперь жить со мною.

— С тобою?.. А Надежда?.. А Алексей?.. А государь, которому я служу?

— Приди в себя, Всеслав! Иль ты позабыл, что Владимир похитил твою невесту, что ты убийца, что в Киеве ждет тебя позорная казнь, что теперь во всем царстве Русском нет уголка, который ты бы мог назвать своим, и что ты можешь преклонить твою голову только на плаху, изготовленную для тебя твоим вторым отцом и благодетелем.

— Праведный боже! — вскричал Всеслав, закрыв руками лицо свое. — Так это был не сон? Надежда, Надежда!

— Скажи одно слово, и Надежда будет опять твоею.

— Одно слово?

— Да! Слушай, Всеслав: или твоя невеста иссохнет в слезах, а ты умрешь на лобном месте и над твоею презренною могилою возляжет вечное проклятие державных предков; или ты, как достойный правнук

140

Аскольда, отомстишь за смерть его, будешь владыкою великого Киева и супругом Надежды!.. И то и другое в твоей воле — избирай!

— Чего ты хочешь от меня, соблазнитель? — вскричал Всеслав отчаянным голосом. — О, если б я мог заглушить голос моей совести, забыть слова Алексея!.. Владимир, Владимир, какой злой дух подвигнул тебя разлучить меня с Надеждою! О, кто вразумит меня?.. Кто удержит теперь мою руку?.. Где ты, чьи слова, как роса небесная, прохладили бы пламень, пожирающий мою душу? Где ты, наставник, отец мой?.. О, Алексей, где ты?

— Вот он! — сказал незнакомый, раздвигая ветви орехового куста.

— Творец небесный! — воскликнул юноша, оцепенев от ужаса. — Алексей!.. Он мертв! Какой изверг поднял руку на этого праведника?..

— Твой государь и благодетель, — сказал хладнокровно незнакомый.

— Как? Алексей...

— Умерщвлен по приказу Владимира.

О, это уже было слишком! Глаза юноши помутились, смертная бледность покрыла лицо, и он упал без чувств подле окровавленного трупа отца Надежды.

Незнакомый наклонился, приложил руку к груди Всеслава: сердце его билось.

— Теперь ты мой! — прошептал он тихим голосом и дикий восторг, напоминающий веселье сатаны, когда погибший предает ему навеки свою душу, заблистал в сверкающих взорах цареубийцы.

Конец второй части

Часть третья

I

— Где я?.. Какая темнота!.. О, какой холод!.. — прошептал Всеслав, приподымаясь с широкой скамьи, устланной свежею травою. Он поглядел вокруг себя; несколько времени глаза его не могли привыкнуть к слабому свету, который, падая сверху сквозь узкую трещину, не вполне освещал окружавшие его предметы. Мало-помалу они стали отделяться один от другого, принимать определенный образ, и Всеслав мог наконец удовлетворить своему любопытству. Земляные стены, которые сходились

141

низким сводом над его главою, образовали довольно обширный четвероугольный покой; вдали, в конце длинного и узкого ущелья, сквозь обросшее кустарником отверстие, виднелись синие небеса. Скамья, на которой он лежал, стояла в небольшом углублении, сделанном в одной из боковых стен; в противоположной стене Всеслав хотя с трудом, но рассмотрел подобную же впадину, в глубине которой белелась низкая дверь, вероятно ведущая в другое подземелье.

— Где я? — повторил он, садясь на скамью.

В одном темном углу кто-то зашевелился и сказал с приметным участием:

— Ну что, боярин, проснулся?

— Кто говорит со мною? — спросил Всеслав.

— Я, верный слуга твоего друга, — отвечал небольшой детина в смуром кафтане, подходя к Всеславу.

Яркий луч солнца, проникнув сквозь расщелину, осветил лицо его, и Всеслав, помолчав несколько времени, сказал:

— Я где-то тебя видел... Так точно... ты тот самый прохожий...

— Который однажды в этом лесу надоел тебе расспросами, а в Усладов день, у Простена, порассказал для тебя сказочку... Ну да, насилу ты меня узнал!..

— Тебя зовут Тороп, и ты, кажется, слуга верховного жреца Богомила?

— Да, был его слугою, а теперь служу опять прежнему моему господину.

— Скажи же мне, Тороп, где я?

— Как где? Да разве ты не знаешь?

— Нет!

— Сердечный, эк ему память-то отшибло! Да неужели забыл, как третьего дня?..

— Третьего дня... я ничего не помню.

— Как? Таки вовсе ничего?

— Постой!.. Мне кажется... да нет!.. Скажи мне прежде, где я?

— Пожалуй, боярин. Только как бы тебе сказать? Этим вертепом владеет теперь мой господин, а настоящий-то его хозяин — барин большой, да только век бы его не видать и никогда бы с ним не встречаться.

— Я не понимаю тебя.

— А вот изволишь видеть: говорят, что это подземелье вырыто под древним капищем Чернобога, которое построили кудесники и киевские ведьмы еще во время Щека, Хорива и сестры их Лыбеди[57]; все это место

---

[57] ...времена Щека, Хорива и сестры их Лыбеди. - Речь идет о родных братьях и сестре легендарного Кия, будто бы основавшего Киев.

слывет в народе Чертовым Городищем, и его так боятся, что вряд ли во всем Киеве найдется такой молодец, который подошел бы к нему за версту, да и дорогу-то к нему, чай, никто не знает. Я и сам дрожкой дрожал, когда мне в первый раз пришлось здесь ночевать. Что делать — воля господская: прикажет и лешего за рога схватить, так схватишь. А уж натерпелся же я страху! Бывало, в самую полночь сберутся, проклятые, вот тут, над нами, да как подымут возню; так, веришь ли, боярин, — волосы дыбом станут: то начнут выть, словно голодные волки, то захохочут и застонут, как сычи; а я забьюсь куда-нибудь в уголок да дохнуть не смею. Однажды только, да и то под хмельком, нелегкая дернула меня подмоститься и поглядеть в эту трещину; да лишь только просунул голову, как вдруг один пребольшущий нетопырь, видно оборотень какой, как хватит меня крылом по лбу!.. Ух, батюшки, и теперь мороз по коже подирает, а тогда!.. Как еще жив остался?.. Грохнулся затылком оземь да вплоть до утра пролежал без памяти. Но ты, никак, меня не слушаешь, боярин? — прибавил Тороп, поглядев на Всеслава, продолжавшего смотреть вокруг себя с рассеянным видом человека, который старается что-то припомнить. Всеслав не отвечал ни слова и, помолчав несколько минут, сказал:

— Подземелье... капище Чернобога... Но для чего я здесь?

— Вот уж этого и я путем не знаю. Третьего дня поутру мой господин принес тебя сюда; ты был вовсе без памяти, и когда подумаю, как он тебя дотащил, так надивоваться не могу! Сюда вкарабкаться и без этакой ноши не всякому под силу; то уж нечего: подлинно, боярин мой чудо-богатырь! Ты долго не приходил в себя, а как пришел, так занес такую околесную, что мы тотчас догадались, что у тебя огневка[58]. Мой господин на все горазд: он напоил тебя каким-то зельем. Вот на другой день стало тебе полегче, и ты как будто бы дело заговорил. Всего-то я слышать не мог: вы беседовали меж собой вполголоса, я знаю только, что под конец поладили. Ты сказал: "Ну так и быть, пусть будет по-твоему" Вот барин обрадовался так, как будто бы ты его озолотил, и пошли у вас меж собой толки; а там он простился с тобою и сказал, что дня три или четыре будет в отлучке, для каких-то переговоров с греками, которые дожидаются его за днепровским порогом Неясытем. Он наказал мне быть при тебе неотлучно и поить каждый день снадобьем, которое нарочно для тебя изготовил. На другой день, когда мы остались одни, ты все что-то шептал с самим собою; раза три принимался говорить: "Нет, нет, не я буду виною пролитой крови... Он сам расторг узы, которыми я был связан... он убийца Алексея... похититель Надежды... он враг мой!" Я пытался было спрашивать, о ком ты говоришь, но ты не хотел меня и слушать. Это бы

---

[58] Горячка.

еще ничего, да вдруг вчера попалась тебе на глаза какая-то серебряная вещица, которая висит у тебя на шее... Батюшки мои!.. Как пошло тебя коверкать! То начнешь бить себя в грудь, то примешься плакать, то закричишь: "Отец мой, отец мой! Нет, я не забуду слов твоих!" Уж ты метался, метался из стороны в сторону! То говорил: "Что делать мне?" — то кричал: "Я знаю, что должен делать!" А коли знаешь, думал я сам про себя, так что ж ты этак развозился? Уж не опять ли огневка? — Гляжу, так и есть: разгорелся, глаза помутились — ну, беда, да и только! Ты ж опять занес такую дичь, что и сказать нельзя: начал целовать эту заветную вещь, которая висит у тебя на шее; заговорил о каком-то Искупителе, о страдании, о покорности... Ну вот хоть убей, до сих пор ничего не понимаю! Как ты немного поуходился, я подал тебе напиться зелья; ты выпил, прилег на скамью, забылся и проспал до сегодняшнего утра. Ну, вспомнил ли теперь? Всеслав не отвечал ни слова; закрыв руками лицо, он плакал, как малое дитя, но слезы не облегчали его горести: она возрастала с каждою минутою, и бедный юноша, задыхаясь от вздохов и стенаний, в совершенном изнеможении упал снова на болезненное свое ложе.

— Да полно надрываться-то, боярин, — сказал Тороп, глядя с состраданием на Всеслава. — Вестимо дело, грустно схоронить отца и мать, а и того тошнее расстаться навсегда с своею невестою; да что толку-то плакать: слезами горю не пособишь. Вот кабы я знал, куда умчали эту бедняжку, так постарался бы как-нибудь...

— Что ты говоришь?.. — прервал Всеслав, приподымаясь с живостью.

— Да, боярин, если б я знал, где она теперь, так авось бы что-нибудь о ней проведал, а может статься, и весточку от нее к тебе бы принес.

— Она теперь... так точно! Я помню, злодей Вышата говорил о селе Предиславине.

— Что на Лыбеди? Знаю: я не раз там бывал.

— Ты?

— Да, я боярин! Ведь нашего брата весельчака куда ни пустят? Где песенку споешь, где сказочку расскажешь. Вот если бы я такой же был молодец и красавец, как ты, так меня бы и близко не подпустили ни к Берестову, ни к Вышегороду, ни к селу Предиславину; а то позабавить-то я позабавлю, а глаза ни у кого на меня не разгорятся.

— И ты надеешься?..

— И очень надеюсь... Трудненько только будет узнать, в котором терему живет твоя суженая: ведь их настроено, настроено!.. Да авось не тот, так другой проболтается.

Теперь же и не так строго, как, бывало, прежде: ведь Владимир давно уже не заезжал повеселиться в село Предиславино. Говорят даже, что он и в Берестово заглянуть не хочет, и давно бы распустил всех этих затворниц, если б ему не натолковал Богомил и другие сановники, что непригоже

144

для его чести великокняжеской оставить при себе одну только сожительницу и жить с нею в брачном союзе как простому гражданину киевскому; что стыдно и зазорно знаменитому владыке всей земли Русской держать на своем хлебе менее жен, чем какому-нибудь кагану печенежскому или косожскому князику. А пуще-то всех мудрит ключник Вышата; да только несдобровать же ему, попадется он когда-нибудь в передел к мужьям и женихам, которые по ночам около Берестова, Предиславина и Вышегорода, как голодные волки, рыщут. Вот этак с неделю назад я был на Лыбеди и забавлял песнями прислужниц княгини Рогнеды; они продержали меня до самой полуночи. Вот как я пошел домой, так повстречался с одним парнем, который всякую ночь бродит кругом села Предиславина. Его зовут Дулебом. У него так же, как и у тебя, боярин, Вышата подтибрил невесту. Ну, нечего сказать: сродясь не видывал такого страшного лица! Ни дать ни взять мертвец: видно, горько жить; да не сладно же будет и Вышате, если он наткнется на него под вечер где-нибудь в укромном местечке...

— Скажи мне, Тороп, — прервал Всеслав, — когда же ты пойдешь на Лыбедь?

— За мной бы дело не стало, да мне не велено от тебя отлучаться.

— Так пойдем вместе.

— Что ты, что ты, боярин: да разве ты наш брат? Тебя знают все ратные люди, — долго ли до беды? Ты убил десятника дружины великокняжеской, обнажил меч против его сановника, тебя везде ищут, и первый воин, который с тобою повстречается, схватит тебя за ворот.

— Но если мы пойдем ночью?..

— Так что же будет прибыли? Ночью и меня в село Предиславино не впустят. Нет, боярин, подождем лучше, как воротится мой господин.

— Послушай, Тороп, если ты сегодня же не отправишься на Лыбедь, так я пойду туда один. Ты видишь, — продолжал Всеслав, вставая, — что я почти здоров.

— Какой здоров! Смотри-ка, насилу на ногах стоишь.

— Неправда! Я чувствую в себе довольно силы, чтоб дойти до села Предиславина, и если б это стоило мне жизни...

— Вот то-то и беда, боярин: умереть-то умрешь, а невесты своей все-таки не увидишь.

— Все равно: если я не увижу своей суженой, то, по крайней мере, умру подле того места, где она живет! — сказал Всеслав, выходя вон из пещеры.

— Куда ты? — закричал Тороп. — Постой, постой, боярин!

Но, видя, что упрямый юноша не слушает его слов, он побежал вслед за ним, успел остановить его в ту самую минуту, когда он, дойдя до конца ущелья, занес уже ногу, чтоб сделать шаг вперед.

— Что это ты?.. — продолжал кричать Тороп, не выпуская из рук Всеслава. — Да ведь здесь вовсе ходу нет!

В самом деле, Всеслав стоял на краю почти бездонной пропасти. Кустарник, коим поросло узкое отверстие, помешал ему рассмотреть с первого взгляда всю опасность его положения. У самого входа в пещеру начинался утесистый обрыв горы, он опускался прямою стеною до дна глубокого оврага, в котором небольшой проток, пробираясь между камышей и высокой осоки, исчезал посреди топкого болота.

— Что ты это, боярин?.. — повторил Тороп прерывающимся от ужаса голосом. — Да кабы ты еще раз шагнул, так и поминай тебя как звали. Да не гляди вниз, а не то у тебя в глазах помутится!

— Но, верно же, есть какая-нибудь тропинка? — сказал Всеслав, поглядев внимательно вокруг себя.

— Какая тропинка! Да здесь не только человек, и векша не спустится.

— Ты лжешь. Посмотри, вон там, подле этого куста... Так точно, тут кто-нибудь сходил: куст измят, и вот лежит подле него шапка.

— Она уже недели три как тут лежит, — сказал Тороп. — Сердечный, и крикнуть не успел!

— О ком ты говоришь? — спросил с удивлением Всеслав.

— А кто его знает, какой-то прохожий: видно, заплутался, да и зашел сюда, только не с этой стороны. Знать, господин мой побоялся, что этот незваный гость расскажет о нем в Киеве, да еще, может статься, других гостей с собой наведет; так он подумал, подумал, да и выпроводил его в эти двери.

— Возможно ли? И твой господин решился...

— Что ж делать, боярин: своя рубашка к телу ближе! Даром мой господин и цыпленка не обидит! Ну а уж если надобно, так долго думать не станет.

— Но как же зашел сюда этот прохожий? Поэтому есть другой вход?!

— Вестимо есть: ведь и ты не на крыльях сюда залетел.

— Где же он!.. Покажи мне скорее!..

— Показать-то покажу, боярин; да уж если ты неотменно хочешь проведать сегодня же о твоей суженой, так лучше отправлюсь я, а ты оставайся здесь. Да сделай милость, не подходи без меня к этому омуту: хоть ты и храбришься, а все еще слаб; долго ли до беды — как раз голова пойдет кругом, а поддержать тебя будет некому.

Возвратясь в пещеру, Тороп отпер дверь, которую Всеслав заметил, еще лежа на своей скамье, и они оба, пройдя несколько шагов извилистым и темным ущельем, подошли к крутой лестнице, высеченной в каменистом кряже горы. Поднявшись с трудом по этой каменной стремянке, они вышли на довольно обширную площадку, покрытую развалинами древнего капища, посреди которых возвышался уцелевший жертвенник, грубо сложенный из неотесанных диких камней. Всеслав кинул вокруг себя любопытный взгляд: в некотором расстоянии кругом дремучий лес; с одной стороны глубокий овраг, о котором мы уже говорили, с другой — непроходимые дебри, толстые колоды, поросшие мхом, кучи валежника и, как зеленое море, обширная трясина, усеянная окнами. Едва заметная тропинка, начинаясь от развалин, вилась среди мелкого кустарника вниз по скату горы до самого болота.

— Ну что, видишь ли, боярин, — сказал Тороп, — что тебе отсюда выходить не должно? Здесь ты можешь прожить хоть сто лет, так все-таки об этом никто не проведает. Да и кому придет в голову, что в этом чертовом гнезде может жить кто-нибудь, кроме злого чародея? А если бы и вздумали искать тебя здесь, так прежде надо построить мост через эту трясину — другого ходу нет; а чтоб пройти и не увязнуть по уши в болоте, так надобно его знать, как свою ладонь: в ином месте тащиться нога за ногу, как по Жердочке, а в другом скакать с кочки на кочку, с пенька на пенек и идти вприпрыжку, как воробей.

— Ступай же скорей, Тороп! — прервал Всеслав. — И если ты хочешь, чтоб я сам не пустился наудачу через это болото, то приходи непременно сегодня назад.

— Нет, боярин, коли я и вовсе не вернусь, так ты дождись моего господина и один по болоту не ходи. Я знаю, ты не трусливого десятка, да ведь трясина-то не печенег: как всосет тебя по уши, так от нее мечом не отмашешься. Если без меня ты захочешь перекусить, поищи на полке, над скамьею; там все есть: хлеб, толокно, провесная рыба и целый жбан меду.

— Послушай, Тороп, когда ты увидишь Надежду, скажи ей что без нее мне белый свет опостылел, что я решился или умереть, или выручить ее из неволи...

— Зачем умирать! Авось и без того выручим. Да что вперед загадывать: что будет, то будет, а уж Торопка Голован послужит тебе, боярин. Добро, добро, прощай! До села Предиславина отсюда не близко, а солнышко высоко.

Тороп запахнул полы своего кафтана, подтянул кушак и, запев вполголоса:

> Как по речке по Чертории
> Разгулялись красны девицы,

пустился по тропинке, ведущей к болоту.

Долго стоял Всеслав, не сходя с места; ни на одну минуту взоры его не покидали уходящего Торопа. Когда он, спустись с горы, стал пробираться по болоту, Всеслав удвоил внимание, наблюдал за всеми его движениями, замечал все обходы, следовал за ним по излучистым тропам и как будто

147

бы затверживал наизусть все шаги его. Пройдя благополучно через опасную трясину, Тороп приостановился на минуту, чтоб отдохнуть, и, увидев Всеслава, закричал ему:

— Эй, боярин, что ж ты все стоишь на виду?.. Если ты не сойдешь вниз, так я назад вернусь.

Всеслав махнул ему, в знак согласия, рукою и, вздохнув от глубины сердца, исполненного страха и надежды, спустился опять по крутой каменной лестнице в свой подземный покой.

Мы оставим на время Всеслава одного с его сладостными воспоминаниями, нетерпеливым ожиданием и хотя слабою, но утешительною надеждою, что при помощи Торопа ему удастся, может быть, и в этой жизни увидеться еще раз со своею невестою.

Около часу шел Тороп дремучим лесом, распевая то веселые, то заунывные песенки. Пройдя мимо урочища, известного под названием Желан, он стал подыматься на гору Щековицу, и когда поравнялся с открытым местом, на котором и поныне еще показывают могилу Олега, то увидел идущих к нему навстречу человек десять воинов, впереди которых гордо выступал старый наш знакомец Фрелаф.

— Постойте, молодцы, — сказал варяг, обращаясь к своей команде, — спросите у этого прохожего. Эй ты, серокафтанник, — продолжал он, махнув Торопу, — поди сюда!

Тороп подошел к воинам.

— Шапку долой, болван! — закричал грозным голосом Фрелаф. — Иль не видишь, с кем говоришь?.. Э, да это ты певун?

— Я, ваша милость! — отвечал Тороп с низким поклоном. — Подобру ли, поздорову, господин витязь? Что так рано?.. Куда держишь путь-дороженьку?

— Это не твое дело. А скажи-ка лучше мне, ты зачем так рано шатаешься по лесу?

— Заходил к знакомому дровосеку.

— Так у тебя есть и знакомые в этом лесу? Чего же лучше, братцы, — продолжал Фрелаф, относясь к воинам, — вот нам и проводник: он, верно, все тропинки наизусть знает. Ну-ка, Голован, поворачивай назад, да смотри, выводи нас по всему лесу; а чтоб не скучно было ходить, так рассказывай нам сказки.

— Пожалуй, добрый молодец, рады веселить вашу милость, — сказал Тороп, почесывая в голове. — Да вот что, мне теперь некогда: меня дожидаются в другом месте.

— Пускай себе дожидаются.

— И если не приду, так станут бранить.

— Добро, побранят да перестанут.

— Ну право, господин витязь, некогда; ей-же-ей, некогда! И рад бы потешить твою милость, да вот те Перун...

— Ах ты, дурацкая образина! Смотри, пожалуй... еще спорить!.. Ну, ну, ступай! А не то знаешь, как вашей братии ноги-то подымают?

— Не гневайся, господин Фрелаф! — сказал с покорным видом Тороп. — Изволь, пойду! Я ведь люблю знаться с людьми ратными, вы народ веселый: и сами любите выпить, и другим поднести. Ну, куда же вам надобно?

— Ступай теперь прямо, да смотри, не заведи нас в какое-нибудь болото. Вперед, ребята!

— Дозволь спросить, — сказал Тороп, пройдя несколько времени молча подле Фрелафа, — что это вам вздумалось бродить по лесу?.. Иль кого ищете?..

— Знавал ли ты Всеслава, ну вот того, что был княжеским отроком?

— Как не знать?.. Да разве уж он не служит при государе великом князе?

— Так ты ничего не знаешь?

— Нет, ничего.

— Наделал он дел! Я всегда говорил, что в этом мальчишке проку не будет.

— Да что он сделал?

— Так, ничего: убил десятника Звенислава да чуть самому Вышате шею не свернул — Вышате, любимому сановнику великого князя! Шутка?

— Какая шутка! Ах он разбойник!

— Отдан строгий приказ во чтоб ни стало найти его живого или мертвого. Мне велено с этими молодцами обшарить здешний лес, и если мы его соследим и он задумает барахтаться, так тут ему и конец! Ведь Ингелотов меч шутить не любит! — прибавил варяг, ударив с гордым видом по рукоятке своего меча.

— Так вот что! — сказал Тороп. — Постойте-ка!.. Ага, то-то он таким вихрем мимо меня и промчался, да как же погонял своего удалого коня!..

— Где?.. Когда?.. — прервал Фрелаф.

— Третьего дня, по ту сторону Киева, за горой Хоревицею. Ну, коли он теперь все так же скачет да побежал к печенегам, так не видать вам его, как ушей своих.

— Неужели он в самом деле ушел к печенегам?

— Со страстей, молодец, убежишь и за тридевять земель, в тридесятое государство; а сробеть-то есть чего: ведь на плахе умирать — не с друзьями пировать.

— Так что ж мы станем искать-то пустого места? — сказал один из воинов.

— И ведомо, — подхватил Тороп. — Ступайте-ка лучше по домам, молодцы.

— Да полно, правда ли, что он ушел к печенегам?

— К печенегам или грекам, в Византию или в Атель — куда бы ни ушел, да здесь-то его наверное нет. Кой черт велит ему остаться подле Киева? Да и к кому бы он здесь приютился? Я слышал, что у него нет ни отца, ни матери, ни роду, ни племени.

— Да, да, — прервал Фрелаф, — он какой-то подкидыш, а уж чванился так, как будто бы княжеского рода. Ну, братцы, домой так домой! А ты, Тороп, ступай с нами.

— Куда, молодец?

— К городскому вирнику.

— А, разумею: он спросит, зачем ты так скоро воротился, и если ты меня налицо не представишь, так он твоим речам веры не даст.

— Как веры не даст?

— Да так же! Скажет, что ты побоялся ловить Всеслава, который живой в руки не дастся.

— Побоялся!..

— И выдумал эту отговорку для того только, чтоб перед ним оправдаться.

— Перед кем?.. Перед городским вирником? Стану я перед ним оправдываться!.. Да что он мне за указ?

— Указ не указ, а если не возьмешь меня с собою, так он тебе не поверит.

— Не поверит? Мне — Фрелафу?.. Сыну Руслава, внуку Руальда? Посмотрел бы я!.. Не поверит! Так убирайся же, я пойду без тебя, и если он только поморщится... Постой, постой! — продолжал варяг, схватив за руку Торопа. — Конечно, мне до вашего вирника и дела нет, но все-таки... Да что это тебя так подмывает, куда ты спешишь?

— На Лыбедь, в село Предиславино.

— На Лыбедь? Зачем?

— Вестимо, зачем, господин честной. Где ж нашему брату и попеть песенек, как не там, где до них много охотниц.

— Да разве тебя туда пускают?

— А как же! Да я и сегодня по приказу ключника Вышаты иду в село Предиславино. Ведь надобно же чем-нибудь повеселить красных девушек. Прежде, бывало, сам великий князь со своими боярами и витязями по целым суткам у них пирует, а теперь давным-давно и дорожка-то к селу Предиславину заглохла травою.

— Смотри, пожалуй: этакого урода пускают в село Предиславино, а наш брат молодец не смей и заглянуть туда, где прохлаждается какой-нибудь Торопка Голован!

— Э-эх, господин витязь! Да ведь за то-то тебя дальше ворот и не пустят, что ты молодец.

— Оно так, — прервал Фрелаф, закручивая с довольным видом свои рыжие усы, — а взглянул бы я на этих затворниц.

— Эге, как солнышко-то высоко! — сказал Тороп. — Скоро жарко будет, а до села Предиславина еще не близко. Пожалуйста, не держи меня, молодец!

— Ну, если ты идешь туда по приказу Вышаты, так ступай себе.

— Счастливо оставаться, господа воины!

Тороп, опасаясь, чтоб его снова не воротили, шел так скоро, что в несколько минут потерял совсем из виду Фрелафа и его товарищей. Миновав урочище, называемое Дорожич, он вышел на берег речки Лыбеди, и через полчаса в конце широкой просеки, перерезывающей надвое тенистую дубовую рощу, открылись перед ним расписные верхи высоких теремов села Предиславина.

II

Село Предиславино, находившееся, по некоторым догадкам, в том самом месте, где ныне переправа через речку Лыбедь, по дороге к Василькову, было одним из потешных дворцов великого князя Владимира. Но как в то же самое время этот загородный дом имел одинаковое назначение с роскошными тюрьмами, которые именуются на Востоке гаремами, то, без всякого сомнения, он был обнесен твердою стеною, то есть высоким деревянным тыном; ибо и в позднейшие времена часть городских стен и укреплений делалась из толстых бревен. Продолжая основываться на догадках, можно также полагать, что к главному зданию, определенному для временного пребывания князя и пиров, которые он так часто давал своим приближенным витязям, примыкались многочисленные пристройки с обыкновенными в тогдашнее время теремами, вышками и крытыми переходами. Нетрудно отгадать, что эти постройки служили жилищем для русских, а может быть, и чужеземных красавиц, коих участь была, вероятно, нимало не завиднее участи одалисок турецкого султана, персидского шаха и бесчисленных наложниц Великого Могола, которого обширным гаремам дивился некогда весь Индостан. Это одни догадки; но романист не историк: ему дозволено принимать догадки за истину и говорить о предметах, может быть, никогда не существовавших, с такою же точно положительностью, с какою говорит летописец о современных ему происшествиях, коих он был очевидным свидетелем.

К наружной стороне бревенчатой стены, окружавшей этот потешный двор Владимира, близ главных ворот, у которых стояли двое бессменных часовых, пристроена была низенькая изба с двумя волоковыми окнами; в ней помещалась стража, охранявшая это, недоступное для многих, жилище отторгнутых от семейств несчастных киевлянок и захваченных в плен у соседних народов красных девушек навсегда погибших для их милой родины. Вся внутренность этой караульни состояла из одной обширной комнаты. Длинные лавки, большой стол, поставленный на самой середине земного пола, безобразная печь и широкие полати составляли вместе с повешенными по стенам мечами, щитами и шеломами все украшение этого покоя. Человек десять воинов лежали перед избою на завалине; почти столько же, сидя внутри ее, за столом, попивали вкруговую крепкую брагу, которая в огромной деревянной чаше стояла посреди стола. Железный ковш, прицепленный ручкою к одному из краев чаши, как причаленный к берегу корабль, колыхался и плавал на этом пивном море. Он служил по очереди для всех, но чаще других снимал его с якоря один усатый воин. Если б он не был вооружен длинным скандинавским мечом и не лежала бы подле него на скамье двухсторонняя боевая секира, то и тогда, по гордой его осанке, нетрудно было бы узнать в нем варяга. Один он не скинул шелома и не повесил на стену своего оружия, один он не принимал никакого участия в разговоре пировавших воинов, а сидел насупившись и хватаясь поминутно за ковш, казалось, хотел не веселиться, а запить или какое-нибудь горе, или нестерпимую досаду.

— Ну, Якун, — сказал один молодой и видный собою воин, обращаясь к молчаливому варягу, — помогай тебе Услад: никак, за десятым ковшом полез!

— Я считаю головы неприятелей на ратном поле, — отвечал отрывисто Якун, — а не ковши, когда бражничаю за столом.

— Пусть так, да вот, изволишь видеть, ты не хочешь считать, а нам скоро и считать нечего будет. Посмотри, уж в чашке-то дно видно.

— Спросим, так еще принесут.

— Да кабы Вышата был здесь: а то без него ничего не добьешься.

— Не добьешься? — повторил варяг. — Посмотрел бы я!.. Когда меня, десятника варяжской дружины, заставили, как подлого грека, караулить жен, так давай мне все, чего я ни спрошу.

— Некстати ты, господин десятник, больно развеличался, — прервал один старый воин с седыми усами. — Ты варяг, так что ж? Когда уж ты служишь нашему великому князю, так служи ему так, как он велит, а не так, как тебе самому хочется.

152

— Эх, брат Лют, — сказал Якун, — ты сам поседел в боях, так неужели и тебе не обидно стоять на страже у ворот этого бабьего города?

— Да чем мне обижаться-то? Я караулю ворота, а что за воротами, того и знать не хочу.

— Да бывало ли когда-нибудь, — продолжал Якун, — чтоб наряжали сюда на стражу варягов? За что ж этот Светорад, которого нам велено признавать нашим воеводою, послал сюда меня, старшего десятника варяжской дружины.

— Да разве ты не знаешь, что ты здесь зауряд, и если бы наш десятник Звенислав был жив...

— А за что его убил Всеслав? — спросил молодой воин.

— За что? — подхватил Якун. — А за то, за что бы я убил не одного, а сотню десятников, да и самому Вышате-то шею бы свернул. У Всеслава отняли невесту.

— Э, так вот что! — сказал старый воин, — Куда ж ее, сердечную, засадили? В Берестово, что ль?

— Нет, говорят, что она здесь.

— А Всеслав-то куда девался?

— Кто его знает: или спрятался где-нибудь в лесу, или ушел к печенегам, а может статься, и к нам в Поморье — ведь такому удалому витязю везде будут рады. Мне сказывал Вышата, что его было схватили и руки связали назад...

— Так как же он вырвался? — прервал молодой воин.

— В том-то и дело: и он и два воина, которые его вели, сгинули да пропали. Видно, плохо был связан. А что он один с двумя справился, так это не диво: такой молодчина, как он, и четверых уберет.

— Доброго здоровья, храбрые витязи! — сказал Тороп, входя в избу.

— А, Торопка Голован! — закричали воины. — Милости просим!

— Садись, брат, — сказал старый воин, — да выпей-ка с нами ковшик-другой бражки.

— Благодарствуем, господин Лют! — отвечал Тороп, принимаясь за ковш. — Пожалуй, выпьем, у меня ж от ходьбы совсем в горле пересохло.

— Откуда ты идешь? — спросил Якун.

— Я был в лесу, на Почайне.

— На Почайне? Не повстречался ли ты там с Фрелафом?

— Как же! Мы встретились с ним близ Олеговой могилы; и кабы не я, так пришлось бы ему с товарищами прошататься дня два даром в лесу. Их послали ловить Всеслава, а он уже, чай, теперь на Дону. Я еще третьего дня видел, как он проскакал по дороге к Белой Веже.

— В самом деле? — вскричал Якун. — Ну, от сердца отлегло! Жаль было бы, если б такой молодец умер на плахе.

— Пришлось бы умирать! — подхватил старый воин. — Я слышал, что государь великий князь больно изволил разгневаться, и когда ему сказали, что Всеслав ушел, то чуть в сердцах не поколотил самого Вышату. Э, да как легок на помине! — продолжал седой воин, поглядев в окно. — Посмотрите-ка, никак, это он на своем сивом коне сюда тащится.

— Точно он! — сказал Тороп. — Да только не тащится, а, кажись, рысью бежит... какой рысью — вскачь!.. Эх, как он свою сивку-бурку по бокам-то хлещет!.. Видно, спешное дело, коли его милость изволит так гарцевать в чистом поле!.. Вот и подъехал... О, да каким молодцем соскочил с коня!.. Смотри, пожалуй, как будто бы лет двадцать с плеч свалилось... Ну недаром же это!

— Добрые вести, молодцы! — вскричал Вышата, входя в избу. — Добрые вести!

— Что, что такое? — спросил Якун, который один не встал с своего места, когда ключник вошел. — Уж не война ли с греками?

— За что нам с ними воевать?

— Так не прибавили ли жалованья варяжской дружине? Давно бы пора!

— Полно, брат Якун, будет с вас и того, что дают. Ведь каждый варяг получает из великокняжеской казны...

— Да, только это впятеро против нашего брата киевского ратника, — прервал седой старик.

— Нет, молодцы, — продолжал Вышата, — не о том речь. Мы уговорили великого князя показаться народу. Сегодня он выедет поохотиться на Лыбедь и, может быть, заедет сюда. А, Тороп, ты здесь?

— Как же, боярин! — отвечал Тороп, поклонясь в пояс.

— Что это тебе вздумалось?

— Да соскучился, батюшка: давно не видел вашей милости.

— Спасибо, брат! — сказал Вышата, устремив проницательный взгляд на Торопа. — А мне бы и в голову не пришло, что ты меня так любишь. Пойдем, что ль, со мной в княжеские чертоги: не худо посмотреть, все ли в порядке. А вам, молодцы, не надобно ли чего-нибудь? Что это, да вы, никак, тянете простую брагу?

— Да уж почти всю и вытянули, — сказал молодой воин.

— Постойте, детушки, — я вам пришлю меду крепкого да флягу доброго вина. Сегодня надо всем веселиться: наше красное солнышко опять взошло.

— А мы его вспрыснем, дедушка, — прервал Якун, — присылай только скорей винца; да смотри, не греческого: что в нем — вода водою.

— Хорошо, хорошо, ребята, пришлю! Чур, только не забывать поговорку: "Пей, да дело разумей!" Если великий князь сюда пожалует, а вы примете его лежа...

154

— Лежа! — повторил седой воин. — Да что мы, бабы, что ль?.. Нет, господин ключник! Не знаю, как варяги, а мы, русины, хмелю не боимся.

— Про тебя кто и говорит, Лют, — прервал с улыбкою Вышата, — ты выпьешь целую сорокоушу вина, а пройдешь по жердочке. Пойдем, Тороп!

Вышата, приказав одному из слуг, которые вышли встретить его за воротами, прибрать своего сивого коня, пролез вместе с Торопом узенькою калиткою на широкий двор или, лучше сказать, луг, посреди которого возвышались огромные деревянные чертоги княжеские, срубленные из толстых Дубовых бревен. С первого взгляда их можно было почесть за беспорядочную кучу больших изб, наставленных одна на другую и соединенных меж собой дощатыми сенями и переходами, похожими на старинные церковные паперти. Главное строение, или собственно дворец, занимаемый великим князем, был основан на каменных сводах, в коих помещались подвалы и погреба, и состоял из обширного равностороннего здания, над которым возвышалось другое, одинаковой с ними формы, но гораздо менее; над этим вторым ярусом надстроен был еще третий, с соблюдением постепенного уменьшения в размере, и все здание оканчивалось небольшою четырехугольною вышкою, с крутою и остроконечною кровлею. С правой стороны, посредством крытого перехода, соединялся с этим главным корпусом двухэтажный терем знаменитой Рогнеды. Злополучная участь этой дочери Рогвольда, бывшей некогда невестою несчастного Ярополка; ее совершенное сиротство; ужасный брак, заключенный с нею Владимиром на окровавленных трупах отца и братьев, — все возбуждало к ней сострадание киевлян, и выразительное прозвание Гореславы, данное ей современниками, доказывает, что эта прекрасная княжна Полоцкая была предметом всеобщего сожаления.

С левой стороны к главному зданию примыкала одноэтажная длинная связь, разделенная на множество отдельных светелок; она украшалась также несколькими теремами и широкими помостами. На них выходили иногда красные девушки подышать свежим весенним воздухом, попеть заунывные песенки и поглядеть, хотя издалека, на Киев, от которого отделяли их и высокие стены, и непреклонная воля того, чьи желания были законом для всех и кто сам не признавал над собой никакого закона. Позади дворца, перед обширным огородом, засаженным тенистыми деревьями, тянулся целый ряд высоких изб и клетей: в них жили прислужницы, помещались поварни, бани и другие принадлежности двора великокняжеского.

Взойдя по широкому наружному крыльцу с тяжелым навесом, который поддерживали деревянные столбы, похожие своею формою на нынешние кегли или шахматы, Вышата и Тороп вошли в просторный и

155

светлый покой. Посреди его стояли длинные дубовые столы, а кругом скамьи, покрытые звериными кожами. Стальные латы с золотою и серебряною насечкою; кольчуги, дощатые брони из железных пластин, скрепленных кольцами; кожаные, с большими металлическими бляхами, нагрудники, называемые зерцалами; остроконечные шеломы, круглые щиты, мечи, широкие засапожники с красивыми рукоятками; богатая конская сбруя, бердыши, кистени, рогатины, легкие копья, называемые сулицами; тулы и колчаны со стрелами, развешанные хотя не трофеями, но с некоторым вкусом, украшали голые стены этой гридницы великокняжеской. По углам стояли на полках: кубки, братины, турьи, то есть воловьи, рога, обделанные серебром, чары, кружки и другая столовая посуда; большая часть ее была из простых металлов, ибо золото и серебро, украшавшее впоследствии с таким избытком роскошные пиры великих князей Московских, было еще редко в нашем отечестве и почти везде, исключая одной Византии, этом средоточии всемирной торговли тогдашнего времени. Вышата, отдав несколько приказаний окружавшим его служителям, спросил с веселым видом Торопа, давно ли он выучился лгать?

— Как так? — сказал Тороп, взглянув с удивлением на ключника. — В чем же я солгал перед твоею милостью?

— Передо мною ни в чем; да я повстречался с Фрелафом. Как же ты сказал ему, что идешь в село Предиславино по моему приказу?

— Виноват, боярин: я не знал, как от него отделаться, — ведь он тащил меня к городскому вирнику!

— Вот что! — прервал Вышата простодушным голосом. — Так видно, когда он брал тебя в проводники, ты также, чтоб от него отвязаться, сказал, что он будет понапрасну искать Всеслава и что этот разбойник третьего дня проскакал мимо тебя по дороге к Белой Веже.

— Нет, господин Вышата, это истинная правда.

— Гм, гм! — промычал ключник, поглаживая свою длинную бороду. — Эх, Торопушка, — промолвил он после минутного молчания, — его ли ты, полно, видел?

— Помилуй, боярин, да разве я не знаю Всеслава. — Ведь это тот, что был княжеским отроком?

— Да, Торопушка, тот самый. Говорят, что он был с вашею братьею, простыми людьми, очень ласков и приветлив; чай, и ты любил его?

— Кто?.. Я, боярин?

— Да, ты.

"Ого, — подумал сказочник, — вот он до чего добирается! Ну, Торопушка, держи ухо востро!"

— Как бы сказать твоей милости, — продолжал он вслух, — не любить мне его не за что и добром-то нечем вспомянуть: я от него сродясь и одного рубанца[59] не видывал. Ономнясь, в Усладов день, я до самой полуночи потешал ваших молодцов, он также слушал мои сказки; а как заговорили другие, что надобно сложиться да дать мне за труды ногаты по две с брата, так он и тягу. Я и тогда еще подумал: красив ты, молодец, и дороден, а не слыхать тебе моих песенок. Не знаю также, приветлив ли он был с нашею братьею, а я не только не слыхал от него ласкового слова, да и голоса-то его не знаю. И то сказать, мы за этим не гоняемся: кто богат да тороват, наши песни слушает да казны своей не жалеет, тот до нас и ласков; а кто ласков, того и любим.

— Хорошо, хорошо! — прервал Вышата. — Скажи-ка мне теперь, когда третьего дня он проскакал мимо тебя, не в замету ли тебе было, на каком коне?

— На каком коне?.. Постой, боярин, дай припомнить... Да... да... точно так: на борзом вороном коне.

— Без всяких примет?

— Нет, кажется, с белой на лбу отметиною!

— Ну, так и есть: это Сокол, любимый его конь.

— Подлинно сокол! Как Всеслав поравнялся со мною, так он взвился кверху ни дать ни взять, как птица.

— Эко диво, подумаешь! — сказал Вышата, смотря пристально на Торопа. — По твоим словам, он точно уехал на Соколе, а на самом-то деле его вороной конь остался дома, и слуга Всеслава показал в допросе, что господин его дней шесть и в конюшню-то не входил.

— Так что ж, боярин? Разве в Киеве только и вороных коней что этот Сокол? Были бы только деньги, а за конями дело не станет.

— И то правда! Ты говоришь, что он проскакал по дороге к Белой Веже: так поэтому вы повстречались по ту сторону Днепра?

— Да, боярин.

— По ту сторону Днепра? — повторил Вышата. — Ну, диковинка! Чай, и ты знаешь, что теперь по всему Днепру нигде нет броду: дело весеннее; так как же это он перебрался на ту сторону? Ведь на переправе-то стоит бессменная стража.

— Видно, как-нибудь просмотрели, боярин.

— Видно, что так. Экие зеваки, подумаешь! Коли ты, Торопушка, не только узнал Всеслава в лицо, да и на коне-то белую отметину рассмотрел, так, вестимо, что повстречался с ним не ночью, не в сумерки, а среди бела дня.

— Да, боярин: вот этак перед солнечным закатом.

— То-то и есть. Как же они, проклятые, стоят на том, что он не проезжал?

---

[59] Рубанец, или резак, — самая мелкая монета тогдашнего времени.

— Э, знаешь ли что, боярин? Не переехал ли он через Днепр в челноке? Ведь коня-то он мог добыть на той уж стороне.

— А что ты думаешь? И впрямь.

— Точно, боярин! Когда я шел после по берегу Днепра, то недалеко от устья Чертории, заметил пустой челнок, который прибило течением к песчаной косе. "Видно, как ни есть отвязался, — подумал я, — и, чай, хозяин-то его теперь ищет, ищет!"

— Ну, Торопушка, исполать тебе: какой ты зоркий, все видишь. Видно, в самом деле Всеслав ушел; да только если он бежал к печенегам, так скоро нам в руки попадется: по этой дороге разосланы везде гонцы, небось не уйдет! Вот кабы он спрятался здесь в лесу, за Почайною, так его бы во все лето не поймали. Говорят, в этом лесу есть такие непроходимые дебри, что и приступу к ним нет. Вчера мне рассказывал один дровосек, что в самой средине леса есть какая-то гора: по одну ее сторону глубокий овраг, а по другую — непроходимое болото; что на этой горе видны развалины древнего капища и что это место, которое слывет в народе Чертовым Городищем, больно нечисто.

— И я слыхал об этом, боярин, — прервал Тороп.

— Тот же дровосек, — прервал Вышата, не слушая Торопа и смотря на него пристально, — рассказывал мне, что в тот самый день, когда разбойник Всеслав убил Звенислава и пропал без вести с двумя воинами, которые его вели, он забрел ненароком в это захолустье и видел издалека, что по Чертову Городищу расхаживают двое леших: один превысокий, а другой росту небольшого и в овчинной шапке — вот точно такой, как у тебя. Я было сначала поверил этому дровосеку, да овчинная шапка меня с толку сбила. Зачем лешему ходить в шапке? Как ты думаешь, Торопушка, — промолвил Вышата, — полно, леших ли он видел?

— У страха глаза велики, боярин! Чай, этот дровосек как спохватился, что зашел не в доброе место, так ему со страстей и пеньки-то все стали казаться лешими.

— И то не диво; да дело не о том. Ты кстати пришел, Торопушка. Знаешь ли что? Ведь матушка Буслаевна о тебе истосковалась, ты давно к ней не заходил. Вот прошлый раз, как ты забавлял сказками Рогнединых девушек...

— Не одними сказками, ваша милость, — прервал с некоторою гордостью Тороп, — мы и песенку спеть умеем.

— Знаю, Торопушка, знаю! Ты на все горазд! Потешь уж сегодня Буслаевну. она старуха добрая. Эй, послушай, — продолжал Вышата, подозвав к себе одного из слуг, — отведи этого детину в красный терем. Буслаевна уж теперь живет не там, где прежде... — промолвил ключник, обращаясь снова к Торопу. — Иль нет!.. Ступайте-ка лучше на поварню. Ты, чай, проголодался, любезный. Как пообедаешь да выпьешь красоули две медку, так и рассказывать-то будет веселее; а ты у меня смотри, угощай его хорошенько! Ну, прощай покамест! Ступай, ребята!

— Счастливо оставаться, боярин! — сказал Тороп, выходя вон из гридницы вместе с служителем, который, так же как и все его товарищи, был уж в преклонных годах и очень некрасив собою.

Вышата, оставшись один с толпою служителей, прошел несколько раз молча взад и вперед по гриднице; потом сел на скамью и, обращаясь к одному из слуг, которого можно было назвать олицетворенным совершенством человеческого безобразия, сказал:

— Эй ты, красавец, поди-ка сюда!

Служитель, отделясь от толпы, подошел к Вышате.

— Кой прах, — продолжал он, смотря на него с невольным отвращением, — пора бы, кажется, мне к тебе приглядеться; каждый день вижу, а все не могу привыкнуть. Ну, брат Садко, никак уж ты чересчур дурен.

И подлинно, уродливый Торопка Голован показался при этом служителе идеалом красоты. Представьте себе на двух кривых ногах, из которых одна была короче другой, не туловище, но два остроконечные горба, а над ними широкое, раздавленное лицо, с одной стороны смугло-желтое, с другой — ярко-багрового цвета; узкий плешивый лоб, широкий отвислый подбородок, козлиную, почти красную бороду; рот до ушей, уши почти до плеч; один глаз кривой, другой косой, и нос, который, расширяясь к концу, походил на огромную грушу.

— И то сказать, — продолжал Вышата, — нам здесь красавцев не надобно; да ты же парень сметливый, досужий и, говорят, терпеть не можешь красных девушек.

— А за что мне их любить, ваша милость? — пропищал сиповатым дискантом Садко. — Ведь есть пословица: "Сердце сердцу весть подает". И власть твоя, боярин, если б ты хотел меня послушаться и поменьше давать воли этим змеям подколодным, так дело-то было бы лучше. У меня не стали бы они сидеть на помостах да бегать в огород и лепетать по-сорочьи со встречным и поперечным. Что, в самом деле: они живут в теплых светлицах, их наряжают, как куколок; кормят до отвалу, так чего ж им? Сидели бы летом на скамьях, а зимою на лежанках; а за двери и носу бы не смели показывать. Как хочешь, боярин, а ты вовсе их перебаловал.

— И, что ты, Садко! Чем же я их балую?

— Чем? Да хоть этот пострел Торопка Голован! Ну, след ли ему ходить сюда и потешать их своими беспутными песнями? Долго ли до беды?

— Чего же ты боишься?

— Помилуй, как чего? Ведь этот Голован детина молодой, да и собой-то смазлив.

— Кто?.. Тороп? — прервал с громким хохотом Вышата...

— Смейся, смейся, боярин! А чем же он дурен собою? Детина хоть куда.

— Добро, добро! Скажи-ка мне лучше, удалось ли тебе проведать, ради кого шатается здесь по ночам один молодой парень, которого до сих пор вы, глупые ротозеи, и поймать-то не могли.

— Что же делать, боярин! Мы уж не раз думали, не мерещится ли нам? Бывало, подметим, подкрадемся, в обход обойдем, ну соследим, как красного зверя... Хвать, ан не тут-то было: сгинет да пропадет, словно сквозь землю провалится! Сегодня, как все еще спали, ранехонько поутру, я пошел на реку за водою; глядь, этак шагах в двадцати от стены, против решетчатого терема, стоит детина; я притаился за кустом, смотрю: никак, наш полуночник. Так и есть! Вот он постоял, постоял, да как вдруг учнет кобениться: то подымет одну руку, то другую; я глядь на решетчатый терем, и там кто-то помахивает белым платом. Вот этот детина поднял кверху два пальца, потом скривил голову на сторону, подпер ее рукою, зажмурил глаза! а там помахал, помахал еще руками, да и был таков!

— Ну, а в тереме-то кто был?

— Погоди, боярин, все расскажу. Я бросил кувшин с водою, чтоб поскорее добежать до дому, кинулся в решетчатый терем, и лишь только взобрался на первую лестницу, как вдруг — пырь мне в глаза, проклятая! Чуть-чуть с ног не сшибла...

— Да кто же? Говори скорей!

— Да вот эта плакса-то, Любаша.

— Ого!.. — прервал Вышата. — Теперь знаю, кто этот полуночник. Так и есть, это озорник Дулебка. Мало ли с ним и так возни-то было, такой сорви-голова, что и сказать нельзя. Я помню, затесался прямехонько на княжеский двор; да уж и пугнули же его оттуда! Ты говоришь, он поднял кверху два пальца, а там приложил голову к руке и зажмурил глаза... Чтоб это такое было?.. Э-э, постой!.. На вторую ночь, как все заснут... вот что! Ах он разбойник!.. Слушайте, ребята: сегодня нам некогда его ловить, а завтра с вечера засядьте-ка по кустам, кругом огорода, да, чур, не прокараулить милого дружка! Смотрите, дурачье, хоть этот раз не упустите его из рук.

— Слушаем, боярин. А с этой озорницей иль расправы никакой не будет?

— Небось, придет всему черед! Сегодня только засадим ее в светлицу, да двери на запор.

— Не прикажешь ли, боярин, я и двери и окна наглухо заколочу? Что, в самом деле, не задохнется.

— Добро, добро! Скажи-ка мне лучше, нашелся ли серебряный кубок, который на прошлой неделе сгинул да пропал из поставца?

— Нет, господин Вышата. Уж мы искали, искали, все мышьи норки обшарили: видно, кто-нибудь да спроказил.

— А на кого ты думаешь?

— В чужую душу не влезешь, боярин. Коли дозволишь, так завтра я схожу к одной знакомой старушке, она живет близ Берестова, а уж такая досужая, что всю подноготную знает. Авось она мне скажет, где искать нашей пропажи.

— Ну хорошо, сходи к ней; да позовите-ка ко мне Буслаевну... Иль нет, — продолжал ключник, выходя из гридницы, — я сам к ней зайду. Сегодня, может статься, государь великий князь зайдет сюда с поля отдохнуть да попировать с могучими своими богатырями и удалыми витязями, так вы у меня смотрите, чтоб все было прибрано, чисто и в порядке; чтоб пылинки нигде не было! Слышите ль, ребята?

III

— Ну, брат, правду ли я сказал давеча нашему велемудрому господину ключнику Вышате, что не след пускать сюда всякую челядь? Слышишь, как расшумелись на заднем дворе? Словно в Усладов день хмельные посадские бабы. Эк они орут, проклятые!

Так говорил ненавистник всякого веселья, безобразный Садко, подходя с одним из своих товарищей к службам, которые, составляя задний двор княжеских палат, примыкали к обширному огороду. В самом деле, село Предиславино, как мрачная и безмолвная темница, давно уже не оглашалась кликами радости и веселья, которые раздавались в эту минуту в застольной дворцовых служителей, битком набитой холопами, стряпухами и всем рабочим народом села Предиславина. Но кто возбуждал эти радостные восклицания, отчего подымался по временам громкий хохот, отчего и седые старики, и угрюмые старушки ухмылялись, а молодые работницы умирали со смеху?.. Торопка Голован пообедал и, выпив чары две крепкого вина, попевал песни удалые и рассказывал свои потешные сказочки.

Он сидел за столом; кругом него теснилось человек сорок слушателей. Те, которые были от него подалее, стояли на скамьях, чтоб видеть через головы других лицо рассказчика, коего ужимки, кривлянья и выразительная пантомима возбуждали, более самих рассказов и песен, веселость всей толпы.

— Эй вы, удалые молодцы с проседью! — говорил Тороп, посматривая

161

на пожилых служителей, которые разиня рты слушали его россказни. — Есть про вас у меня сказочка: ее старики былью зовут, а в Великом Новгороде, кто назовет ее небылицею, тот береги свою буйную головушку и в народ не показывайся! Мне рассказывал ее ученый кот, а лиса подсказывала. Слушайте же мою быль, люди добрые, и мо-лодицы, и красные девицы; а ты, бабушка, — промолвил Тороп, обращаясь к одной семидесятилетней старухе, — на молодца не заглядывайся! Слушать-то мои сказки слушай а исподтишка мне не подмигивай!

Общий хохот прогремел по застольной, а старушка, засмеясь вместе с другими, закашлялась и проговорила ухмыляясь:

— Ах ты озорник, озорник, пострел бы тебя взял! Да этак с тобой животики надорвешь.

Тороп, помолчав с полминуты и насладясь вполне успехом своей затейливой шуточки, продолжал:

— Начинается сказка от сивки, от бурки, от вещей каурки, от молодецкого посвита, от богатырского поезда, а это, братцы, не сказка, а присказка, а сказка впереди. Слушайте!

Как во славном городе Словенске, близ озера Ильмера на крутом берегу реки Мутной жил-был сильный, могучий князь Словен. Огромил все страны полночные, воевал Биармию и обладал землею Ижорскою. Ему платили дань и чудь белоглазая, и весь бессапожная и присылали дары из богатой Карелии. Вот он жил да поживал и прижил с женою своею Шалоною двух сыновей. Старшего звали Волховом, и когда он подрос и выровнялся, то стали ему низки чертоги родительские, и не было ему дверей ни для входа, ни для выхода. Он рос не по дням, а по часам и вырос с сосну добрую. Вот однажды, не спросясь у батюшки, не простясь со своею матерью, он ушел в лукоморье дальнее, и когда обучился там всякому чародейству, то, воротясь назад, построил себе городок близ урочища Перыньи и засел в этом городе, как на перепутье дикий зверь. Не было проезда конному, не было прохода пешему; а на реке Мутной, которую прозвали с тех пор Волховом, ни одна лодочка не показывалась. Сын княжеский, в образе змея, скрывался в глубоких омутах, топил суда и пожирал бедных плавателей; ну, словом, такого чародея лютого не видно было ни на Руси, ни в стране Югорской. А слыхали ли вы, братцы, об этой поганой стороне? Там живут люди самоеды; злых кудесников несметное число; все старухи в Ягу Бабу веруют и так же, как она, по осенним ночам, без коней и без упряжи, разъезжают и катаются в ступах по лесу. Там же, на реке Сосве, живут люди одноглазые, кривоногие, горбатые, вот, ни дать ни взять, такие же красавцы, как этот молодец, — промолвил Тороп, указывая на Садко, который, продравшись сквозь толпу, подошел к столу.

Громче прежнего поднялся хохот в застольной.

— Экий заноза-парень, подумаешь! — сказал один из служителей, умирая со смеху. — Нет, нет да и царап! А все до тебя добирается, Садко!

— До меня? Ах он проклятый гудочник! Смотри, брат, чтоб до твоей спины не добралися!

— До моей спины добраться нетрудно, любезный! — возразил спокойно Тороп. — Гуляй по ней, как по чистому полю. Вот до твоей, так и сам черт не доберется: вишь, у тебя и спереди и сзади какие засеки.

Общий смех удвоился, а Садко, задрожав от бешенства, протянул руку через стол, чтоб схватить за ворот Торопа.

— Полно, что ты! — вскричал Тороп, отодвигаясь. — Иль хочешь побороться в одноручку? Пожалуй! Только, чур, стоять на обеих ногах, а то бой будет неровный.

— Чему обрадовались, дурачье, — зашипел, как змей, безобразный служитель, посмотрев вокруг себя. — Что зубы-то оскалили? А ты, певун, полно здесь балясничать: ступай-ка со мною!

— Куда?

— Еще спрашиваешь! Иди, куда велят.

— Не скажешь, так не пойду: мне и здесь хорошо.

— Вышата приказал мне отвести тебя в красный терем, к бабушке Буслаевне. Ну, слышал?

— Слышал. Вот это дело другое. Что его милость прикажет, то и делаю. Прощайте, добрые люди. Когда ни есть на просторе доскажу вам мою быль, а теперь спасибо за угощенье! Счастливо оставаться, красные девушки! Прощенья просим, бабушка! Смотри, вперед при людях мне не подмигивай! Ну что ж, господин Садко, пойдем, что ли?.. Да двигайся же, мое красное солнышко с изъянчиком!

— Молчи, скоморох! Говори с тем, кто тебя слушает, — пробормотал сквозь зубы Садко, выходя с Торопом вон из застольной.

Несколько минут они шли молча. Тороп насвистывал песню, а Садко поглядывал исподлобья, и здоровый глаз его сверкал, как раскаленное железо. Когда они поравнялись с главным дворцовым корпусом, то он, приостановясь, сказал:

— Да что ж ты, в самом деле, рассвистался, неуч? Что ты, собак, что ль, скликаешь.

— Да, молодец: я посвистываю, чтоб ты не отставал.

— Послушай, балясник, если я рассержусь не на шутку...

— Так что ж?

— А то, что ты у меня как раз язычок прикусишь.

— Полно петушиться-то, любезный! Уж коли я не шарахнулся от тебя, когда увидел в первый раз, так теперь и поготовь того не испугаюсь. Хоть ты и похож на воронье пугало, да я-то не ворона.

— А что? Чай, сокол?

— Куда нам! Наше дело петь про ясных соколов, удалых русских витязей, а подчас пошутить над каким-нибудь сычом, когда он чересчур расхорохорится... Да вот, никак, и двери в красный терем, — продолжал Тороп, остановись у небольшого крылечка, пристроенного к самой средине длинного здания, которое примыкало с левой стороны к главному корпусу.

Садко, а за ним Тороп, вошли в просторные сени, в которых двое противоположных дверей вели в нижние отделения, а прямо, по внутренней стене, подымалась почти стойком крутая лестница. Хромоногий Садко, пробормотав несколько проклятий и ругательств, начал боком взбираться по ней вверх, держась обеими руками за деревянный поручень. Тороп шел позади.

— Ну, ну, добрый молодец, — говорил он, — шагай смелей! Да не держись так крепко! Упадешь — не беда: не кверху полетишь!.. Эх, брат, да ты бы шел на одной ноге: другая-то тебе мешает!.. Что, любезный, задохнулся?.. То-то и есть, навьючен ты больно: смотри, какую вязанку на спине тащишь! Напрасно ты ее внизу не оставил!

Садко посматривал, как дикий зверь, на Торопа, пыхтел и не отвечал ни слова на его насмешки. Пройдя ступеней тридцать, они остановились у толстых дубовых дверей. Садко постучался.

— Кто тут? — спросил женский старушечий голос.

— Я, мамушка! — закричал Тороп.

— А, красное мое солнышко! Милости просим! — сказала старуха лет пятидесяти пяти, отворяя дверь.

— Подобру ли, поздорову, мамушка Буслаевна? — сказал Тороп, поклонясь низехонько старухе и входя вместе со своим провожатым в светлицу.

— Живется покамест, Торопушка! Послушай, Садко, поблагодарствуй от меня господина ключника за то, что ой изволил прислать ко мне моего дружка милого, моего голосистого соловушку, моего...

— Слушаю, мамушка! — прервал Садко, нахмурив брови. — Я доложу его милости, что отвел к тебе этого побродягу-гудочника. Счастливо оставаться!

— Не гневайся на него, мои сизый голубчик! — сказала Буслаевна, когда Садко вышел вон. — Уж он родом такой: кого хошь облает. Ну что, Торопушка, не правда ли, что этот покой лучше того, в котором я жила прежде?

— Правда, мамушка, правда: и светло и весело! — отвечал Тороп, посмотрев вокруг себя. — Два красные окна, печь с лежанкою, скамьи широкие, а кровать-то какая знатная — с пологом! Ну, светелка! Только не поменьше ли она прежней-то? Ведь эта стена?

— Нет, дитятко! Это так, забрано досками. Тут мой чуланчик, —

продолжала Буслаевна, порастворив дверь, которую Тороп сначала не заметил; в нем стоят, вон видишь, скрынки, ларцы, всяка всячина...

— А это, никак, выход в другие сени?

— Нет, Торопушка, — отвечала Буслаевна, притворяя дверь, — это поставец с моею посуденкою.

— А эта дверь куда? — спросил Тороп.

— В другую светелку. Тут живет теперь одна гостья, которая недавно к нам пожаловала.

— Гостья? Откудова, мамушка?

— Не издалека, Торопушка. Э, да знаешь ли что? Не позвать ли нам ее? Авось твои песенки развеселят эту горемычную.

— А что, разве она грустит о чем-нибудь?

— Да так-то грустит, что и сказать нельзя! И день и ночь охает да стонет, только и слышу. Поверишь ли, на меня тоску нагнала. Стану уговаривать: куда те — и слушать не хочет! А уж плачет, плачет — как река льется.

— Да о чем это она, сердечная, так надрывается?

— Кто ее знает? То поминает об отце, то о каком-то женихе; иногда примется молиться, только не по-нашему. Уж она причитает, причитает — и каких-то святых угодников, и какую-то пречистую деву. Как я ни слушаю, а в толк не возьму. Только всякий раз, как начнет молиться, у меня от сердца отляжет: знаю, что после этого часика два даст мне вздохнуть; уймется плакать, как будто бы ни в чем не бывало; а там, глядишь, опять за слезы; да как расходится, так беги вон из светлицы. Попытайся-ка, Торопушка, распотешить эту заунывную пташечку; ведь ты на это гораздо. Бывало, мне иногда на старости сгрустнется, а как ты придешь да примешься сказки рассказывать иль затянешь плясовую, так я...

— Так ты, мамушка, — прервал Тороп, — хоть сама плясать, так впору?..

— А что ты думаешь? Право, так. Смотри же, мой соловушко, не ударь себя лицом в грязь!

— Постараюсь, мамушка.

Буслаевна отодвинула железную задвижку, которою была заперта дверь в другую светлицу, и сказала ласковым голосом:

— Поди сюда, моя красоточка!.. Да полно плакать-то! Погоди, авось мы тебя развеселим... Ступай небось!

В дверях показалась девушка в голубом покрывале, и, прежде чем она успела вскрикнуть от радости и удивления, Тороп, к которому Буслаевна стояла спиной, подал ей знак, чтоб она молчала.

— Ну, вот видишь ли, — продолжала Буслаевна, — лишь только взглянула на этого детину, так уж тебе стало веселее? То ли еще будет!

Дай ему развернуться: ведь такого балагура, как он, во всем Киеве не отыщешь. Садись-ка, светик мой, садись-ка и ты, Торопушка, да спой нам что-нибудь.

— Изволь, матушка, споем, — сказал Тороп, садясь на скамью против Надежды. — И если ты, красная девица, — имя и отчество твое не ведаю — до удалых песен охотница, так авось мое мурныканье придет тебе по сердцу.

Бедная девушка не смела приподнять своих потупленных глаз; она чувствовала, что в них легко можно было прочитать все тайные ее помыслы: ее радость, страх, нетерпеливое ожидание и надежду.

— Ну что ж, Торопушка, — сказала Буслаевна, — о чем задумался?

— А вот сейчас, мамушка, авось эта песенка развеселит твою заунывную красавицу.

Тороп откашлялся и начал:

Ты не плачь, не плачь, моя голубушка!
Не слези твое лицо белое:
Не загиб, не пропал твой сердечный друг...

— И, полно! — прервала Буслаевна. — Что это за песня? Да от нее тоска возьмет. Не правда ли, моя красавица?

— Нет, мамушка, — отвечала тихим голосом Надежда, стараясь скрывать свою радость, — песня хороша.

— Да изволь, Буслаевна, — сказал Тороп, — за этим дело не станет, споем и другую:

Взгорелась бела горлинка,
Взворковалась о своем дружочке,
О своем дружочке,
Сизом голубочке.
Что-то с ним подеялось?
Не попался ль в когти он
К чернокрылым коршунам?
Не пришиб ли его
Мощным крылом
Поднебесный орел?
Не воркуй, не горюй,
Моя горлинка!
Ты не плачь, не тоскуй,
Красна девица!..

— Эх, нет, Торопушка, — прервала опять Буслаевна, — да это все на тот же лад. Послушай-ка! Мне Вышата сказывал, что ты в последний раз в Рогнедином тереме спел ему какую-то прелюбезную песенку. Ну-ка, мой соловушко, спой нам ее!

— Пожалуй, мамушка! Дай только припомнить... да, да!.. Ну, слушай же, да только слушай всю. Ведь песня без конца, что человек без ног: и хорош и пригож, а все назовешь калекою... Кой прах, вовсе начало запамятовал!

Тороп призадумался; поглаживал свой широкий лоб, запевал потихоньку на разные голоса, топал ногою от нетерпения и вдруг вскричал с радостью:

— А, вспомнил, вспомнил! Только смотри, Буслаевна, не мешай, а не то я вовсе петь не стану. Ну, слушайте!

Уж как веет, веет ветерок,
Пробирает по лесу;
По кусточкам он шумит,
По листочкам шелестит,
По лужайкам перепархивает!
То запишет он прохладою,
То засвищет соловьем.
Он несет к девице весточку
От сердечного дружка;
Он ей шепчет на ухо:
Тяжко, тяжко было молодцу,
Да товарищ выручил.
Ты не бойся, моя радость!
Не грусти, моя краса!
Не найдут меня злодеи,
Не отыщут мой приют.

* * *

За долами, за горами,
За глубокими оврагами,
С верным другом и товарищем
Я от них скрываюся,
Нет проходу, ни дороженьки;
Нет ни следа, ни тропиночки;
Все заглохло былием
И травою поросло.

Не свивает там гнезда
И могучий орел;
Не взлетают к нам туда
Стая ясных соколов;
И хоть близко от тебя,
А как будто бь живу
Я за тридевять земель.

* * *

Ты не бойся, моя радость!
Не грусти, моя краса!
Не найдут меня злодеи,
Не отыщут мой приют!

Тороп перестал петь и, взглянув с приметным беспокойством на перегородку, сказал:

— Что это, Буслаевна? Уж нет ли кого в этом чуланчике?

— И, что ты, светик! Кому там быть?

— Мне послышалось, что там скрипнули дверью.

— Какою дверью?

— Не знаю, мамушка; только, власть твоя, нас кто-то подслушивал.

— Уж не кот ли мой проказит? — сказала Буслаевна, вставая. — Ну, так и есть! — продолжала она, взглянув за перегородку. — Брысь ты, проклятый! Эк он к поставцу-то подбирается!.. Вот я тебя!.. Брысь!

— Ну, мамушка, — прервал Тороп, — видно, твой кот ученый, и лапы-то у него не хуже рук. Дверцы в твой поставец были заперты, а теперь, смотри-ка, крючок вынут из пробоя и они только что притворены. Ну, нечего сказать, диковинный кот!

— Ах ты балагур, балагур! — промолвила Буслаевна, стараясь улыбаться. — Чего не выдумает? Уж будто бы мой кот снял крючок с пробоя. Что и говорить, смышлен-то он смышлен, а уж озорник какой: чуть что плохо лежит, так и его! Ономнясь полпирога у меня съел, а третьего дня...

Тут Буслаевна принялась рассказывать, как этот кот заел двух цыплят и задушил ее лучшего петуха.

— Ох этот кот!.. — прошептал про себя Тороп. — Уж полно, не этот ли? — прибавил он, увидя входящего Вышату.

— Здорово, Буслаевна! — сказал ключник. — Ба, и ты здесь, моя заунывная пташечка?.. Ну что, поразвеселил ли вас этот пострел Торопка Голован? Тебя, моя красоточка и спрашивать нечего: стоит взглянуть. Ай да Торопушка! Молодец! Смотри пожалуй, да она веселехонька! Видно, знал, чем распотешить, коли эта горюнья унялась плакать!

— Да он лишь только начал, — сказала старуха, — и спел нам первую песенку.

— Не равна песня, Буслаевна; одна хороша, так стоит десяти. Уж как же я рад, моя красоточка, — продолжал Вышата, обращаясь к Надежде, — что ты стала повеселее. Сегодня государь великий князь пожалует к нам сюда в гости и проживет дня три, а статься может, и более. Ты и в слезах бы ему приглянулась, а теперь совсем его заполонишь.

Смертная бледность покрыла лицо Надежды.

— Как, — сказала она трепещущим голосом, — вы покажете меня великому князю?

— А ты думала, что мы станем тебя от него прятать?.. Ах ты моя простота, простота! Да разве тебя затем сюда привезли, чтоб никому не показывать? Нет, моя радость: клады в землю закапывают, да только не такие!

— Милосердый боже! — воскликнула Надежда, закрыв руками лицо свое.

— Что ты, что ты, дитятко? — сказала Буслаевна. — Да в уме ли ты?.. Плакать о том, что тебя хотят показать великому князю!

— Полно, моя лапушка! — прервал Вышата. — Почему ты знаешь, ну, как в самом деле ты придешь по сердцу нашему государю и он удостоит наименовать тебя своею супругою?.. Если прикажут называть тебя нашею великою княгинею...

— О, я не хочу ничего! — проговорила Надежда, всхлипывая. — Матушка, матушка, возьми меня к себе!

— Послушай, моя красавица, — сказал Вышата, — если ты хочешь, так мы и матушку твою сюда перевезем; скажи только, где она.

— Она! — повторила Надежда, устремив кверху глаза свои. — О, она там, где нет ни горести, ни плача, ни страданий, где никто не помешает мне любить Всеслава, где ваш государь и бедный поселянин равны между собою...

Вышата отступил назад с ужасом.

— Тс!.. Тише, тише! Что ты! — прошептал он, посматривая вокруг себя. — Ах ты безумная! Да как язык у тебя поворотился вымолвить такую хулу на нашего государя?.. Ах ты девка неразумная!.. Чему ты ее учишь, Буслаевна?.. Слыхано ли дело: равнять великого князя Владимира, господина всех господ, владыку всех владык, наше солнце ясное... Ух, как вспомню, так и обдаст всего холодом!.. Ну, как она ляпнет это перед его светлым лицом?! А ты что, старая карга... чего ты смотришь?.. За что тебя хлебом кормят? Да знаешь ли ты, если б у тебя и три головы было, так и тут ни одной не останется?

— Да помилуй, отец родной! — завопила Буслаевна. — Что же прикажешь мне делать с этою неповитою дурою? Уж я ли ей не толкую? Да что проку-то: что ни говори, все как к стене горох!

— Говори ей с утра до вечера, что не только ей, но даже какой-нибудь греческой царевне и честь и слава приглянуться великому князю Киевскому.

— Говорю, батюшка, говорю!

— Тверди ей беспрестанно, что она должна не плакать, а радоваться.

— Твержу, мой отец, твержу.

— А ты, нравная девушка, — продолжал Вышата, обращаясь к Надежде, — коли ты не уймешься реветь и дерзнешь вперед говорить такие непригожие речи о нашем государе, так я упрячу тебя, моя голубушка, знаешь куда? На поварню или в прачечную! Не хочешь быть барыней, так я сделаю тебя холопкою.

— О, господин Вышата, — вскричала с живостью Надежда, схватив его за руку, — будь милостив!

— Ага, голубушка! То-то же! — прервал Вышата с довольным видом.

— Да, будь моим благодетелем! — продолжала Надежда. — Исполни свое обещание: сошли меня куда хочешь, заставь служить кому угодно... Я знаю разные рукоделья, я умею вышивать шелками и золотом, я буду делать все, что мне прикажут: стану работать с утра до вечера, прясть по почам, сделаюсь рабою рабынь твоих — только не показывай меня Владимиру!.. О, будь великодушен, не откажи мне в этом, и я вечно стану молить за тебя бога!

В глазах Надежды блистал необыкновенный огонь, ее щеки пылали. Вышата посмотрел с удивлением на бедную девушку: казалось, он не хотел верить словам ее, но наконец, поневоле убежденный истиною, которая выражалась в ее умоляющих взорах, в ее трепещущем голосе, во всех чертах лица ее, он сказал про себя, продолжая смотреть на Надежду:

— Нет, нет, она не шутит... Что ж это такое?.. Уж не бредит ли она?.. Буслаевна, уложи-ка ее спать да напой чем-нибудь горяченьким... Ну, добро, добро, моя лебедь белая, мы поговорим об этом после!.. Э, бедненькая, смотри, как у нее лицо-то разгорелось!.. Успокойся, отдохни, моя касаточка, а то, пожалуй, чего доброго, в самом деле захвораешь. Пойдем, Тороп.

Ключник вышел вместе с Торопом из светлицы и, спускаясь по крутой лестнице, продолжал шептать про себя:

— Да, да, она точно не в своем разуме... Дочь простого дровосека... бедная девка... Я же ей сказал, что, может статься, она будет супругою Владимира, великого князя... Да другая бы на ее месте от радости земли под собой не почуяла...

Когда они вышли на двор, то Вышата, повернув направо, пошел прямо к одной большой избе, которая была построена в некотором отдалении от всех прочих зданий.

— Послушай-ка, любезный, — сказал он, обращаясь к Торопу, который шел позади его, — не припомнишь ли, какую песню ты пел в последний раз в Рогнедином тереме?.. Ну, знаешь, вот та, что мне так полюбилась?..

— Тебе, боярин?.. Постой!.. Какая, бишь, это?..

— Да вот та самая, которую ты после этого пел у меня на дому.

— А, да, да... вспомнил!

Высота ли, высота поднебесная...

— И, нет, Торопушка! Мне помнится, она начинается вот так:

Уж как веет, веет ветерок,
Пробираясь по лесу...

"Ой, ой, ой! — подумал Тороп. — Худо дело!"

— Прелюбезная песенка! — продолжал Вышата. — Как, бишь, в ней?.. Постой-ка!

Тяжко, тяжко было молодцу,
Да товарищ выручил...

Не помню только, называют ли в песне по имени этого товарища; да вот погоди, ты опять мне ее споешь. А что, Торопушка, кажись, в этой же песне поется:

И туда, где мы живем,
Нет проходу, ни дороженьки,
Нет ни следа,
Ни тропиночки...

— Да, боярин, — отвечал Тороп, оправясь от первого замешательства, — и покойный мой дедушка так певал эту песню.

— Твой дедушка? Вот что! А я думал, что ты сам ее сложил.

— Куда мне! Будет с меня и того, что чужие песни пою. Только, воля твоя, боярин, я эту песню перед тобой никогда не певал.

— И, что ты, Торопушка! Да не сам ли ты сейчас сказывал Буслаевне...

— Ну да, боярин, чтоб как-нибудь от нее отвязаться: пристала как ножом к горлу: "Спой нам ту песенку, что хвалил его милость, господин Вышата; спой да спой!" А голос-то такой мудреный — с раскатами да с вычурами — а у меня сегодня в горле словно клин стоит — всю ночь не мог откашляться.

— Ну, брат Тороп, — прервал с насмешливою улыбкою Вышата, — умен ты! Что и говорить, за словом в карман не полезешь и поговорок много знаешь; а, знать, одну позабыл.

— Какую, боярин?

— А вот какую: "Как лисе ни хитровать, а западни не миновать". Ступай-ка, любезный, ступай, добро! — прибавил ключник, вталкивая Торопа в растворенные двери избы, к которой они подошли.

"Ох, плохо дело!" — подумал Тороп, входя в обширный покой, едва освещаемый двумя узкими окнами с толстыми железными решетками. Он поглядел вокруг себя: по стенам были развешаны такие украшения, что бедного Торопа морозом подрало по коже. В самой средине потолка ввинчено было кольцо, а в кольце продета веревка; человек пять служителей толпились в одном углу; впереди всех стоял урод Садко; он смотрит на Торопа и ухмыляется. "Ох, плохо дело!"

— Ну, мое дитятко милое, — сказал Вышата, садясь на скамью, — не все сказки рассказывать: поговорим-ка теперь дело. Мне надо кой о чем тебя расспросить; а ты смотри, любезный, не вертись, не бормочи, не отнекивайся; а отвечай правду, ладно, чинно и без запинки.

— Что прикажешь, боярин? — сказал Тороп. — Я рад на все отвечать.

— То-то же, голубчик! Скажешь правду, не узнаешь лиха; станешь запираться да как заяц по сугробу петли кидать, так и сам в петлю попадешься. Ну, говори же, да говори без утайки: где Всеслав?

— Не знаю, боярин!..

— Не знаешь?.. Эй, ребята, захлестните-ка петлю на веревке!.. Да надежна ли она?

— Небось, боярин, хоть кого сдержит! — пропищал безобразный Садко.

— Так ты подлинно не знаешь, — продолжал Вышата, — где теперь бывший великокняжеский отрок Всеслав?

— Знать не знаю, ведать не ведаю.

— И, полно прикидываться, голубчик! Давно ли ты пел, что он теперь

За горами, за долами,
За глубокими оврагами...

— Да ведь это песня, боярин...

— И хоть близко отсюда, — продолжал Вышата, не слушая Торопа, — а как будто бы живет за тридесять земель.

— За тридевять не за тридевять, боярин, а если он в самом деле бежал к печенегам...

— До печенегов далеко, Торопушка, можно и поближе спрятаться. Послушай, Голован, не губи сам себя! Ты парень умный — неужли-то в самом деле ты думаешь, что отделаешься от меня одними балясами? Добро бы еще ты был, как прежде, в услужении у верховного жреца Богомила, а теперь какая за тебя заступа? Ты, не сказав доброго слова дал от него тягу: так он же мне спасибо скажет, если я тебя хоть живого в гроб заколочу. Эх, Торопушка, не дури! Сам дал маху, так и пеняй на себя; а сказки-то мне не рассказывай. Ну, говори же, где Всеслав?

— Знать не знаю, ведать не ведаю.

— Не знаешь, так я тебе скажу: он теперь в лесу за Почайною, да только один; а леший-то в овчинной шапке теперь с нами. Ну, не так ли?

— Не знаю, боярин! Я и в толк не возьму, что изволишь говорить.

— Эге, брат! Так ты, видно, упрямого десятка? Да я и сам человек не больно сговорчивый. Эй, ребята, накиньте-ка ему петлю на шею!

— Постойте, братцы! — сказал Садко. — Не гневайся, боярин, а позволь мне слово вымолвить?

— Ну, говори!

— Вот изволишь видеть: или этот скоморох обманывает твою милость, или говорит правду. Если он точно знает, где Всеслав, да запирается, так повесить его мало; если же он доподлинно этого не ведает, так за что же мы его повесим? Хоть он и гудошник проклятый, а все ведь не собака.

— Так что ж, по-твоему, с ним делать?

— А вот что, боярин. Прикажи прежде сделать ему пристрастный допрос: батогами, плетьми, другим прочим, холодной водицы на темя полить, так, глядишь, он что-нибудь и сболтнет; а коли не скажет ничего, так за что ж нам губить его душу? Вели его свести на зады да зарыть живого в землю — пускай себе умирает своею смертью.

— А что ты думаешь, и впрямь! — сказал Вышата. — Да нет, мне некогда с ним долго-то возиться!.. Слушай, Голован, в последний раз — признавайся!.. Ну, что молчишь?.. Ведь я и без тебя знаю, где найти Всеслава, а хочу только чтоб ты мне всю правду сказал... Что ж, любезный, иль у тебя язык отнялся? Не говоришь?.. Ну, брат, пеняй сам на себя!.. Ребята, втяните-ка его кверху!.. Ну, что стали, проворней!

— Сейчас, боярин! — сказал Садко, накидывая петлю шею бедного Торопа. — Сейчас!.. А право, лучше бы по-моему...

— Постойте! — закричал Тороп в то время, как двое слуг начали уже тянуть за другой конец веревки.

— Ага, братец, заговорил! — сказал Вышата. — Ну что?

— Да что, боярин! Если вы не шутя хотите меня повесить, так делать нечего, пришлось говорить правду.

— То-то же, Торопушка, к чему упрямился?

— И то сказать, боярин, что, в самом деле, ведь не господин же он мой: за что мне за него умирать?

— Вестимо, Торопушка! Снимите с него петлю-то... Иль нет, постойте на часок. Коли ты знаешь, где спрятался Всеслав, так сделай милость, любезный, не откажись, доведи уж до него.

— Как, боярин, довести до него?

— Ну да! Говорят, что без проводника никак не дойдешь до Чертова Городища: так уж сослужи мне и эту службу, Торопушка.

— Да я, боярин, и сам дороги туда не знаю.

— Полно, голубчик, не упрямься! Коли тебя из чести просят...

— Право, не знаю.

— Экий ты какой! Ну, если не знаешь, так делать нечего. Эй, ребята, принимайтесь-ка за веревку!

— Знаю, знаю! — закричал Тороп.

— Вот так-то лучше! Ну, добро, снимите с него петлю. Послушай, Голован, завтра чем свет ты пойдешь с воинами на Почайну. Мне сказывали, что около Чертова Городища такая трясина, что как раз по уши втюришься. Смотри, Тороп: если кто-нибудь из них завязнет, так тебя пошлют его вытаскивать. Садко, запри покамест нашего гостя в пустой подвал, а чтоб ему не было скучно, дайте ему гудок: пусть он себе на просторе потешается. Э, чуть было не забыл! Ведь ты, Торопушка, любишь выпить, так поставьте ему добрую кружку воды, да смотрите — не колодезной: для милого дружка можно и речной не пожалеть.

— Ну-ка, господин скоморох, — сказал Садко, — милости просим за мною. Я отведу тебе знатный ночлег: и свежо, и прохладно; сядешь хорошо, ляжешь ладно: и солома есть и кирпичик под голову. Пойдем, добро!

Тороп, не отвечая ни слова, вышел вслед за служителем. Миновав княжеские палаты и поравнявшись с Рогнединым теремом, они вышли сквозными сенями на небольшой дворик, застроенный с двух сторон конюшнями, в глубине которого длинный одноэтажный корпус с жилыми покоями оканчивался холостым строением: в нем устроены были кладовые для конской сбруи, мучные амбары и подвалы для съестных припасов и напитков. Садко подошел к одной окованной железом двери, отпер огромный замок, отодвинул тяжелые засовы и, сойдя ступеней десять вниз, вошел вместе с Торопом в обширный подвал, в котором стояло несколько пустых бочек и в одном углу лежала вязанка соломы.

— Ну, господин Тороп, — сказал Садко, — изволишь видеть, обманул ли я тебя; и свежо и прохладно; хочешь лечь — вот тебе солома; вздумаешь присесть, садись на любую бочку. Счастливо оставаться, господин балясник!.. Да что, гудок-то тебе надобно или нет?

— Убирайся к черту! — прошептал Тороп, ложась на солому. — Чтоб тебе век никого лучше себя не видать, пугало проклятое!

Садко засмеялся, поклонился низехонько Торопу, вышел вон; двери захлопнулись, загремели засовы, и все затихло кругом, как в глубокую полночь.

IV

В тот же самый день, часу в четвертом пополудни, один молодой человек приятной наружности и видный собою, но бледный и худой, как недужный, едва покинувший свой болезненный одр, пробирался украдкою по роще, которая начиналась позади огорода села Предиславина. Дойдя до стены или, лучше сказать, бревенчатого тына, отделявшего огород от дубравы, он остановился подле густого рябинового куста, достал спрятанный в нем железный заступ и начал копать землю подле самого амбара. Проработав часа два сряду, он обрыл кругом три бревна, вытащил их с неимоверным трудом из земли и, откатив подалее в рощу, закидал валежником; потом, подойдя опять к тыну, остановился и устремил свой взор на остроконечную кровлю одного из теремов села Предиславина.

— Если она поняла меня, — прошептал он наконец тихим голосом, — то, может быть, сегодня ночью... Ах, когда бы я мог хоть один раз еще взглянуть на тебя, моя горлинка сизокрылая!.. Взглянуть! — продолжал он, покачав печально головою. — Взглянуть! А на что, а зачем? Любаша, Любаша!.. Ты была честь и слава отца, матери, сухота сердцу молодецкому... а теперь... Но разве она виновата? — промолвил он, помолчав несколько времени. — Нет, нет, Любаша, я хочу и должен тебя видеть!.. Хочу еще раз прижать тебя к груди моей и умереть с тобой вместе!

Он замолчал, спрятал опять в рябиновый куст свой заступ и пошел скорыми шагами вдоль рощи, придерживаясь левой стороны. Дойдя до речки Лыбеди, молодой человек пустился по правому ее берегу, в самую глубину леса, посреди которого она некогда протекала. Он шел задумавшись и, казалось, не слышал, что не в дальнем от него расстоянии раздавались человеческие голоса и лай псов сливался с звуком охотничьих рогов. Вдруг близкий шорох заставил его содрогнуться. Он остановился; направо от него, между деревьев, замелькали красные кафтаны княжеских псарей, и через несколько минут послышался громкий конский топот.

175

Молодой человек бросился торопливо в сторону и, перебежав через дорогу, на которую выехала густая толпа всадников, скрылся за деревьями.

Впереди этой толпы ехал на вороном коне, в летнем терлике[60], с развевающимися за плечами корзном[61], рослый и дебелый муж, в самом цвете и силе лет своих. Густой локон волос, вырываясь из-под высокой меховой шапки, упадал на левое плечо его; длинные, зачесанные книзу усы придавали какой-то грозный и даже угрюмый вид его благообразному лицу, исполненному жизни и величия. С первого взгляда можно было догадаться, что на этом выразительном лице приветливая улыбка должна была обворожить каждого, и одно движение бровей, от которого высокое чело его покрывалось морщинами, приводит в трепет целые народы. Шагах в двадцати позади его ехала многочисленная свита, а подле самого стремени — старый наш знакомец Стемид, держа на своре двух белых псов. Один из них, как будто бы предчувствуя близкую опасность, жалобно выл и прижимался робко к другому, который также посматривал беспокойно вокруг себя.

— Что с ними сделалось? — спросил великий князь обращаясь к своему стремянному. — Уж не чуют ли они красного зверя?

— И мне тоже сдается, государь! — отвечал Стемид. — Налет что-то больно ощетинился, а Лихана так жмется и робеет, как поганый печенег, когда он заслышит топот русских коней.

Вдруг оба пса завыли громче прежнего. Налет рванулся, перервал свою свору и кинулся с громким лаем в сторону. В то же самое время, шагах в пятидесяти от дороги, затрещал сухой валежник и раздался глухой рев. Быстрее молнии Владимир поворотил коня и, ломая направо и налево кусты и мелкие деревья, помчался как вихрь вслед за своим верным псом. Вся свита поскакала за ним, рассыпалась по лесу, но в несколько минут потеряла его совсем из виду.

Один Стемид хотя издалека, но следовал за великим князем. Он видел, что Владимир, почти не отставая от Налета, выскакал на большую поляну, повернул в сторону и вдруг ринулся оземь вместе с конем своим; вслед за этим раздался ужасный рев; потом все замолкло. В это самое мгновение Стемид наскакал на толстый сук и, оглушенный сильным ударом, невзвидел ничего. Через полминуты, когда стремянный очнулся и лихой конь вынес его на поляну, он вскрикнул от ужаса: Владимир лежал под опрокинутым конем, который, переломив себе ногу, не мог тронуться с места. В пяти шагах от него издыхал растерзанный Налет, и необычайной величины медведь, поднявшись на дыбы, стоял над

---

[60] Древнее охотничье платье князей русских.

[61] Род плаща.

176

великим князем; придавленный всею тяжестью коня своего, он не мог отвести рук для своей защиты. В то самое мгновение, когда медведь заносил уже свою окровавленную лапу над головою Владимира, один молодой человек, весьма просто одетый, выбежал из-за кустов, бросился на зверя и вонзил ему в грудь длинный нож по самую рукоятку; медведь застонал, обхватил лапами неустрашимого юношу, подмял под себя и вместе с ним повалился на землю. Все это произошло в течение нескольких мгновений и прежде чем Стемид успел подскакать к Владимиру.

— К нему, к нему! — закричал великий князь, когда он соскочил с коня. — Спасай его!

Стемид бросился со своим охотничьим ножом на медведя. Дикий зверь, пораженный в самое сердце, захрипел и, стиснув еще раз в своих ужасных объятиях молодого человека, протянулся мертвый. Меж тем великий князь высвободился из-под коня; в первом пылу своей досады вонзил в него свой меч и кинулся на помощь к своему избавителю, растерзанный, изломанный, покрытый кровью и смертельными язвами, молодой человек лежал неподвижно подле издохшего зверя.

— Он умер! — вскричал Владимир.

— Нет, я жив еще, — проговорил слабым голосом избавитель Владимира, — но не заботьтесь обо мне, — продолжал он, заметив, что Стемид старается унять кровь, которая била ключом из его головы, покрытой глубокими язвами. — Господь умилосердился надо мною. Он призывает меня к себе.

— Кто ты, благородный юноша? — спросил Владимир, наклоняясь над умирающим.

— Меня зовут Дулебом.

— Знаешь ли, кого ты спас от смерти?

— Знаю.

— Стемид, — продолжал Владимир, — поспеши навстречу к моей дружине: ему нужна помощь скорая. Ступай, а я останусь с ним.

Стемид вскочил на коня и помчался в ту сторону, где раздавались конский топот и крики охотников.

— Я надеюсь, — сказал Владимир, обращаясь к Дулебу, — ты будешь жить, и если великий князь Киевский может сделать тебя счастливым...

— Но счастлив ли он сам? — прервал Дулеб, устремив на Владимира болезненный взор, исполненный сострадания.

Великий князь посмотрел с удивлением на юношу.

— О ком ты говоришь? — спросил он после минутного молчания.

— О тебе, Владимир, сын Святослава; о тебе, Владимир, владыка всего царства Русского.

— Но кто же может назваться счастливым, если не я, великий князь Киевский...

— Кто? — повторил тихим голосом Дулеб. — Простой, бедный рыбак, который, исполнив тяжкую, но святую заповедь своего господина, заплатя добром за зло, умирает примиренный с своею совестью... Но я чувствую... язык немеет... Государь, не отринь последней просьбы умирающего!

— О, говори, говори! Клянусь исполнить все твои желания!

— В селе Предиславино живет девушка... Ее зовут Любашею... Отпусти ее к родителям.

— Она завтра же будет свободна и осыпанная моими дарами...

— Нет, государь, нет! — прервал Дулеб. — Пусть она возвратится в дом отца своего в той же самой убогой одежде, в которой его покинула... Ах эти богатые убранства... это золото!.. Она не знала их, когда была моею невестою...

— Твоею невестою?

— Да, Владимир Святославич! — сказал Дулеб почти твердым голосом. — Да, великий князь Киевский! — повторил он, и полумертвые глаза его вспыхнули жизнью. — Она была моею невестою, я любил ее... о, как никогда ты не любил ни одной из твоих бесчисленных жен и наложниц. Ты разлучил меня с нею, ты, великий князь Киевский, позавидовал счастью бедного рыбака, ты похитил его невесту и царственною рукою своею — рукою, под сенью которой должны блаженствовать народы, сорвал с беззащитной главы ее девственное покрывало. Ты не умертвил меня, но заставил проклинать день моего рождения и сомневаться в благости и милосердии божьем. Государь, я спас жизнь твою, ты великодушен, ты желал бы наградить меня; но всемощный Владимир не может возвратить прошедшего, не может сказать: Дулеб, живи и будь счастлив! А я, неимущий, безвестный киевлянин, могу и говорю тебе: Владимир, ты сгубил все земное мое счастье; я положил за тебя мою голову и прощаю тебя!

Дулеб остановился. Казалось, он сбирал последние силы, чтобы сказать еще несколько слов:

— Теперь видишь ли, — продолжал он приметно слабеющим голосом, — кто из нас счастливее: я ли, бедный, простой рыбак, или ты — великий князь Киевский и владыка всего царства Русского?

Владимир молчал. Высокое чело его покрылось морщинами, и с каждым словом умирающего взоры становились угрюмее и мрачнее. Ему известны были доселе одни укоризны собственной его совести, и в первый раз еще неподкупный голос истины достиг до ушей его. Оскорбленная гордость самодержавного владыки и благородные чувства души, омраченной злодеяниями, но способной ко всему великому, волновали грудь его.

178

— Государь, — сказал Дулеб, помолчав несколько времени, — мои простые речи оскорбляют тебя?.. О, не оскорбляйся словами бедного рыбака, который охотно бы умер еще раз, чтоб спасти своего государя от временной и вечной его гибели!

— Вечной! — повторил почти с ужасом великий князь. — О какой вечной гибели говоришь ты?

— Ты поймешь меня, Владимир, — продолжал Дулеб, — тогда, когда всевышний просветит твою душу; когда бог, которому я поклоняюсь, будет твоим богом; когда, озаренный истинною верою, ты смиришься перед господом и на сем державном челе возляжет его святая благодать; когда узнаешь, что только тот, кто прощает здесь, будет прощен и там! Тогда, о, тогда ты поймешь слова мои! Но теперь... ты жесток, Владимир, — ты не умеешь прощать врагов своих. Возвеличенный перед всеми, сильный и мощный духом, ты владыка бесчисленных народов и раб буйных страстей своих... кровь Ярополка... кровь родного брата...

— Молчи!.. — вскричал Владимир. — Молчи! — повторил он диким, прерывающимся голосом, и в потупившихся его взорах изобразился неизъяснимый ужас. — Это неправда, это клевета!.. Не умертвил я Ярополка... нет! Гнусный предатель Блуд...

— И верные слуги твои, — прервал Дулеб, — исполнявшие приказ государя. Да, великий князь Киевский; вдовствующая супруга Ярополка в числе твоих наложниц, и кровь брата дымится еще на руках твоих! Владимир, этих кровавых пятен не смоют все воды Днепра, не заглушат в душе твоей стонов умирающего брата ни звучные песни баянов, ни бранный крик, ни даже благодарные восклицания счастливых киевлян. Нет, эта кровь должна быть омыта кровью... Но не твоею, Владимир, а кровью того, кто умер для спасения всех людей. Он услышит наконец моления братьев моих. Он прострет к тебе свои объятия, и тогда... о, государь, да будешь ты любимым чадом господа, да продлит он дни твои, да возвестится истина твоими державными устами всему народу русскому, и святой, животворящий крест да воссияет, водруженный мощною рукою твоею, на высоких холмах великого Киева!

Необычайный жар, с коим говорил Дулеб, истощил все его силы; он умолк, и смертная бледность покрыла окровавленное чело его.

Грозный владыка стран полуночных, неукротимый в гневе своем, буйный, надменный Владимир, как кроткий ангел стоял с поникнутою головою пред своим обвинителем. Он не постигал сам, что происходило в душе его.

— Нет, ты не простой рыбак, — сказал он, наклоняясь с почтением над отходящим Дулебом. — Непонятные слова твои потрясли мою душу, они возбуждают в ней не гнев, а трепет и раскаяние; ты должен был желать моей погибели — и пошел на явную смерть, чтоб спасти жизнь

179

мою; ты мог бы проклинать меня — а ты, умирая, прощаешь и молишь за меня твоего господа. Нет, ты не простой рыбак! О, великодушный, добродетельный юноша, скажи, кто ты?

— Я христианин, — прошептал едва слышным голосом Дулеб.

Он вздохнул; последний отблеск жизни потух в неподвижных его взорах; тяжкий, продолжительный стон вырвался из груди, и предрекшие истину святые уста христианина сомкнулись навеки.

— Христианин! — повторил Владимир, сложив крест-накрест руки. — Христианин! Отец мой ненавидел христиан, но его премудрая мать... О, если б я мог, подобно ей, увериться в истине... и так же, как она, — продолжал Владимир, нахмурив свои густые брови, — пресмыкаться в числе рабов надменных царей византийских... Нет, я пошлю любимых бояр моих; вера, ими избранная, будет моею, и тогда я не стану испрашивать ее, как подаяния и милости, но с мечом в руках потребую, как дани. Нет, нет, великий князь Киевский не преклонит главы своей ни перед одним из царей земных!

Близкий шум заставил оглянуться Владимира: вся поляна была покрыта многочисленною его свитою. Сойдя с коней и наблюдая почтительное молчание, стояли в нескольких шагах от него: воевода киевский Светослав, Добрыня, Ставр Годинович, Рохдай и другие витязи и сановники великокняжеского двора его.

— Подымите тело этого благородного юноши, — сказать обращаясь к ним, Владимир. — Он спас жизнь вашего государя. Я хочу, чтоб он был предан земле со всею почестью ближнего нашего боярина, чтоб над гробом его был насыпан высокий курган и сам верховный жрец Перуна отправил тризну над его могилою... Нет, нет! — продолжал он. — Светорад, в нашем великом Киеве есть христиане: отыщи их, пусть они отправят тризну по обычаю своему над могилою этого юноши: он был их единоверцем. И с этого числа я повелеваю тебе великокняжеским моим словом охранять христиан от всякого утеснения, зла и обиды. Я дозволяю им строить храмы и молиться в них по их закону о моем здравии и благоденствии всего царства Русского.

— Слушаю, государь, — отвечал, поклонясь в пояс, Светорад, — воля твоя будет исполнена.

— Постой! Живы ли еще заложники, присланные с повинною головою от родимичей и ятвягов?

— По воле твоей, государь, они будут преданы завтра смертной казни.

— Я дарую им жизнь.

— Как, государь, ты милуешь этих мятежников?

— Да, я прощаю их! — повторил вполголоса Владимир. — Только тот, кто прощает здесь, — продолжал он, смотря на бездушный труп своего избавителя, — будет прощен и там... Коня!

Владимиру подвели коня; он сел на него.

— Белого кочета! — сказал он, обращаясь к сокольничему. — А ты, Стемид, ступай с моею псовою охотою в село Предиславино, и чтоб все было готово к нашей вечерней трапезе: я угощаю сегодня моих храбрых богатырей, любимых витязей, ближних бояр и всю дружину мою великокняжескую.

Многолюдная толпа всадников двинулась вслед за Владимиром.

— Ну, товарищ, — шепнул Светорад Рохдаю, — что это сделалось с нашим великим князем?

— А что? — отвечал Рохдай. — Тебе, чай, досадно, что некому будет завтра голов рубить?

— По мне, все равно. Воля его княжеская: хочет милует, хочет нет; только не дал бы вперед повадки. А слышал ты, что он приказывал мне об этих христианах?

— Слышал, так что ж?

— Как что? А что скажет наш верховный жрец Богомил?

— Это диво, твой Богомил! Да говори он что хочет, хоть с сердцов всю бороду себе выщипли, — большая беда! Что в самом деле, иль наш государь великий князь будет обо всем спрашиваться у этого старого срамца? И так дали ему волю. Нет, брат, у меня бы он давно по ниточке ходил!

— Полно, Рохдай, — прервал Светорад, — эй, нехорошо! Тебя и так все зовут богохульником.

— За то, что я не кланяюсь в пояс этому чвану Богомилу?

— Да ведь он верховный жрец Перуна.

— Так что ж? Да будь он хоть верховный жрец варяжского бога Одена, а не смей ломаться и умничать не только перед государем, да и перед нашим братом. Пляши кто хочет по его дудочке, а уж меня, брат, плясать он не заставит.

— Однако ж, Рохдай, кто боится богов...

— Да не знает, которой рукой за меч взяться, вестимо, тому как не кланяться Богомилу! Вот если б и я заставлял только рубить головы на лобном месте...

— Рохдай! — закричал с досадой Светорад.

— Что вы, братцы, расшумелись? — сказал степенный боярин Ставр Годинович. — Иль не видите, как пасмурен наш государь великий князь?

— Это ничего, — прервал Рохдай, расправляя свои огромные усы, — дай только нам добраться до села Предиславина, а там как засядем за столы дубовые да хватим по доброй чаре меду крепкого за его великокняжеское здравие, так дело-то пойдет своим чередом. Ведь нашему ясному соколу, удалому Владимиру, благо бы начать, а там уж гуляйте себе, добрые молодцы, да не отставайте только от хозяина. Посмотри, как он сам изволит распотешиться!

— Вряд ли! — сказал боярин Ставр, покачав сомнительно головою.

V

Мы попросим наших читателей возвратиться вместе с нами в село Предиславино и заглянуть в пустой подвал, в котором сидел и горевал бедный Тороп. Несколько часов сряду провел он, размышляя о своем незавидном положении; напрасно ломал он себе голову, чтоб найти какое-нибудь средство для своего спасения. Он видел ясно, что ему не оставалось ничего другого, как выдать руками Все-слава или погибнуть самому.

— Да, да! — говорил он, расхаживая вдоль и поперек по своему прохладному покою... — Как ни кинь, все клин! Ну, хорош я детина, с одной стороны — петля, с другой — боярин: куда ни сунься, все беда! Поди толкуй ему, что мне нечего было делать; что, если б я не пошел в Предиславино, так Всеслав бы сам прибежал сюда. То-то холопское дело, подумаешь: без вины виноват!.. Эх, бочек-то сколько здесь! — продолжал он, поглядывая с досадою вокруг себя. — И все пустые... Пострел бы взял этого проклятого Вышату: и этим-то хотел меня обидеть, разбойник! Засадить в подвал, поставить кругом бочек, а души отвести нечем... Вот эта, никак, была с медом, — прибавил он, подходя к одной сорокоуше, приставленной стойма к самой стене. — Ну, так и есть, да еще с малиновым!.. Посмотреть, не осталось ли хоть на донышке.

Отодвигая бочку от стены, Тороп увидел позади ее небольшие дверцы, запертые с его стороны деревянного задвижкою. Он поспешил отпереть их и, войдя в небольшую кладовую, уверился с первого взгляда, что это нечаянное открытие не принесет ему никакой пользы; кладовая была завалена изломанными скамьями, битою посудою и множеством других, не способных ни на какое уже употребление хозяйственных вещей. При слабом свете, который как будто бы нехотя проникал сквозь узкое окно, до которого Тороп едва мог достать рукою, он рассмотрел в одном углу дверь; но она была заперта снаружи. Подмостясь кой-как до самого окна, Тороп увидел, что из этой кладовой можно было выйти на псарный двор, который тогда только наполнялся людьми, когда великий князь приезжал со своею охотою в село Предиславино. Он пытался несколько раз растворить или выломать дверь, но все его старания остались тщетными: толстые дубовые доски, из которых она была сделана, не подавались ни на волос, несмотря на то, что он обил о них свои кулаки и изломал несколько скамеек. Потеряв всю надежду вырваться из своего заключения и обессилев от усталости, Тороп возвратился в подвал и прилег на солому, чтоб отдохнуть и подумать снова о горьком своем положении.

Прошло еще несколько часов; солнце начинало уже садиться, как вдруг Торопу послышался отдаленный шум, похожий на конский топот; вскоре потом раздался громкий лай псов и голоса охотников. Подмостясь опять к окну кладовой, Тороп увидел, что весь псарный двор наполнен людьми, лошадьми и собаками. Охотники расседлывали своих коней, спускали со свор собак и суетились вокруг огромного корыта, которое стояло посредине двора. Один молодой человек, в богатом охотничьем платье великокняжеского стремянного, казалось, распоряжался всем и отдавал приказания.

— Проворней, ребята! — кричал он. — Коней на водопой! Да кормите собак: они сегодня славно потешили государя великого князя и, чай, больно проголодались.

— Так точно, это Стемид! — сказал Тороп. — Э, да ведь он задушевный друг Всеслава! Что, если б мне удалось перемолвить с ним словца два... — Эй, молодец! — закричал он, стараясь сколь можно более просунуть в окно свою голову. — Господин Стемид!

Стемид оглянулся; но так как окно кладовой было наравне с землею и ему не пришло на мысль посмотреть вниз, то он, поглядев вокруг себя, сказал с приметным удивлением:

— Что за диковина!.. Да кто ж это меня зовет?

— Я! — продолжал Тороп. — Я, Торопка Голован.

— Да где же ты?

— Здесь, подле тебя. Да что ты смотришь поверху, гляди вниз.

Стемид опустил глаза.

— Ба, ба, ба! — вскричал он с громким хохотом, увидев уродливое лицо Торопа, которое, наполняя собою просвет узкого окна, казалось, выглядывало из земли. — Это ты, приятель?.. Что это ты, как суслик, из норы выглядываешь? Кто тебя сюда запрятал?

— Вестимо кто, злодей Вышата. Да не о том речь: мне надо сказать тебе слова два о Всеславе.

— Тс, тише, тише! — прервал вполголоса Стемид, поглядев с беспокойством вокруг себя. — Послушай, Тороп, нельзя ли тебе как-нибудь выйти из этого подземелья?

— Да кабы можно было, так черт ли бы велел мне увязить голову в этом проклятом окне. Посмотри: тут есть дверь; она заперта снаружи.

— Постой!.. — сказал Стемид. — Да замка-то нет... одна задвижка... Ну, выходи, проворней, — закричал он, отворяя дверь.

Тороп протащил назад свою голову, соскочил на землю и в два прыжка очутился на псарном дворе.

— Говори скорей, — сказал Стемид, отведя его к стороне, — что ты знаешь о Всеславе?.. Где он?

— Покамест в лесу, за Почайною.

— Как, так близко от Киева?

— Да это бы еще ничего, а вот что худо: проклятый Вышата пронюхал все и знает теперь, где его найти.

— Что ты говоришь?

— И это бы не беда; хоть он и знает, где Всеслав, а не скоро бы до него добрался; да вот что плохо: Вышата выпытал от меня обо всем, хочет завтра чем свет отправить со мною воинов, и мне придется выдать им Всеслава руками.

— Как, Тороп, и ты согласился?

— Что ж делать, молодец: неволя скачет, неволя плачет, неволя песенки поет. Мало ли я вертелся и туда и сюда...

— Выдать руками Всеслава!.. Да ты бы должен...

— Что, господин честной?

— Умереть, а не говорить ни слова.

— Право!.. А скажи-ка мне, господин Стемид, сбирались ли когда-нибудь зарыть тебя живого в землю — а?.. Надевали ли тебе петлю на шею?.. Затягивали ли ее помаленьку да с расстановками — а?.. То-то и есть! Хорошо говорить о смерти, когда она за тридевять земель, а как висит на носу, так, прошу не погневаться, молодец, и тебе небо с овчинку покажется!

— Вышата знает, где его найти!.. — сказал, помолчав несколько времени, Стемид. — И завтра чем свет...

— Да, завтра чем свет его соследят, как красного зверя.

— Так надобно сегодня же уведомить об этом Всеслава.

— Вестимо надобно, да как?

— Если б я мог отлучиться...

— Так прошатался бы даром всю ночь по лесу; а если бы и набрел ненароком на Чертово Городище, где живет теперь Всеслав, так без проводника наверное увяз бы в болоте. Нет, молодец, постарайся как-нибудь меня отсюда выручить, так это будет вернее.

— За этим дело не станет, Тороп. Теперь еще светло, а вот как смеркнется и придет сюда великий князь со всем своим поездом...

— Да разве он теперь не здесь?..

— Нет, он остался близ горы Щековицы повеселиться соколиною потехою, а меня со псовою своею охотою отправил сюда. Как он станет выезжать, так под шумок-то можно будет выпроводить тебя за ворота. Да только вот что: куда ты спрячешь Всеслава? В лесу ему оставаться нельзя; теперь, как узнали, что он придерживается за Почайною, так все кусты обшарят... Э, постой, я найду ему местечко!.. Только бы нам спрятать его денька на три, а там авось как-нибудь это дело-то уладим. На первых порах за него никто не смеет и челом ударить великому князю — теперь он больно гневен; а как немного поуходится, так за Всеслава станут хлопотать и Рохдай, и боярин Ставр, и Соловей Будимирович, да и сам Добрыня словечко замолвит. Ты знаешь Аскольдову могилу?

— Как не знать.

— Ну вот, как пойдешь к ней от села Берестова и поравняешься с сосновым лесом, так надобно повернуть направо по тропинке, в глубокий овраг; идти все оврагом, мимо пчельника, вплоть до осиновой рощи; а тут принять налево, так и упрешься в низенькую, ветхую избушку. В ней живет старуха, ее зовут Вахрамеевной. Скажите ей, что вы присланы от княжеского стремянного Стемида для того, чтоб она укрыла вас от злых людей. Если же она начнет отнекиваться, так скажи ей, Тороп: Стемид велел, дескать, бабушка, тебе напомнить Велесов праздник и озеро Долобское.

— Долобское озеро?

— Да. Вот изволишь видеть: эта Вахромеевна слывет в народе ведьмою, и в прошлом году — помнишь, как был падеж на скотину, — прошел слух, что это ее козни. Вот в самый Велесов день, близ Долобского озера, она попалась в руки к пьяным посадским, и они утопили бы ее наверное в черном омуте, кабы, на ее счастье, не прилучилось мне ехать мимо с княжескою охотою; да и я-то насилу ее выручил. Она поклялась Чернобогом, что вечно будет благодарна и при случае не пожалеет даже живота своего, чтоб сослужить мне какую бы то ни было службу... Эй ты, Зудила Горлопанов, — продолжал Стемид, обращаясь к одному седому охотнику, — поди-ка сюда! Видишь ли ты этого детину?

— Вижу, господин Стемид.

— Я принимаю его в государеву охоту, на место ловчего Юрки, который сегодня сломил себе ногу и, чай, долго не оправиться. Ну что ж ты глаза-то выпучил?

— Не погневайся, господин Стемид, — сказал охотник, посматривая с удивлением на Торопа, — да неужли-то не нашел ты никого покрасивее этого детины?

— Молчи, Горлопанов, не твое дело: он несмазлив, да зато досуж. Отбери у Юрки платье, шапку, рог и всю охотничью сбрую и отдай ему.

— Слушаю. В пору ли только ему будет? Юрка малый рослый, а этот видишь какой!.. Не знаю, сколько его в земле, а на земле-то немного.

— Ничего. Зипун подберет да подтянет поясом, а шапка-то уж, верно, широка не будет.

— В самом деле!.. — прервал с громким хохотом охотник. — Ай да головка! Экий пивной котел! Ну, брат, по голове, нечего сказать, ты Полкан-богатырь, да плечи-то у тебя узеньки.

— Каковы ни есть, любезный, — прервал Тороп, — а на медведя один хаживал.

— Ой ли?

— С волками песенки певал, а с лисой поплясывал.

— О, да ты, никак, балагур, товарищ? Ну, пойдем, что ль? Я наряжу тебя ловчим, только смотри, любезный, не вдруг показывайся, а то, пожалуй, всю псарню распугаешь.

Тороп отправился вслед за ним в большую избу, в которой располагались ночевать все охотники; а Стемид, отдав еще несколько приказаний, пошел за ворота наружной стены, чтоб видеть еще издалека, когда великий князь станет подъезжать к селу Предиславину.

Солнце закатилось. Зарделись и вспыхнули в пламенном разливе вечерней зари дымчатые облака на западе, и в конце широкой просеки, которая разрезывала надвое дубовую рощу перед селом Предиславиным, зачернелась густая толпа всадников: дубовые ворота заскрипели на тяжких вереях; стража выстроилась перед своею караульнею, и ключник Вышата, окруженный служителями и держа в обеих руках поднос с большим серебряным кубком, вышел за ворота. Медленно двигалась толпа всадников. Впереди, на белом коне, ехал великий князь, а подле его стремени ближний дворцовый сокольничий; он держал на левой руке своей белого кочета. За ним ехали, не наблюдая никакого порядка, богатыри, бояре и витязи великокняжеские, а позади, попарно, охотники соколиной охоты, несколько конных воинов варяжской дружины и киевский воевода Светорад, который, поотстав от других, ехал, разговаривая с любимыми певцами Владимира: Соловьем Будимировичем и Фенкалом. Когда великий князь приблизился к воротам, ключник Вышата, сделав несколько шагов вперед и поклонясь в пояс, сказал:

— Милости просим, государь Владимир Святославич, милости просим! Давно ты не изволил сюда жаловать; без тебя твой потешный двор заглох травою и туманом подернулся. Пригрей его, солнышко наше красное, и выкушай кубок сладкого меду из погребов твоего села Предиславина.

— Спасибо, Вышата! Посмотрим, как ты угостишь нас, — сказал Владимир с ласковою улыбкою, въезжая в ворота. Вслед за ним двинулся весь поезд, исключая охотников и варяжских воинов: первые отправились на соколиный двор, который пристроен был снаружи к одной из стен ограды, а вторые вошли вместе со стражею в караульню.

В то самое время, когда вся свита княжеская въехала на двор и привратник собирался уже запереть ворота, подошли к ним два охотника, ведя в поводах лошадей своих. Один из них казался человеком пожилых лет, но шел бодро и смело поглядывал вокруг себя; другой, по-видимому гораздо моложе, тащился вслед за ним, спотыкаясь и путаясь при каждом шаге в длинных полах своего кафтана; он посматривал робко во все стороны и поправлял беспрестанно надвинутую на глаза шапку, которая едва держалась на огромной его голове.

— Э, Зудила Горлопанов! — закричал стоящий вне ограды, подле самых ворот, видный варяжский воин. — Подобру ли, поздорову?

— Живется покамест, господин Якун! — отвечал охотник, садясь на свою лошадь.

— Куда так поздно?

— На Почайну.

— Зачем?

— Про то знают старшие да вот этот парень, которого мне велено проводить до Олеговой могилы.

— А кто он таков?

— Не знаю, чем он был сегодня поутру, а теперь ловчий великокняжеской псовой охоты.

— Ну, брат Зудила, каких молодцов вы подбираете!.. Что за недоросток такой!.. Да подсади его!.. Видишь, он не вскарабкается на коня... А цепок проклятый!.. Смотри-ка, так и повис на гриве!.. Видно, мал, да удал... Э!.. Да что это?.. Постой-ка! — вскричал Якун, подойдя к малорослому охотнику. — Ба, ба, ба! Тороп!.. Погоди, погоди, любезный! — продолжал он, схватя под уздцы лошадь. — Не торопись!.. Давно ли ты попал в княжескую охоту?

— Сегодня, господин Якун, — сказал Тороп. — Да не мешай мне: я послан наскоро.

— В самом деле?.. А я слышал, что будто бы ключник Вышата велел тебя здесь призадержать: так не погневайся, если я пошлю спросить его.

— Послушай, Якун, — прервал Тороп вполголоса, — разве ты слуга ключника Вышаты? И захочешь ли ты, благородный витязь, для того, чтоб угодить этому старому срамцу, погубить такого же удалого молодца, как ты?

— Удалого молодца?.. То есть тебя?

— Я говорю не о себе.

— О ком же?

— О бывшем отроке великокняжеском Всеславе.

— Как так?

— Мне некогда тебе об этом рассказывать, но знай, что если ты меня задержишь, то завтра же Всеслав будет пойман и казнен на лобном месте.

— За то, что он не хотел выдать руками своей невесты и убил десятника Звенислава?

— Ну да!..

— Вот что! — продолжал Якун. — Этот Всеслав обидел товарища моего, Икмора, и если б он не был под опалою великого князя, так не только Икмор, но и я стал бы с ним биться не на живот, а на смерть; но чтоб я, природный варяг, я — Якун, сын Лидульфостов, помешал тебе спасти от позорной казни этого молодца... Нет, черт возьми! Клянусь Геллою, этого не будет! Он обидел моего друга, и если мне удастся отомстить ему, то смерть его неизбежна; но он все-таки удалой детина, храбрый витязь и виноват только в одном, что, умертвив Звенислава, не свернул шею самому Вышате... Ступай, я не держу тебя!

Тороп приударил плетью свою лошадь и помчался вскачь к дубовой роще.

— Постой, постой! — кричал, догоняя его, старый охотник. — Ну, что ты, выпуча глаза-то скачешь? Иль ты хочешь совсем сморить коня? Ведь он и так с самого утра все под седлом: не успел и травки пощипать. Да тише ты!.. Чтоб тебе шею сломить, леший проклятый!

Доскакав до дубовой рощи, Тороп осадил свою лошадь и поехал рысью.

— Ступай шагом, — продолжал охотник. — Видишь, здесь в лесу какая темнеть: наедешь на пенек, так и в самом деле шею сломишь. Я прошлым летом и днем так грохнулся оземь, что после пяти зубов не досчитался; ну, да то дело другое: надо было потешить государя великого князя, перенять лису от опушки; а теперь из-за чего я стану себе ребра-то ломать?

— Что ж делать, товарищ, — сказал Тороп посдерживая своего коня, — дело-то спешное, за которым я послан.

— Да зачем тебя послали на Почайну? Уж не обошли ли там медведя?

— То-то и есть, что обошли; завтра чем свет пошлют отыскивать его берлогу.

— Вот что! А ты, видно, послан, чтоб согнать побольше народу?

— Ну да.

— А зачем меня послали с тобою?

— Ты знаешь зачем: проводить до Олеговой могилы. Оттуда я дорогу хорошо знаю; а здесь-то я редко бывал. Да мне же надобно будет и коня тебе отдать.

— Как так?

— А как же? Да разве можно верхом обойти медвежью берлогу? В ином месте и пешком-то насилу продерешься.

Охотник замолчал, а Тороп, продолжая ехать небольшою рысью,

принялся, по своему обыкновению, насвистывать и мурлыкать вполголоса песенки. Более получаса ехали они, не говоря ни слова.

— Ну вот и Олегова могила, — сказал наконец охотник, указывая на высокий курган, который чернелся вдали на скате горы Щековицы. — А вот прямо Желань. Ну что, дальше, что ль, ехать?

— Нет, здесь все пойдут знакомые места, не заплутаюсь, — отвечал Тороп, слезая с коня. — Прощай, Зудила! Скажи господину Стемиду, что я свое дело сделаю и постараюсь поставить милого дружка туда, куда он приказывал. Да кстати, возьми уж с собою этот проклятый зипун: вишь, какой он долгополый: пешком-то в нем не далеко уйдешь. Ночь теплая, и в одной рубахе не озябну.

Тороп скинул с себя охотничье платье, отдал его Зудиле, оставшись в одной подпоясанной ремнем рубашке и меховой шапке княжеского ловчего, отправился по дороге, ведущей к урочищу Желани. Когда Тороп вошел в дремучий лес, который, идя от этого урочища, распространялся верст на двадцать во все стороны, то невольно призадумался. Вечерняя заря уже потухла, и хотя в то же самое время восток начинал светлеть и черные тучи превращались в прозрачные облака, слегка посребренные первым отблеском утренней зари; хотя темнота не могла долго продолжаться в конце нашего мая месяца, когда, по словам простого народа, заря сходится с зарею, но довольно было и одного часу совершенной темноты, чтоб сбиться с дороги и зайти в такую глушь, из которой после и в целые сутки он едва бы мог выбраться.

Не раз уже случалось Торопу плутать в этом лесу, коего большая часть была заповедана еще со времен великого князя Святослава. Он не знал, на что ему решиться: дожидаться ли, пока забрезжит слабый свет, или пуститься наудачу по дороге, которая при каждом перепутье дробилась на бесчисленное множество тропинок и следов, наделанных охотниками, пчеловодами и жителями окрестных мест, которые приезжали в этот лес подбирать валежник. Сверх того, хотя Тороп не мог назваться трусом, но он боялся леших, русалок и знал так много рассказов о хитрых кикиморах и злом Буке, что невольный трепет пробежал по его жилам, когда при входе в этот дремучий лес его обдало холодом и густой мрак — этот вещий мрак лесов, как будто бы опускаясь с древесных ветвей, обхватил со всех сторон и одел его таинственным своим покровом.

"Но если я буду дожидаться утра, — подумал Тороп, — если Вышата, узнав о моем побеге, успел предупредить меня... Нет... так и быть — пойду наудачу!.. Была не была, авось не заплутаюсь".

И вот Тороп, как робкий заяц, прислушиваясь и озираясь поминутно, пустился почти ощупью по узкой дороге. Чем он шел далее, тем чаще становился дремучий лес и темнее мрак, его окружающий. Кругом царствовала такая могильная тишина, что он слышал и мог считать каждое биение своего сердца. Все предметы принимали какой-то грозный и чудный вид. Тут опаленная громом сосна протягивала к нему, как длинные руки, свои иссохшие черные ветви; там из-за деревьев, как в белом саване мертвец, выглядывал березовый пень... Вот что-то перекатилось через дорогу; вот черный ворон встрепенулся и замахал спросонья широким крылом своим; тут вдруг из-под куста затеплились, как две свечи, глаза дикой кошки и завыл в дупле зловещий филин.

— Ух, как холодно!.. — прошептал Тороп, пожимаясь и дрожа всем телом. — Ну, страсть!.. Зуб на зуб не придется!.. Эка дичь, подумаешь!.. И звезд-то отсюда не видно, а то бы хоть по ним добраться как-нибудь до места... Да вот постой, — продолжал он, увидя вдали просвет, — никак, дорога выходит на поляну. Только бы мне оглядеться-то порядком...

В самом деле, через несколько минут Тороп вышел на большую луговину. Он остановился и поглядел вверх: едва можно было различать звезды, какими усыпан был небосклон; их бледный свет сливался уже с светом утренних небес; одна только звездочка ярко светилась на востоке. Она искрилась и блистала на беловатых небесах, как сверкает алмаз на чистом серебре.

— Это ты, моя путеводительница! — вскричал с радостью Тороп. — Сестрица-звездочка, ранняя звездочка, здравствуй!.. Теперь я знаю, куда мне идти: она останется у меня по левую руку, и если бы только не повстречалась со мной русалка и не обошел меня какой-нибудь леший... Чу!.. — продолжал Тороп, вздрогнув от ужаса. — Легок на помине, проклятый!

В эту самую минуту чудный и отвратительный крик, не сходный с голосом никакого животного, пронесся по лесу. Эти дикие звуки, похожие и на громкое ауканье двух человек, которые, отыскивая друг друга, перекликаются меж собою, и на неистовый хохот безумного, казалось, то приближались к тому месту, где стоял Тороп, то вдруг, отдаляясь, замирали в лесной глуши. По временам эти нестройные и пронзительные вопли понижались до тихих вздохов, и потом, вдруг возвышаясь с неимоверной быстротою и как будто бы раздирая воздух, гремели, дробились и, повторяемые отголоском, оглушали оледеневшего от ужаса Торопа[62].

— Ох, плохо дело! — проговорил он наконец, заикаясь. — Да их,

---

[62] Кто живал весной в деревне, а особенно в наших степных губерниях, тот, без всякого сомнения, знает, какой безобидный и робкий зверь пугает этим криком суеверных поселян, доселе уверенных, что это аукает и хохочет леший. Впрочем, надобно сказать правду, что этот чудный и пронзительный крик, раздаваясь во время тихой весенней ночи, наводит невольный ужас на всякого.

никак, десятка два будет... и тут... и там!.. Ахти... что это!.. Ну, пропала моя головушка! — вскричал Тороп, упав ничком на землю.

На противоположной стороне поляны вышел из лесу человек необычайного роста; он делал такие огромные шаги, что в полминуты достиг того места, где лежал без памяти бедный Тороп.

— Кто ты? — загремел грозный голос.

Тороп молчал.

"Ну, пришел мой конец!" — подумал он, чувствуя, что его приподнимают с земли.

— Возможно ли?.. Это он! — раздался снова страшный голос. — Тороп!

— Помилуй, господин леший! — завопил Тороп.

— Что ты, что ты, полоумный, иль не узнаешь своего господина?

— Господина? — повторил Голован, осмелясь наконец взглянуть на лешего. — Ах, батюшки светы!.. В самом деле это ты, боярин!

— Говори скорей, бездельник, — закричал незнакомый, — где Всеслав?

— Ну, отлегло от сердца! С тобой, боярин, я и сотни леших не испугаюсь.

— Зачем ты здесь?

— Ух, батюшки! Ну, перепугался же я!

— Да станешь ли ты отвечать на мои вопросы, негодяй? Говори, или я сей же час размозжу тебе голову.

— Не гневайся, боярин, — прервал Тороп. — Дай только с духом собраться.

— Говори, где Всеслав?

— Вестимо где: на Чертовом Городище.

— Его там нет.

— Как нет?..

— Не наказал ли я тебе быть при нем неотлучно?

— А что ж мне было делать, боярин? Если б я не пошел по его приказу в село Предиславино, так он сам бы ушел туда, да еще днем.

— Безумный!

— Выслушай, боярин, я расскажу тебе все, как было: как Вышата хотел меня повесить; как я сидел в пустом подвале; как Стемид выпроводил меня из села Предиславина; как он приказал мне отвести Всеслава в одно укромное местечко, где уже, верно, его не найдут...

— Но разве узнали?..

— То-то и дело. Этот разбойник Вышата все пронюхал, и, чай, теперь уже посланы воины обшарить кругом все Чертово Городище. Хорошо еще, что Всеслав дал оттуда тягу.

— Но где он теперь?

191

— Где-нибудь около села Предиславина. Он сам мне изволил сказать, что если я скоро не вернусь с весточкой от его невесты, то он уйдет вслед за мною.

— Безумный! — повторил незнакомый. — Поспешим, Тороп!.. Я стану искать его с одной стороны села Предиславина, а ты с другой... Пока еще не наступило утро, мы можем спасти его. Но если... о, поспешим, поспешим, Тороп!

Незнакомый пустился скорыми шагами по той самой дороге, по которой шел прежде его слуга. Тороп едва успевал бежать за своим господином, но, несмотря на то что запыхался и едва мог говорить, рассказал ему на бегу со всею подробностью свои приключения. Через полчаса они достигли дубовой рощи. Вся окрестность покоилась глубоким сном, но стража бодрствовала у ворот села Предиславина; в высокой гриднице светились яркие огни; толпы слуг бегали и суетились по двору; звучали гусли златострунные, и серебряные кубки звенели, ударяясь друг о друга. Все кипело жизнью вокруг дворца великокняжеского: Владимир Солнышко пировал со своею удалою дружиною.

Незнакомый и Тороп расстались: первый пошел налево частым кустарником, а последний продолжал идти рощею, которая огибала с правой стороны все наружные строения села Предиславина и почти подходила к самому огороду" от которого отделялась одним высоким бревенчатым тыном.

VI

В обширном покое, описанном нами во второй главе этой части, за длинным дубовым столом пировали ближние бояре, витязи и вся гридня знаменитого великого князя киевского. Пасмурен, как ночь осенняя, грозен и угрюм, как туча громовая, Владимир Солнышко сидел за передним концом стола, покрытого яствами. Молча переходил из рук в руки турий рог с медом сладким; витязи чокались меж собой серебряными кубками; дворцовый кифарник играл на звонких гуслях; но радостные крики не раздавались в светлой гриднице; не похвалялись богатыри русские своим удальством. Все гости, глядя на хозяина, приуныли, повесили свои буйные головы, и даже дядя великокняжеский, знаменитый воевода Добрыня, не смел с ним речь повести и спросить, отчего он прикручинился и о чем, сложив руки к белым грудям, он задумал думу крепкую.

— Ну, Рохдай, — сказал боярин Ставр, толкнув под бок витязя, — не говорил ли я тебе, что вряд наш государь великий князь распотешится. Ведь у него обычай такой: как засядет ему что в голову...

— Да о чем он так задумался?

— В том-то и дело, любезный! Кабы знали да ведали, так авось бы горю пособили.

— Так что ж, боярин: попытаться бы спросить.

— Да, попытайся-ка! Ты боек, Рохдай, и государь тебя жалует, а небось и ты первый не сунешься.

— Право?

— Вестимо нет! Погляди, все посматривают друг на друга, а никто ни гугу! Вон Тугарин Змеевич молчит; Ян Ушмовец — ни словечка; да и Добрыня-то язычок прикусил.

— Так пусть же они молчат, а я молчать не стану. Что за пир, коли хозяин сам не гуляет; да этак и первый кусок станет клином в горле.

И вот удалой витязь Рохдай поднимается из-за стола дубового, не допив чары зелена вина, не доев куса сладкого. Он подходит к князю Владимиру, преклоняет чело ниже пояса и говорит бодрым голосом:

— Ты, гой еси, наш батюшка Владимир-князь Киевское Солнышко Святославич! Не прикажи ни казнить, ни рубить, а прикажи слово вымолвить. Отчего ты, государь, прикручинился, о чем запечалился? Иль не угодили чем ни есть государю своему его слуги верные? Иль уж стала тебе нелюба твоя дружина удалая?

Владимир нахмурил брови и, не смотря на Рохдая сказал:

— Рохдай, ты гость мой — так ешь вдоволь, пей, веселись и прохлаждайся, а не спрашивай, о чем твой государь призадумался. Захочу, так сам скажу.

— Дозволь и мне, Владимир Святославич, слово вымолвить, — прервал Добрыня, вставая. — Где видано, чтобы гости веселились, коли хозяин грустит. Выслушай мои глупые речи и не погневайся! Высоко ты сидишь на своем златокованом столе; ты подпер горы угорские своими железными полками; перегородил широкие степи печенежские щитами русскими; ты славен, и велик, и богат, и чив, так о чем тебе, государю нашему, задумываться? Уж не прискучило ль тебе сложа руки сидеть? Не берет ли охота у соседа в гостях побывать, загулять на пир незваный к царю Византийскому? Так за чем дело стало? Вымолви слово княжеское, и мы разбрызгаем веслами широкий Днепр; прикажи — и верная твоя дружина вычерпает шеломами глубокий Дон.

— Мы рады все за тебя, нашего батюшку, сложить головы! — промолвил Ян Ушмовец, вставая.

193

— Рады все умереть до единого! — закричали пирующие, приподнимая кверху свои кубки.

— Благодарствую вас, братцы мои ратные! — сказал Владимир, взглянув повеселее на гостей своих. — Спасибо вам, храбрые мои сподвижники, за вашу любовь и привет! Но я не хочу обижать соседей, не хочу громить Византию. Пора притупиться мечам нашим: поработали они вдоволь; погуляли мы досыта на кровавых пирах и в чужих землях гостьми незваными; понатешились, будет с нас. Нет, слуги мои верные, слуги неизменные, не о том я прикручинился: залегла у меня на сердце дума крепкая; будет время, придет час, и я с вами, мои бояре и витязи любимые, посоветуюсь. Что придумают ваши умные головы и что я сам захочу, то и будет; а теперь речь не о том. Эй, Вышата, дай-ка мне чару доброго вина!

Ключник Вышата налил серебряную чарку вином, поставил на золотой поднос и, низко поклонясь, подошел к великому князю.

— Ну, гости мои милые, — продолжал Владимир, — выпьем теперь за упокой храброго юноши, который сегодня спас мне жизнь... Э, Вышата, живет ли здесь, в селе Предиславине, девушка по имени Любаша?

— Живет, государь.

— Отпусти ее завтра же к отцу и матери; спроси их, каких желают от меня милостей, и скажи им, чтоб смело просили у меня всего, чего сами захотят.

— Слушаю, государь! — сказал Вышата, поглядывая с удивлением на Владимира.

— Кубок меду! Я пью его с вами, дорогие гости, за здравие моего сына Изяслава и матери его, супруги нашей Рогнеды. Здорова ли она, Вышата?

— Не так чтоб очень, государь! Вот уж пятые сутки все ночи напролет за рукодельем просиживает: сна вовсе нет!

— Бедная, — сказал вполголоса Владимир, — ей скучно, она тоскует! Вышата, забавляй ее всякими потехами, песнями, плясками...

— Слушаю, государь!

— Не худо бы послушать и нам, — продолжал Владимир, — голосистых соловьев наших. Фенкал, потешь моих гостей, спой нам какую-нибудь варяжскую песенку; да смотри, повеселее! Что стоишь, Вышата? Поднеси ему чару вина!

Видный и прекрасный собою юноша, к которому подошел Вышата, сидел возле Светорада. Он встал и, не принимая с подноса чарки с вином, сказал громким голосом:

— Государь великий князь, дозволь мне слово вымолвить!

— Говори, Фенкал, — отвечал Владимир, взглянув ласково на певца.

— Государь, ты живал в земле варяжской и знаешь наши обычаи: у нас вещий скальд поет веселые песни тогда, когда у него весело на сердце.

— А у нас тогда, когда ему прикажут, — прервал Владимир. — Пой, Фенкал!

— Государь, — продолжал скальд, — ты волен мне приказывать: я пленник и раб твой, но если ты желаешь слышать песни, которые в стране варяжской веселили сердце не великого князя Киевского, но храброго витязя Владимира, — то ступай опять туда. Там, где вдохновенный скальд поет по приказу, где звучат не вещие струны, а звенят на руках его тяжкие цепи, там слушай, если хочешь, его стоны, а не требуй от него веселых песен.

— Что ты, что ты, Фенкал?! — сказал с ужасом Светорад, толкая его локтем.

— Фенкалушка, голубчик, в уме ли ты? — прошептал Вышата, с трудом удерживая в руках свой золотой поднос.

Едва просветлевшее чело Владимира помрачилось снова а приветливый взор превратился опять в грозный и угрюмый.

— Отчего же ты невесел? — сказал он, помолчав несколько времени. — Чего ты хочешь?

— Государь, душа моя тоскует по родине!

— Но разве ты один из варягов покинул навсегда свою родную землю? Разве нет при лице моем многих из твоих единоземцев, которые называют отчизною своею великий Киев?

— Я говорю о себе, государь!

— Но чего же ты хочешь... Фенкал? — продолжал Владимир ласковее. — Я люблю тебя, желаю видеть счастливым и довольным. Быть может, до сих пор я мало наградил тебя за твою службу. Ближний мой баян Фенкал, я жалую тебе мое заднепровское село Тугорканово, со всеми поместьями, угодьями и землями.

— Слышишь ли, Фенкал? — вскричал Светорад. — Село Тугорканово, со всеми поместьями и угодьями... Кланяйся!

— Село Тугорканово! — повторил Вышата. — С рыбными ловлями, сенными покосами!.. Кланяйся!

— С тремя пчельниками! — продолжал Светорад.

— С торговой пристанью! — промолвил Вышата.

— Да кланяйся же и благодарствуй! — повторили они оба, дергая его за полы.

Фенкал молчал; он стоял по-прежнему бестрепетно перед лицом своего повелителя, смотрел почтительно на грозное его чело, но не преклонил главы своей.

— Фенкал, — вскричал Владимир, едва скрывая свой гнев, — ты безмолвствуешь, ты не благодаришь своего господина?

— Государь, — сказал певец, — велики твои милости, дары твои

195

достойны знаменитого повелителя всей земли Русской; но если б отдал ты мне половину твоего царства, то и тогда я не был бы счастлив.

— Чего же ты хочешь, безумный?

— О, государь! Отдай мне убогую мою хижину на берегу родного моря, отдай мне небеса моей отчизны, и Фенкал во всех песнях своих будет прославлять имя Владимира!

— Ну, пропала его головушка! — прошептал Вышата, взглянув на великого князя.

Все гости, опустив глаза книзу, не смели пошевелиться. Бледное лицо, посиневшие уста, дикий пламень, который сверкал в глазах, устремленных на Фенкала, — все предвещало одну из тех душевных бурь Владимира, коих не могли укрощать ни прелесть красоты, ни связи родства — ничто на свете.

— Итак, ты отказываешься от моего дара? — проговорил он глухим голосом, ища правой рукой рукоятку меча своего.

— Да, государь! — отвечал с твердостью Фенкал. — Этот дар будет новой цепью, которая еще крепче прикует меня к порогу твоих княжеских чертогов, — я не принимаю его!

— Презренный раб! — завопил неистовым голосом Владимир. — Ты отвергаешь милость твоего государя, ты смеешь ругаться Владимиром... и жив еще!..

Он вскочил с своего места. Невольный трепет пробежал по членам всех пирующих: все лица побледнели, и даже в бесстрашной груди Рохдая сердце замерло от ужаса; один Фенкал не изменился в лице: сложив спокойно руки, он продолжал смотреть с почтением, но без боязни на своего разгневанного господина.

Острый меч сверкал уже в руке Владимира; он сделал шаг вперед, и вдруг, как будто бы повинуясь какой-то чуждой воле, остановился; его грозные очи сверкали еще диким, неукротимым огнем, но на лице изобразились смущение и нерешимость. Мало-помалу рука его опустилась; он вложил медленно свой меч в ножны и, садясь опять на прежнее место, сказал мрачным, но тихим голосом:

— Живи — я прощаю тебя!

Несколько минут продолжалось общее молчание.

— Ну, любезный, — шепнул наконец боярин Ставр витязю Рохдаю, — видал я нравных людей, слыхал дерзкие речи этих заморских буянов, а уж этакого безумного нахала и гордеца, как этот Фенкал, сродясь не видывал.

— Так, боярин, так! — отвечал Рохдай, посматривая с почтением на скальда. — А нечего сказать, этот Фенкал молодец. Уж коли он не сробел нашего государя, так кого же он испугается?

— И великий князь его помиловал! Ну, счастлив этот поморянин!

— Что, брат Вышата, — сказал вполголоса Светорад, — каков молодец? Ах он пострел, пострел! И голова еще у него на плечах?

— Вижу, да не верю, любезный, — пробормотал, заикаясь, Вышата, — разве даст пощупать! Экий разбойник, подумаешь! Его ли государь не жаловал; он ли не был в почете? То-то и есть: как волка ни корми, а он все в лес глядит! Добро, добро — узнает, каково быть под княжескою опалою! Грубиян!.. Да я теперь с ним и знаться-то не хочу!

— Ну, что призадумались, мои гости милые? — сказал Владимир, стараясь улыбаться. — Неужли-то упрямство и дерзость одного из рабов моих помешают нам веселиться? Послушай, слуга мой верный, баян, сын баянов, честь и слава Великого Киева, Соловей Будимирович, пусти своих десять соколов на стадо лебединое, пусть хитрые персты твои пробегут и заскачут по живым струнам; пусть отгрянет в них и загрохочет слава земли Русской... Иль нет, спой нам лучше песню об удалом сыне Гостомыслове, Вадиме Новгородском.

Соловей Будимирович встал, поклонился Владимиру и сказал:

— Государь великий князь, ты приказывал спеть себе веселую песню, а то, что поется о Вадиме Новогородском...

— Все равно! — прервал Владмир. — Пой, Соловей Будимирович!

Поклонился певец еще раз своему государю, кинул гордый взгляд на Фенкала и запел:

Светло, красно ясно солнышко; весел, радостен удалой Вадим, удалой Вадим — Гостомыслов сын. Он сбирается с варягами в чистом поле переведаться; он прощается с родною матерью, с молодой своей женой и с сестрой любимою. "Ты зачем идешь на гибель верную?" — вопит так родная мать. "Береги себя, мой милый брат!" — говорит сестра любимая. "Подари меня варяжским золотом", — шепчет на ухо молодая жена.

* * *

Как не буря заносила стаю соколов через степи широкие, и не ветры свищут и гудят по дремучим лесам; то идет Гостомыслов сын, удалой Вадим, со своей дружиною; он незваный и непрошеный на веселый пир спешит, на разгулье молодецкое, на игрушку богатырскую. Он на вече похвалился разгромить Поморье все, и с богатою добычею воротиться на Ильмень.

197

Уж не море хлынуло с полуночи, и не сумерки находят в белый день: застилают красно солнышко тучи вражьих стрел. Все Поморье взволновалося, встрепенулись добры молодцы и навстречу понеслись к гостям незваным. Тут-то копьям поломаться, тут-то саблям погреметь! Вот сошлись, щитами грянули, и мечи запрыгали по железным броням, и кровь алая заструилась по полю.

* * *

Они пьют чашу смертную, они бьются целый день; как снопы стелят головы, молотят цепами булатными, на кровавом токе жизнь кладут, и веют души буйные от тел молодецких.

* * *

И вот уж солнышко заходит, пуще прежнего кипит кровавый бой. Худо, худо вам, о люди русские, к вам никто на подмогу и на выручку не спешит с родимой стороны! Вы телами вашими поле бранное усеяли, и враны черные приодели вас крылом. Плачьте, плачьте, красны девицы: не видать вам женихов своих! Веселись, государь Великий Новгород: твои дети храбрые все костьми легли и не осрамилися.

* * *

Затихнул бой; загремели по синему морю песни бранные, веселые. Вот готфские красные девы в хороводы собрались, зазвенели русским золотом, запели славу своим витязям. А Вадим?.. Весь покрытый язвами, неотмщенный, неоплаканный, средь врагов убитых умирал. Он взглянул на милую сторонушку, он вздохнул в последний раз, и, как светлую жемчужину, изронил из тела душу молодецкую.

* * *

Певец приостановился, потом запел опять тихим и заунывным голосом:

Туманно солнышко, туманно! Спит непробудным сном добрый молодец Вадим. Вкруг его три пташки увиваются: одна пташечка — родная мать, она плачет, как река шумит; другая пташечка — любимая сестра, она плачет, как ручей журчит; третья пташечка — молода жена, она плачет, как роса падет' красно солнышко взойдет, росу высушит.

Певец умолк. Все бояре, витязи и сам великий князь, привстав, выпили в честь его по чаре вина.

— Спасибо тебе, — сказал Владимир, — спасибо, Соловей Будимирович! Твои песни слаще моего меда: они веселят мое сердце, как бранный клич на поле ратном. Фенкал, — продолжал он, обращаясь к скальду, — ты можешь еще загладить вину свою, но берегись раздражить вторично твоего государя.

— Владимир Святославович, — сказал Фенкал умоляющим голосом, — ты простил дерзким речам моим, о, будь же великодушен до конца: дозволь мне надеяться, что я увижу еще раз мою родину: обещай мне эту милость как награду за верную мою службу, и тогда, клянусь Оденом...

— Молчи! — прервал Владимир. — Слуге ли предлагать условия своему господину? Я хочу, и ты должен остаться вечно рабом моим. Гости мои милые, — продолжал он, подымаясь из-за стола, — и вам и мне время успокоиться. Завтра приглашаю вас на обеденный пир. Соловей Будимирович, жалую тебе село Тугорканово, от которого отказался этот безумец. Вышата, ты говорил мне, что Рогнеда проводит без сна все ночи, — отведи в ее терем Фенкала: он не хотел потешить молодцов, так пусть забавляет жен. Прощайте, мои слуги верные! Отдыхайте; завтра опять повеселимся.

Сказав эти слова, Владимир поклонился на все стороны и пошел, в сопровождении двух ближних отроков, в свою великокняжескую опочивальню. Гости стали расходиться.

— Эх, брат Фенкал, — сказал Вышата, подойдя к скальду, — сплоховал ты!.. Ну, да делать нечего — пойдем!.. Что ж ты стоишь? Иль не слышал, что приказывал мне великий князь?

— Слышал! — сказал вполголоса Фенкал. — Хорошо, — промолвил он, — я исполню твою волю, Владимир: я позабавлю Рогнеду моими песнями; и если варяжская кровь, которая течет в жилах ее, не совсем еще застыла!.. Пойдем, Вышата, пойдем!

VII

Шум затих; огни угасли один после другого в окнах дворца великокняжеского; изредка мелькали, как тени, проходящие по двору служители, кой-где раздавался стук от запираемых дверей; вскоре все замолкло, и только в одном Рогнедином тереме светился еще огонек. Но не одна злополучная дочь Рогвольда не смыкала очей своих, не одна Рогнеда обливалась горючими слезами — в уединенной светлице красного терема стонала горькая, беззащитная сирота, Несколько раз мамушка Буслаевна пыталась ее уговаривать, укладывала спать, но Надежда отвечала на все ее слова одними слезами.

— Эка нравная девка! — закричала наконец старуха, — Навязали же на мою шею эту лихую немочь! Слушай ты, блажная: не хочешь ложиться, так не ложись себе, а я пойду спать в мою светелку; да если ты у меня не уймешься хныкать и вопить в истошный голос да помешаешь мне соснуть, так я тебя, моя голубушка, донцем попотчую!.. Вишь какая боярыня! — продолжала старуха, выходя вон и запирая двери Надеждиной светлицы. — Эх, кабы Вышата не заказывал мне, так я бы тебя, плакса неугомонная, как раз угомонила.

Растерзанное сердце Надежды облегчилось, когда, оставшись одна, она могла свободно излить всю горесть свою пред господом. Слова Вышаты, приезд великого князя в село Предиславино, отвратительные советы и наставления старухи — одним словом, все наполняло неизъяснимым ужасом ее чистую, девственную душу. Прежде она умоляла Искупителя и Пречистую Деву о свободе и соединении с отцом и женихом своим, а теперь она молилась только об одном:

— О, пресвятая, — говорила она, рыдая, — призови меня к себе, соедини меня с моею матерью, не дай мне посрамить седых волос отца моего! О, дозволь мне, без укоризны и стыда, поспешить навстречу к жениху моему, когда придет и его чреда покинуть эту землю изгнания, этот мир плача и страданий!

Более часа молилась усердно Надежда, слезы ее текли ручьями, но не облегчали стесненного сердца. Вдруг мысль о побеге, мысль, которая ни разу не приходила ей в голову, блеснула в душе ее. Она приложила ухо к дверям, стала прислушиваться: Буслаевна спала крепким сном. Надежда подошла к окну; тихо и наблюдая величайшую осторожность, отворила его. Первый взгляд, ею брошенный, смерил Расстояние, которое отделяло ее от земли. Окно ее светлицы было прорублено на задний двор, и Надежда едва не вскрикнула от радости, заметив, что с этой стороны поверхность земли была гораздо возвышеннее, а посему и расстояние от оной до окна несравненно менее, чем с противоположной окружающих, царствовала глубокая тишина. Налево, в промежутках двух длинных конюшен, виднелись густые липы огорода; направо подымался уступами дворец великокняжеский, а за ним вдали высокий Рогнедин терем. С сильно бьющимся сердцем, едва переводя дух, Надежда сняла с постели простыню и одеяло, связала их вместе, прибавила к ним свое длинное покрывало, скрутила и, привязав их к железному крючку, которым запиралось изнутри окно, выбросила из него сию, наскоро сделанную, веревку: она почти касалась земли. Сотворив краткую молитву, Надежда спустилась по ней счастливо на задний двор. Увидев над собою открытое небо, она в первую минуту восторга почла себя уже совершенно свободною, но когда вспомнила, что для этого ей надобно выйти из села Предиславина, окруженного высокою стеною, то минутная ее радость превратилась почти в отчаяние. Подумав несколько времени, она решилась пуститься наудачу и испытать все способы для своего спасения. В то самое время, как Надежда, пройдя мимо конюшен, подошла к запертым воротам огорода, ей послышались в близком расстоянии голоса и шаги идущих людей. Надежда, дрожа от страха, притаилась за большою кучею сена, которое было навалено за конюшнями.

— Эх, братец, — говорил кто-то сиповатым голосом, — разбудил ты меня! А мне завтра поутру надо побывать за селом Берестовым — не близко место! Хочешь не хочешь, а вставай вместе с солнышком. Да сам ли ты видел?

— Как же! — отвечал другой голос. — Ведь я сейчас ходил дозором кругом огорода.

— И трех бревен в заборе нет?

— Как не бывало! Вот увидишь сам... Такую лазейку сделали, что не только господин наш Вышата, да и ты, брат Садко, бочком продерешься.

— Да где же она?

— С правой стороны, подле рябинового куста, напротив большой-то березы.

— Уж не Дулеб ли это проказит?.. А что ты думаешь?.. Да погоди, завтра же скрутят молодца!

В продолжение этого разговора, они подошли к огороду" отперли ворота, вошли в него и скрылись за деревьями. Надежда не проронила ни одного слова; она прокралась вслед за ними в растворенные ворота и притаилась у самого входа за ветвистым ракитовым кустом. Более четверти часа, трепеща от страха и едва смея переводить дыхание, сидела она на земле, покрытой холодною росою; наконец ей опять послышались те же самые голоса, и двое служителей, идя скорыми шагами, поравнялись с кустом, за которым она скрывалась. Казалось, они спорили меж собою.

— Экий ты, братец, какой, — говорил один, — не хотел остаться покараулить.

— Да, как бы не так! — отвечал другой. — А кто их знает: может статься, их целая ватага. Вот приведем человек десять ратных людей, так будет кому стеречь.

— А покамест за ними мы ходим...

— Так что ж? Заберутся в огород?.. Им же хуже: сами в ловушку попадут. Да что ж ты — запирай ворота, теперь уж мы обойдем от рощи.

Голоса умолкли. Надежда, не теряя ни минуты, побежала в ту сторону, где посреди развесистых лип белелась высокая береза. Она не долго искала пролома, о котором говорили служители, и, выбежав в рощу, остановилась на минуту, чтоб перевести дух. Все было тихо и мрачно кругом. Вверху частые ветви деревьев сплетались непроницаемым шатром над ее головою; внизу распускал по влажной земле свои зубчатые и широкие листья густой папоротник. Изредка вскрикивал кузнечик, и от времени до времени принимался стонать филин; но ранний певец наших тенистых дубрав — голосистый соловей отдыхал от своих вечерних песен; он молчал и дожидался полного рассвета, чтоб снова залиться, защелкать, засвистать и пробудить спящий отголосок. Прошло несколько времени, пока Надежда решила, в какую ей идти сторону; наконец она вспомнила, что лес за Почайною и, следовательно, хижина, в которой жил отец ее, должна была находиться на востоке от села Предиславина. Утренняя заря уже занималась и могла ей служить верною путеводительницею. Вот Надежда, перекрестясь, пустилась бегом в самую глубину рощи, придерживаясь правой стороны, и, пробежав шагов сто, вышла на небольшой луг, окруженный со всех сторон мелким, но частым лесом. Она остановилась, чтоб пооглядеться кругом; но едва успела окинуть взором поляну, на которой при свете загорающейся зари можно было различать все предметы, как вдруг близехонько подле нее раздался голос:

— Это она! — и огромная голова в меховой шапке высунулась из-за кустов.

Надежда вскрикнула и, не зная сама, что делает, пустилась бежать по узенькой тропинке, которая шла назад прямо к селу Предиславину. Она слышала, что за ней гонятся; ей казалось даже, что ее называют по имени, сердце ее замирало от ужаса, и, несмотря на то что страх придавал ей крылья, она чувствовала, что не уйдет от того, кто ее преследовал. С каждою минутою расстояние, их разделяющее, становилось менее. Вот Надежде кажется, что к ней идут навстречу; тропинка круто поворачивает налево, и вдруг кто-то загораживает ей дорогу. Бедная девушка хочет броситься в сторону, но все силы ее оставляют, в глазах темнеет, ноги подгибаются, и она падает без чувств на землю.

— О, очнись, мой милый друг! — шептал кто-то на ухо Надежды, когда она стала приходить в себя. — Это я, твой суженый!

— Всеслав! — вскричала девушка, открывая глаза. — Всеслав! — повторила она, не веря самой себе.

— Да, это я, моя ненаглядная!

— Ну, измучила ты меня, красавица! — сказал Тороп, потирая рукою свой широкий лоб. — Я кричу: постой, постой! Не тут-то было!.. Но нам некогда растабарывать: ведь мы еще близехонько от села Предиславина.

— От села Предиславина? — повторила с ужасом Надежда. — Побежим скорей, мой друг!.. Побежим!

— Куда же мы пойдем? — спросил Всеслав.

— Отведите меня к батюшке.

— К твоему отцу! — прошептал Всеслав, прижимая к груди своей несчастную девушку. — О, Надежда!

— Добро, добро, — прервал Тороп, — наговоритесь после. На Почайну вам идти нельзя, а есть другое местечко, повернее... Постойте-ка!

Тороп приподнял голову, приложив два пальца к губам, и засвистал по-соловьиному, но с такими страшными перекатами и так пронзительно, что Надежда невольно содрогнулась. Через минуту громкий свист, более похожий на человеческий, раздался довольно далеко от них с правой стороны рощи.

— Ну, — сказал Тороп, — теперь он знает, что я с тобой встретился и где ему тебя отыскивать. Идемте, да, чур, поторапливаться. Смотрите-ка, вон уж, почитай, ни одной звездочки на небе не осталось.

Тороп пошел скорыми шагами вперед, а Всеслав, поддерживая и ободряя Надежду, пустился вслед за ним.

Мы попросим теперь читателей оставить на время наших любовников и, возвращаясь опять в село Предиславино, заглянуть вместе с нами, во внутренность Рогнедина терема.

Комната, служащая опочивальнею княгине Рогнеде, отличалась от обыкновенных светлиц одною только величиною своею и некоторыми украшениями, коих богатство представляло разительную противоположность с голыми стенами и деревянными, грубо обделанными скамьями. При слабом свете двух лампад, или ночников, поставленных на столе, покрытом византийскою парчою, сидела на высоком своем ложе, облокотясь на пышное, набитое лебяжьим пухом изголовье, злополучная супруга Владимира; перед нею лежала белая ширинка, до половины вышитая разноцветными шелками, а подле, склонив голову на ее плечо, спал крепким сном прекрасный отрок. Один взгляд на бледное и хотя все еще прелестное, но поблекшее от горести лицо Рогнеды удостоверил бы всякого, что он видит перед собой ту, которую глас народа, почти всегда справедливый в своих выразительных прозваниях, наименовал Гориславою. Но не одно душевное прискорбие выражалось и на возвышенном, благородном челе ее, и в ее голубых, исполненных какого-то дикого уныния глазах, и на устах, коих надменная улыбка напоминала каждому о ее знаменитом происхождении. Нет, беззащитная сирота, злополучная Горислава, презренная и покинутая своим супругом, была все еще тою же самою Рогнедою, которая, отвергнув некогда руку Владимира, не устрашилась заклеймить его позорным названием рабынича. По обеим сторонам покоя сидели также, или, лучше сказать, дремали за пряжею и другим рукоделием ее ближние сенные девушки; а подле самого изголовья постели стояла любимая мамушка ее сына Изяслава, которая уже несколько времени смотрела, молча и не спуская глаз, на спящего отрока.

— Не позволишь ли, матушка великая княгиня, — сказала она наконец шепотом, — отнести его в опочивальню? Ведь уж больно поздно — светать скоро станет.

— Да, — отвечала тихим голосом Рогнеда, — уложи его спать. Изяслав, — продолжала она, будя с осторожностью спавшего отрока, — сын мой, ступай, ты хочешь спать!

Ребенок проснулся, привстал, поглядел спросонья вокруг себя и не отвечал ни слова.

— Возьми его, мамушка, с собою, — сказала Рогнеда поцеловав с нежностью своего сына. — Ступайте и вы, мои подруги. Ах, вы можете еще спать, а я... Подите, подите. Со мной останется нянюшка Богорисовна, и ты, моя добрая Мирослава! — промолвила Рогнеда, взглянув с ласковою улыбкою на молодую девицу, которая сидела ближе всех к ее постели.

Мамушка взяла на руки Изяслава и, поклонясь Рогнеде вышла вместе с сенными девушками в боковые двери.

— О, зачем ты походишь на отца своего! — прошептала Рогнеда, помолчав несколько времени. — Ну что, Мирослава, — продолжала она, обращаясь к девушке, — не слышала ли ты еще чего-нибудь?

— Ничего, государыня.

— Он здесь и не хотел взглянуть на меня!

— До того ли ему! — сказала Богорисовна, покачав головою. — Забыл он совсем тебя, нашу матушку; да и кто ему о тебе напомнит?! Буслаевна мне сказывала, что дня четыре тому назад еще привезли сюда какую-то красавицу; а все этот разбойник Вышата!.. Да что это? Никак, скрипнули дверью? Кому так поздно? — прибавила нянюшка, вставая и выходя в соседний покой.

Через полминуты Богорисовна вошла опять.

— Не погневайся, матушка! — сказала она с приметным смущением. — Что прикажешь?.. К тебе пришел ключник Вышата.

204

— Вышата? — повторила Рогнеда голосом, исполненным негодования. — Чего хочет от меня этот презренный старик?

— Он пришел не один и говорит, что его прислал государь великий князь. Прикажешь ли ему явиться пред ясные твои очи?

— Пусть войдет, — сказала Рогнеда, и все признаки продолжительной душевной скорби исчезли с лица ее. На бледном челе изобразилось холодное спокойствие, а потухшие в слезах взоры заблистали величием.

Двери отворились. Ключник Вышата, согнувшись в дугу и выступая на цыпочках, явился с подобострастным и подлым лицом своим перед супругою Владимира.

— Что угодно государю великому князю? — спросила Рогнеда, кинув на него взор, исполненный презрения.

— Я прислан к тебе, матушка Рогнеда Рогвольдовна...

— Супругу твоего государя, — прервала Рогнеда, — называют великой княгиней, даже и тогда, когда она была бы покинута и презрена своим мужем

— Не погневайся, государыня, — продолжал с покорностью Вышата, — я это так, спроста сказал. Великий князь, узнав от меня, что ты все изволишь тосковать и проводишь без сна целые ночи, приказал мне привести к тебе любимого своего певца, Фенкала, чтоб позабавить тебя своими песнями.

— Фенкала, этого варяжского скальда?

— Да, государыня

— Варяжского скальда! — повторила Рогнеда, не скрывая своего восторга. — О, песни моей родины, песни моего детства, я опять вас услышу! Зови его, зови!

— Ступай сюда, молодец! — сказал Вышата, обращаясь к дверям.

Фенкал, держа под плечом свою ручную арфу, вошел в комнату.

— Приветствую тебя, дочь знаменитого Рогвольда! — сказал он, поклонясь почтительно Рогнеде

— Что ты, что ты? — шепнул ему на ухо Вышата. — Говори: великая княгиня.

Добро пожаловать, дорогой гость, — сказала Рогнеда. — Садись, мой единоземец, садись Фенкал!.. Ступай, Вышата, скажи великому князю, что если б он подарил меня лучшим ожерельем царицы византийской, то и тогда не порадовал бы столько своей супруги, как прислав к ней своего варяжского скальда.

— Слушаю, государыня! Я скажу ему об этом завтра, а теперь, пока Фенкал будет забавлять тебя своими песнями, я должен остаться здесь.

— Здесь? — повторила Рогнеда, и бледные ее щеки вспыхнули. — Неужели, — продолжала она, устремив сверкающий взор на Вышату, — великий князь киевский посрамит себя до того, чтоб отдать честь своей супруги — свою собственную честь — под надзор и защиту ключника Вышаты!

— Государыня, — сказал робким голосом Вышата, — я не дерзну никогда и помыслить...

— Если супруг мой, — прервала Рогнеда, — приказал тебе не покидать Фенкала одного, то ступай с ним вместе, я не хочу слушать его песен.

— Государь великий князь не приказывал мне этого, но я думаю...

— Молчи! — вскричала Рогнеда. — Пусть подлые рабыни и наложницы исполняют твою волю, но мне, великой княгине Киевской и дочери Рогвольда, может приказывать один супруг. Ступай!

Вышата посмотрел с недоумением вокруг себя, подошел к нянюшке Богорисовне и сказал ей на ухо:

— Если вы хотя на минуту оставите великую княгиню, то прощайтесь с вашими головами.

Потом, поклонясь почтительно Рогнеде, вышел вон.

— Давно ли, Фенкал, ты служишь великому князю? — спросила Рогнеда, когда ключник вышел из терема.

— Я не слуга его, а пленник, — отвечал мрачным голосом скальд.

— Несчастный! Итак, ты не волен возвратиться в твое отечество?

— Нет.

— Откуда ты родом?

— Из Бергена.

— Из Бергена! О, сколько раз я слыхала от моего родителя о этой отчизне неустрашимых витязей и вдохновенных певцов. Он сам был родом из Бергена... Ах, зачем он покинул свою родину, зачем ему захотелось быть князем Полоцким!.. Живы ли, Фенкал, твои родители?

— Моя мать давно уже умерла, а жив ли мой отец, не знаю.

— Итак, его не умертвили в то время, когда ты был взят в плен?

Фенкал взглянул пристально на великую княгиню и, помолчав немного времени, сказал:

— Неужели ты думаешь, Рогнеда, что я стал бы есть хлеб Владимиров и тешить его варяжскими песнями, если б он был убийцею моего отца?

Легкий румянец пробежал по бледным щекам Рогнеды.

— А что бы ты сделал, несчастный юноша, — сказала она, — если б ты был взят в плен убийцею твоего отца?

— Что бы сделал я? — повторил Фенкал. — Рогнеда, родитель твой был скандинавский витязь, в твоих жилах течет варяжская кровь — и ты спрашиваешь меня, что сделал бы я с убийцею отца моего!

— Фенкал, — сказала вполголоса Рогнеда, поглядев робко вокруг себя, — не забывай, что ты говоришь с супругою Владимира...

— И дочерью злополучного Рогвольда, — прервал певец. — Не знаю, помнишь ли ты это, Рогнеда, а я никогда не забуду ни отца твоего, ни братьев, ни того, как породнился с ними твой супруг и повелитель.

— Молчи, зловещий скальд! — шепнула Рогнеда. — Молчи! Что прошло, то невозвратимо... Зачем ты пробудил в душе моей воспоминания о прошедшем?.. Мой отец... братья мои!.. О, Фенкал, возьми, возьми свою цевницу! Быть может, родные звуки моей отчизны усыпят хотя на время эту змею, которая сосет и гложет мое сердце. Пой, Фенкал, пой!

Вещие персты Фенкала пробежали по звонким струнам: они зарокотали, и согласные их звуки слились с могучим голосом вдохновенного скальда. Он запел:

Зову тебя, Рикмора тень,
Из лона неги, наслажденья!
Приди, оставь Асгарда сень,
И, как порывы вдохновенья,
Ты овладей мой душой;
Зажги восторга огнь священный
В моей груди! Да голос мой,
Твоею славой вдохновенный,
Вновь передаст ее векам!
Да песнь игривая прольется
Рекой восторга по струнам
И, легкокрылая, несется
От нас к грядущим временам;
И там бессмертною хвалою
Рикмора память осенит,
И повесть скальда затвердит
Потомство шумною толпою!

Певец остановился. Дико зазвучали струны его арфы, и он запел снова:

Средь утесов и скал
Древний замок стоял
И меж ими казался скалою.
Стен зубчатых ряды,
Рвы, потоки, сады
Расстилал он над их головою.

Как венец диких гор,
Окружал замок бор
Вековых дерев сумрачных строем.

207

И могуч и велик,
Неприступен и дик
Был он сенью бестрепетным воям.

И в нем скальдов хвала
Неотступно жила,
Прославляя двух витязей младость.
Их вскормила война:
Как подруга, она
Составляла их шумную радость.

Был Рикмор их отец;
Славы громкой венец,
Соплетенный бессмертной хвалою.
Уж носил много лет,
И давно целый свет
Прогремел: "Честь и слава герою!"

Кто видал, чтобы он
Был когда побежден
Иль оставил кровавое поле?
Его спутником — честь,
За обиду ей — месть!
И народам закон — его воля!

Из стран дальних, чужих
Толпы воев младых
Удивленье им в дань приносили.
Но не славой одной, —
Увлекаясь красой,
Они в замок Рикмора спешили.

В нем Едвина, краше славы
И пленительней побед:
Как бессмертье, величава,
Как Одена вечный свет,
Неизменной красотою
Средь семьи своей цвела,
И всех витязей толпою
В замок отческий влекла.
Но давно душа неясно
Про любовь шепнула ей:

Витязь юный и прекрасный
Был давно ей всех милей.
И, по струнам ударяя,
Скальды им хвалу гремят;
Ходит чаша круговая,
В замке пиршества шумят.

Как внезапною порой
Приспел витязь другой
И пленился Едвины красой;
И в безумстве, влюблен,
Ее требовал он,
И ответом был смех над мольбой.

И не снес он отказ:
Еще день не погас
И шум пиршеств в замке носился,
Как с дружиной своей,
Вихрей бурных быстрей,
В него силой витязь вломился.

И пожар запылал. Под ударами пал
Сам Рикмор, лютой смертью томимый;
Взор последний очей
Зрел смерть милых детей.
И позор его дщери любимой!

Фенкал остановился. Устремив испытующий взор на бледное чело Рогнеды, протяжно и с горькою укоризною, которая отзывалась в каждом звуке его голоса, он запел снова:

Еще замок пылал,
Еще старец стонал,
Еще кровь родных братьев дымилась,
Как убийца, в крови,
Дал обет ей любви, —
И Едвина ему покорилась.

— Перестань, перестань, Фенкал! — вскричала Рогнеда. — Ужасны твои песни! Они тошнее для меня погребальных воплей. О, какой палящий яд проливают они в мою душу!

— Если ты, супруга Владимира, — сказал Фенкал, — боишься

слышать, как проклятие скальда гремит над главою убийцы Рикмора и несчастных юношей, сыновей его, то я не буду продолжать моей песни, а спою тебе, когда хочешь, о пирах Одена, о его надоблачных чертогах и беспредельном веселии знаменитых скандинавских витязей, с честью и славою умерших на поле битвы.

Рогнеда, в знак согласия, наклонила свою голову и Фенкал запел:

> Шумно пируют в чертогах Одена,
> Славой взлелеяны, витязей сонмы;
> Вечность им радостный пир;
> Роскошь Астарда им служит приютом;
> Все в нем подвластно бессмертных желанью:
> Брань, и победа, и мир!
>
> Легкие тени валькирий прекрасных
> Мед им подносят; в пирах их веселых
> Скальды хвалу им гласят;
> В вечных садах благовонных Валгалы
> К славе им битва вновь путь открывает
> Песни победы звучат!
>
> Иль невредимые в битвах кровавых.
> Бьются, ласкаемы вечной победой;
> Слава за ними летит.
> Или пируют в радостях шумных;
> Кубки их полны вином наслажденья,
> Пир их весельем кипит!
>
> Но три тени бесприютные
> Среди веселья грустят,
> Даже радости минутные
> Их тоски не усладят!
> Их обходит чаша полная,
> Их оружье не звучит,
> Вечна их тоска безмолвная,
> Слава дел их не гремит.
> На страданья обреченные,
> На презренье и позор,
> То три тени неотмщенные:
> Братья девы и Рикмор!

— Как, — вскричала Рогнеда, — их позор должен продлиться?..

— До тех пор, — прервал Фенкал, — пока они останутся неотмщенными: таков закон Одена. Но дослушай мою песню.

И вдруг по чертогам таинственный свет
Разлился блаженства рекою.
Покрытый весь славой, весь в блеске побед.
Предстал сам Оден пред толпою.
"Восстаньте вы, тени! Внимай мне, Рикмор! —
Он рек. — Вас уж месть осенила,
И злодея в крови твой бывший позор
Дочь нежная славно омыла.
Гордись и блаженствуй, счастливый отец!
Вы ж, скальды, плетите Едвине венец!"

Бессмертные скальды
Ударили в струны
И славу запели
Едвине младой!

Певец умолк. Неподвижные взоры Рогнеды горели каким-то диким огнем, ее посиневшие губы дрожали, грудь сильно волновалась.

— Итак, Едвина отмстила за своего отца и братьев? — промолвила она прерывающимся голосом.

— Да, Рогнеда! — отвечал Фенкал. — Она свершила кровавую тризну, заповеданную Оденом; и никогда имя Едвины, искупившей от вечного позора тени отца и братьев, не исчезнет из памяти людей; оно принадлежит нам, оно живет и будет вечно жить в песнях моей родины, и даже отдаленные лохлинские барды поют о подвиге знаменитой скандинавской жены; и, внимая их песням, девы Морвена благословляют имя Едвины. Но ты не слушаешь речей моих, — промолвил скальд, — ты смотришь на этот нож, — продолжал он, вынимая из-за пояса богато украшенный засапожник. — Я вижу, ты узнала его!.. Да, Рогнеда, он подарен мне Владимиром и некогда принадлежал отцу твоему.

— Отцу моему?

— Посмотри, — продолжал Фенкал, — на это закаленное железо. О, никогда не излечались раны, им нанесенные. Удостой, Рогнеда, принять от меня этот дар — это наследие отца твоего. Пусть хотя этот нож напоминает тебе, что ты дочь злополучного Рогвольда... Но я вижу, — прибавил Фенкал с горькою усмешкою, заметив нерешимость Рогнеды, — великая княгиня Киевская отвергает дар бедного певца...

— Нет, нет, — вскричала Рогнеда, — подай мне этот нож!.. Благодарю тебя, Фенкал... О, благодарю тебя, мой единоземец!.. Теперь ступай; ты не напрасно пел мне свои песни... Прощай!

Скальд молча поклонился и вышел вон из терема.

— Ступайте и вы, — продолжала Рогнеда, обращаясь к своим прислужницам, — оставьте меня одну... я хочу успокоиться...

— Что это, матушка наша, с тобой сделалось? — сказала мамушка Богорисовна, поглядев с робостью на Рогнеду. — Ясные очи твои совсем помутились, на тебе лица вовсе нет.

— Да... мне нужно отдохнуть, я хочу остаться одна... Ступайте!

— Так не прикажешь ли раздеть себя?

— Нет, нет! Оставьте меня.

Богорисовна и Мирослава молча поклонились Рогнеде, посмотрели с беспокойством друг на друга и, покачивая печально головами, вышли из опочивальни великой княгини.

Оставшись одна, Рогнеда с судорожным движением прижала к устам своим широкий нож, подаренный ей Фенкалом.

— Отец мой... отец мой!.. — проговорила она глухим прерывающимся голосом. — Это ты... да, ты сам вооружил мою руку... Так, смерть за смерть... кровь за кровь!.. А Изяслав?.. — прибавила она с невольным содроганием. — А сын мой?.. Ах, что станется с этим горьким сиротою?.. Но разве в жилах его не течет кровь Владимира?.. Разве он не сын убийцы отца и братьев моих?..

Вдруг под самыми окнами терема раздался тихий голос:

> Их обходит чаша полная,
> Их оружье не звучит,
> Вечна их тоска безмолвная...

— Нет! — воскликнула Рогнеда, быстро подымаясь с своего ложа. — Нет, не вечна будет тоска ваша! О, успокойся, отец, утешьтесь, братья: час искупления вашего наступил!

Держа в одной руке нож, она подошла к небольшой двери, прикрытой греческим ковром, отворила ее, и длинный переход, соединяющий терем с опочивальнею Владимира, представился ее взорам. Вдали, как тусклая звездочка, мелькал сквозь узкую щель притворенных дверей догорающий ночник. Едва касаясь ногами пола, притаив дыхание, Рогнеда прокралась легким призраком вдоль стены темного перехода. Вот и двери опочивальни великого князя: они не заперты. Трепещущей рукою, но тихо и осторожно отворила Рогнеда дверь и вошла в великокняжескую одрыню. Слабый свет от ночника падал прямо на его роскошное ложе. Разметавшись на нем, Владимир, казалось, спал крепким, но беспокойным сном; тяжкие вздохи волновали его широкую, дебелую грудь, губы шевелились, уста произносили невнятные слова, и в то самое время, как Рогнеда подошла к его изголовью, он прошептал с усилием: "Христианин... да, христианин!"

Невольно остановился взор Рогнеды на грозном и державном челе ее спящего супруга. Глубокие следы бурных страстей не изгладили еще на нем этот перст божий, эту печать величия и славы, которую господь налагает при самом рождении на светлых челах избранных чад своих. Она прислушивалась к неровному дыханию своей жертвы, она видела, как в стесненной груди Владимира сильно билось сердце, которое должно было замереть под ножом ее, и с ужасом начинала чувствовать, что кровь застывает в ее жилах, что все мужество ее исчезает.

— О, отец мой, — проговорила она едва слышным голосом, и, закрыв левой рукой глаза свои, занесла правую над беззащитной грудью своего супруга... Вдруг острый нож выпадает из ее руки... она открывает глаза... и вопль ужаса замирает на устах ее: онемевшая рука ее была сжата в мощной руке Владимира, и огненный, как молния небесная, сверкающий взор его встретился с ее взором...

VIII

Часу в шестом утра, на другой день после описанных нами в предыдущих главах происшествий, все небо покрыто было грозными тучами; душный и густой воздух, как тяжелый свинец, ложился на грудь и стеснял дыхание усталого путника, который шел, прихрамывая, узенькою дорожкою, проложенной по дну оврага, поросшего частою осинового рощею.

— Уж не сбился ли я с дороги? — прошептал прохожий, посматривая вокруг себя. — Кой прах, — продолжал он, остановясь, чтоб отдохнуть немного, — иду, иду, а все конца нет! Пчельник остался у меня позади... вот и осиновая роща... да где же ее избушка на курьих ножках?.. Ох эта старая колдунья! Уж не отводит ли она мне глаза?.. Чего доброго?.. Чтоб тебе сквозь землю провалиться, ведьма проклятая!.. Ух, какая молонья!.. И нелегкая понесла меня сегодня! Как не успею добраться до избенки, да хлынет дождь... Ахти, никак, уж накрапывает?.. Ну, загудело по лесу!

В самом деле, серые облака, которые двигались медленно вперед, вдруг помчались с воем от запада, разлились, как волны, по всему небосклону, заклубились черными рядами, и в несколько минут этот беспредельный воздушный океан, устилая тучами все небеса, забушевал над головою прохожего. Почти сбиваемый с ног порывистым ветром, спотыкаясь на каждом шагу, он продолжал идти вперед и наконец, несмотря на проливной дождь, заметил, что в стороне, по левому скату оврага, густой дым, пробиваясь сквозь частые ветви, вился над вершинами деревьев. Прохожий, не заботясь отыскивать тропинки, пустился целиком в ту сторону где завидел этот верный признак жилья. Продираясь с трудом сквозь чащу деревьев, он дошел в несколько минут до подошвы крутого спуска, на краю которого лепилась покрытая хворостом и драньем ветхая избушка. Приставленная к утесистому скату оврага, она, как уединенное гнездо зловещего коршуна, висела над стремниною. Из волокового окна, прорубленного под самою кровлею, валил густой дым; с одной стороны, опираясь на два толстые пня, примыкала к ней похожая на голубятню светелка, с другой — высокий плетень огибал небольшой уступ, который, выдаваясь вперед площадкою, оканчивался со всех сторон почти отвесным обрывом горы. Прохожий, цепляясь за древесные сучья и кусты, добрался кой-как до избушки, взлез на завалину и застучал под окном.

— Кто там? — раздался внутри сиповатый женский голос.

— Отопри, бабушка! — сказал прохожий.

— Да кто ты?

— Войду — так увидишь. Да отпирай проворней!

— Вот еще, понукать стал! Много вас здесь шатается. Добро, добро, ступай, куда идешь!

— Да что ты, Вахрамеевна, — закричал прохожий, — иль не узнала меня по голосу? Ведь я великокняжеский слуга Садко, из села Предиславина.

Минут пять прошло без всякого ответа; дождь лил как из ведра; промокший до костей Садко кричал, шумел, осыпал ругательствами негостеприимную хозяйку, но двери не отворялись.

— Да отопрешь ли ты, старая карга? — завопил он как бешеный, ударив кулаком по холстине, которая была натянута вместо стекла в окне избушки. — Слушай ты, колотовка: если я ворочусь домой да приведу с собой товарищей, так мы не только тебя в гроб забьем, ведьму проклятую, да и чертово гнездо-то твое вверх дном поставим!

— Иду, кормилец, иду, не гневайся, — раздался снова женский голос у самых дверей хижины; они растворились, и простоволосая, одетая в лохмотья старуха встретила низким поклоном своего гостя.

Если Садко мог похвастаться необычайным безобразием, то, конечно, и та, к которой он пришел в гости, имела на это полное право. Покрытое бесчисленными морщинами смугло-желтое лицо ее едва походило на человеческое; зеленые, кошачьи глаза, ястребиный нос и беззубый рот, выгнутый подковою, — все было в ней отвратительно и безобразно до высочайшей степени.

— Что ты, батюшка, такой грозный? — сказала она Садко когда он вошел в сени.

— Да разве не видишь? — отвечал он, выжимая полы своего кафтана. — Еще немножко, так меня бы вовсе дождем захлестало.

— Эх, кормилец, кормилец, не в пору ты пожаловал!.. Ну, да делать нечего, милости просим!

Садко вслед за старухою вошел в избу.

— Эка ты надымила, голубушка! — сказал он, потирая глаза. — Фу-ты, батюшки, дух захватывает!

— И, кормилец, пообсидишься, так станешь дышать!

— Нельзя глаз открыть.

— Ничего, батюшка, ничего: пооглядишься, так будешь смотреть.

И подлинно, через несколько минут Садко стал свободнее дышать, глаза его привыкли к дыму и он мог рассмотреть всю внутренность избы. На закоптелых стенах ее висело несколько собачьих шкур и большое решето. В одном углу стояла длинная метла; в другом, на полке, сидела, повертывая направо и налево свою уродливую голову, огромная сова; на полатях лежал мохнатый черный кот: он мурлыкал, вертел хвостом, искоса посматривал на Садко — то потягивался, то сгибался дугою, выпускал свои острые когти и, казалось, готов бы спрыгнуть с полатей и вцепиться гостю в лицо. В печи, над разложенным огнем, стоял железный котел, в нем что-то шипело, а на шестке лежала Целая вязанка чемерики, дурмана и других ядовитых растений.

— Присядь, кормилец, отдохни! — сказала старуха, обметая полой грязную скамью, перед которою стоял запачканный и полусгнивший стол.

— Ну, Вахрамеевна, насилу я дотащился! — промолвил Садко, садясь на скамью. — Я было хотел сегодня чем свет у тебя побывать, да у нас в селе Предиславине этой ночью такой грех было сделался, что и сказать нельзя.

— А что такое, батюшка?

— Да так, чуть было не извели нашего государя великого князя.

— Неужто?

— И как ты думаешь кто?

— Вестимо кто — какой-нибудь изменник.

— Изменник! Нет, не изменник, а его любимая супруга Рогнеда, по прозванью Горислава

— Э, смотри пожалуй, на какое дело пошла!

— Боярин Вышата мне все рассказал. Вот как было — государь великий князь давно уже изволил почивать крепким сном, как вдруг эта змея подколодная пробралась из своего терема потайным переходом, где

215

никакой стражи не стоит: вошла потихоньку в княжескую одриню, подкралась к нему с ножом, да видно, еще час его не пришел: лишь только она занесла руку — ан государь-то и проснулся.

— Ну что, чай, тут же из нее и дух вышиб?

— Вот то-то и дело, что нет.

— Что ты, парень?

— Ну да, волосом ее не тронул, а велел ей идти назад в свой терем, надеть лучшее ее платье и дожидаться казни.

— А, вот что!

— Видно, потомить ее захотел.

— Видно, что так.

— Вот как она вырядилась, и, говорят, словно на брачный пир, так великий князь и вошел в терем. Ну уж тут, вестимо дело, долго бы с ним торговаться не стала; да вдруг, откуда ни возьмись, сын ее, княжич Изяслав. Он подал государю обнаженный меч и сказал: "Ты здесь не один, родитель мой, — пусть сын твой будет свидетелем!" — У великого князя так руки и опустились.

— Кто знал, что ты здесь? — сказал он, бросил меч наземь и ушел из терема.

— И не казнил ее?

— Не только не казнил, да еще простил и, как говорят, отдал ей в удел землю Полоцкую.

— Эко диво, подумашь!

— Ну вот поди ты!.. И все надивиться не могут, ума не приложат, что с ним сделалось? Бывало, ему голову смахнуть, как шапку снять! Чай, и ты слыхала Вахрамеевна?

— И, батюшка, всего не переслушаешь! Да и что нам до того, что деется в княжеских палатах: люди мы мелкие. Скажи-ка, лучше, мое солнышко весеннее, зачем изволил ко мне пожаловать? Иль есть нуждица какая?

— Есть, бабушка, есть.

— А что, уж не зазнобушка ли какая? Не сокрушили ли добра молодца очи ясные? Не приглянулась ли тебе какая красоточка? Так что ж — попытаемся: ее не приворожу, так авось тебя отшепчу.

— Эх, нет, Вахрамеевна!

— А что ж, мой кормилец? Чем себя губить, лучше горю пособить.

— Да речь не о том; я пришел к тебе затем, чтоб ты поворожила, где нам отыскивать нашу пропажу.

— Пропажу?

— Да, у нас в селе Предиславине дней пять тому назад украли серебряный кубок.

— Вот что! Пожалуй, батюшка, пожалуй, зачем не поворожить.

216

— Так ты угадаешь?

— Угадать не устать, да только бы, кормилец, было и мне за что тебе спасибо сказать.

— Прежде поворожи, а там посмотрим.

— Эх, батюшка, батюшка! Да ведь дело-то таковское: от старшего наказано даром не ворожить, рук не подмажешь — язык не повернется.

— Ну, ну, вот тебе две ногаты! — сказал Садко, вынимая их из кошеля. — Да смотри, Вахрамеевна, не вздумай меня морочить: ведь я не кто другой.

— Только-то? — пробормотала старуха, посматривая на две мелкие монеты, которые Садко положил ей на ладонь.

— Отгадаешь, так еще дам.

— Еще!.. Знаем мы, батюшка: ведь все посулы тороваты, а как придет до расплаты, так и в кусты. Ну, да так и быть, мы люди знакомые, — прибавила старуха, завязывая монеты в уголок изношенной тряпицы, которая служила ей платком. — Смотри-ка, кормилец, сиди смирно: не шевелись, не говори, а пуще всего не моги тронуться с места, а не то худо будет. Да постой-ка, батюшка, скажи мне, как ты мекаешь, чай, это спроворил кто ни есть из домашних?

— Сдается, что так, бабушка.

— Так нишни, кормилец, у меня вор-то сам скажется.

Старуха подошла к котлу и помешала в нем железным ковшом. Вода в котле закипела, густой пар поднялся кверху, сова захлопала глазами, черный кот замяукал, а колдунья, продолжая взбалтывать воду, запела отвратительным голосом:

Чур, меня, чур!

Есть у меня сто слов
С приговорками,
А из тех ли слов
Три слова заповеданных:
Как шепну одно —
Ходуном земля пойдет;
Как другое скажу —
Звезды ясные запрядают;
А как третье вымолвлю
Да перекинуся
Через двенадцать ножей —
Так солнце затуманится.

Чур меня, чур!

Старуха перестала петь, зачерпнула ковшом из котла и, поставив его на стол, принялась над ним нашептывать; потом, дунув несколько раз на воду, заговорила нараспев и покачиваясь из стороны в сторону:

А чье дело, тому худо:
Чтоб не спалось ему и не елося;
Чтобы черная немочь его,
Как осину горьку, скоробила;
Чтоб сухота, как могильный червь,
Источила его заживо;
А лиходейка-тоска сердце выела;
Чтоб засох он, как былиночка,
И зачах, как голодный пес;
Чтоб сестрицы мои
Поплясали и потешились
Над его могилою;
Повалялися, покаталися
На его белых косточках.

Адское выражение лица колдуньи, ее неподвижный змеиный взгляд, сиповатый голос — одним словом, все было так отвратительно, что сам уродливый Садко, и телом и душой похожий на чародея, присмирел, как овечка. Он стирал украдкою холодный пот, который капал с его безобразного чела, прижимался к стене, чтоб быть подалее от колдуньи, и едва смел переводить дыхание.

— Ну вот и дело с концом! — сказала старуха, пошептав еще над водой. — Я отолью тебе в кувшинчик, а ты уж сам, батюшка, иль въявь, или тайком, как хочешь, только дай всем вашим челядинцам хлебнуть этой водицы.

— Хлебнуть! А ради чего, Вахрамеевна?

— Ради того, кормилец, чтоб татьба вышла наружу.

— Да ты этак, пожалуй, у нас всю дворню испортишь.

— Небось, родимый: кто не грешен в покраже, тому ничего не будет; одному лишь вору туго придется. Увидишь сам: или он подкинет вашу пропажу, или вовсе изведется и зачахнет.

— Ну, Вахрамеевна, — сказал Садко, поглядывая с почтением на старуху, — вижу я, что тебе наука далась. Послушай, бабушка, если ты ухитришься да поможешь нам в другом дельце, так тогда и я тебе скажу: "Шей, вдова, широки рукава, было б куда деньги класть".

— А что такое, батюшка?

— А вот что, — продолжал Садко, понизя голос. — У нас этою ночью в селе Предиславине сделалась такая пропажа, что и сам господин наш,

218

ближний княжеский ключник Вышата нос повесил: что не лучшая жемчужина из сокровища княжеского сгинула да пропала.

— Как так?

— Да, бабушка, нынче ночью из села Предиславина сбежала первая красавица; да один детина, которого мы держали взаперти до поры до времени, дал тягу. А уж как он ушел, ума приложить не можем, словно в щелку пролез, окаянный! Боярин Вышата сказывал мне, что этот парень был прислан языком от одного опального молодца, которого теперь везде ищут, что этот-то молодец и сманил нашу красоточку, что теперь они должны быть вместе и, чай, близко еще от Киева — да только где? Вот в том-то и дело, бабушка! Ведь время летнее: им везде приют. Пожалуй, разошли хоть целую рать великокняжескую, а всех лесов дремучих и дебрей непроходимых не обшаришь. Лиха беда добраться им до Белой Вежи, а там и поминай как звали. Мало ли у печенегов наших выходцев! Говорят, в их главном городе, Ателе, целая слобода заселена киевскими беглецами да переметчиками.

— Вот что! — прошептала сквозь зубы старуха, которая, по-видимому, слушала с большим вниманием рассказ своего гостя. — Эка притча, подумаешь: сманить красавицу из села Предиславина! Ну, видно же, этот опальный детина заливная головушка!

— Он был великокняжеским отроком, — продолжу Садко, — государь его жаловал, бояре чествовали, ну, словом, житье было ему знатное. Да вот то-то и есть, Вахрамеевна, недаром говорят: собака с жиру бесится. Этот сорви-голова накутил столько в три дня, что иному в три года этого и не пригрезится. Шутка ли: не послушался великокняжеского приказа, убил десятника дворцовой стражи а пуще-то всего — смертно разобидел боярина Вышату.

— Смотри, пожалуй!

— Не отгадаешь ли, бабушка, где он теперь с нашею беглянкою?

Старуха призадумалась.

— Послушай, Вахрамеевна, — продолжал Садко, — если ты сослужишь нам эту службу, то боярин Вышата не постоит ни за что: отсыплет тебе столько серебра, что ты и считать-то его не станешь, а будешь мерить пригоршнями.

— В самом деле, батюшка? — сказала старуха, устремив жадный взор на своего гостя.

— Уж я тебе говорю.

— Ну, коли так... Да нет, кормилец, — промолвила колдунья, посматривая недоверчиво на Садко, — кто чересчур много сулит, тот мало дает. Скажи-ка лучше делом, что пожалует мне господин Вышата, если я выдам ему руками беглянку и опального молодца?

— Пять золотых солидов.

219

— Золотых? А сколько это будет ногат, батюшка?

— Да столько, что ты и в сутки не перечтешь.

— Ой ли?

— А коли этого мало, так он прикинет тебе лисью шубу, да еще какую, бабушка: всю из отборных огневок!

Глаза старухи засверкали радостью.

— Смотри, же, кормилец, — сказала она, — не давши слова, крепись, а давши, держись. Непригоже будет, если ты обманешь меня, старуху старую; да и сам-то после несдобруешь. Хоть я живу сиротинкою, а заступа у меня есть.

— Уж небось, Вахрамеевна: что сказано, то и сделано.

— Ну, ну, добро! А задал ты мне задачу, батюшка! Оно, кажись бы, можно, да только... Ох, кормилец, тяжко и мне будет! Ведь уж это не на водицу пошептать, придется старшого потревожить; а не ровен час...

— Какого старшого?

— Не твое дело, батюшка!.. Ох, худо: и ночи-то у нас не лунные, и день пришелся нечетный... Ну да и то сказать двух смертей не бывает, а одной не миновать.

— А что?

— Так, ничего. Попытаюсь, батюшка, попытаюсь! А покамест, не прогневайся, родимый: с другом посоветуюсь и спрошусь моей боярыни.

Сказав эти слова, старуха свистнула: черный кот ощетинился, замурлыкал и с одного прыжка очутился на столе, сова запрыгала на своей полке и замахала руками. Старуха свистнула еще — и черный кот вспрыгнул ей на одно плечо, а сова уселась на другом.

— Послушай, кормилец, — продолжала Вахрамеевна, — я на часок выйду, а ты останься здесь, да смотри, батюшка, что б тебе ни почудилось, а в сени не заглядывай; сиди да посиживай, как будто не твое дело, и коли больно страх разберет, так зачурайся про себя да заткни уши.

Старуха вышла вон. Оставшись один, Садко с невольным замиранием сердца, но с жадностью и нетерпением прислушивался к каждому шороху. Несколько минут в сенях все было тихо, и только снаружи бушевал ветер и гудел проливной дождь. Вдруг что-то, похожее на глухой шепот, потом на болезненный детский крик, раздалось за дверьми избы. Эти звуки, заглушаемые частыми ударами грома, превратились вскоре в какой-то судорожный дикий хохот, и в то же самое время в сенях поднялся такой ужасный стук и возня, что стены избушки заколебались и затрещала кровля. Несмотря на беспрерывные перекаты грома и вой ветра, Садко мог легко различать посреди этой стукотни безумный хохот колдуньи, пронзительное мяуканье кота и зловещий стон совы. Вдруг все затихло. Бурный вихрь завыл по лесу, и голос, в котором ничего не было человеческого, — голос, в котором сливались в одно все отвратительные звуки, существующие в природе, который напоминал и шипенье ядовитого змея, и карканье ворона, и последний охриплый стон умирающего, — проревел несколько непонятных слов. Вслед за этим раздирающий, невыносимый для слуха вопль оглушил Садко, что-то тяжелое упало в сенях на пол, потом снова все затихло. Садко хотел, но не в силах был зачураться; его оледеневший язык не двигался. Бледный, как мертвец, сидел он безмолвно на скамье и не мог пошевелиться ни одним членом.

Прошло около четверти часа. Буря усиливалась, но в сенях избы царствовала глубокая тишина. Наконец двери растворились, и Вахрамеевна вошла в избу. Ее исцарапанное лицо было все в крови, волосы растрепаны; как опьянелая подошла она, шатаясь, к столу и, сняв со стены решето просеяла сквозь него на столе несколько горстей ячменя перемешанного с черным куколем.

— Ух, батюшки, — промолвила она, обтирая себе лицо и вешая решето на прежнее место, — насилу отделалась! Ну, господин Садко, сослужила я тебе службицу! Чуяло мое сердце, что он сегодня больно гневен будет, да уж на то пошла. И то сказать — где гнев, там и милость. Жутко мне было, да зато и он изволил меня пожаловать. Теперь наше дело в шапке. Да что, что ты, кормилец? — продолжала старуха, взглянув почти насмешливо на своего гостя. — Ты, никак, так оторопел, что и словечка вымолвить не можешь?

— Ох, бабушка, — сказал, заикаясь, Садко, — напугала ты меня!

— Ой ли? — прервала колдунья с лукавою усмешкою. — То-то же! А еще ты ничего не видел, а только слышал. Что и говорить: и я не чаяла быть живой; ну, да теперь бояться нечего — схлынула беда, как с гуся вода.

— Полно, так ли, бабушка?

— Говорят тебе, небось. Я уж старшего выкликать не стану, да и незачем, а все мелкие-то его слуги под моей рукой — так со мною тебе нечего их бояться. Ну, батюшка, дело твое мы спроворим, только и ты смотри не забудь своего посула. А что бишь, кормилец, боярин Вышата обещал мне твоим словом за труды пожаловать?

— Пять золотых солидов.

— И две лисьи шубы?

— Нет, бабушка, кажись, одну.

— Что ты, что ты, родимый!.. Али страх-то у тебя вовсе память отшиб! Эй, господин Садко, не пяться, а то как прогневишь моего господина, так не было бы худо и твоему.

— Хорошо, хорошо, бабушка, и за две шубы боярин не постоит, только скажи нам, где теперь наши беглецы.

— А вот посмотрим, — шепнула старуха, начав выводить пальцем по

221

рассыпанному ячменю какие-то чудные узоры. — Эге, — продолжала она после короткого молчания, — вижу, вижу!

— Кого, бабушка?

— Нишни, кормилец, нишни! Ай да молодец! Экий детина ражий!.. Ну, жаль!.. Да делать-то нечего: к одному на двор сваха, а к другому плаха. Видно, уж так ему на роду написано!

— Да кого ты видишь?

— А вот погоди, дай разглядеть хорошенько. Парень молодой высокий, плечистый... волосы русые, ус только что пробивается...

— А беглянка-то наша с ним, что ль? — прервал Садко.

— Постой, не торопи!.. О, о! Да вот они оба идут рядышком... рука об руку... Ну, правду же ты говорил! Подлинно что наилучшая жемчужина из вашего дорогого ожерелья! А уж бела-то как, бела! Словно пушистый снег в первозимье! Шелковые кудри так и вьются по плечам... глаза голубые с черными ресницами... на левой щеке ямочка...

— Неужли-то в самом деле! — вскричал с радостью Садко. — Да где же они?

— Не так чтоб очень далеко отсюда, а в таком захолустье, что зги не видно... Вот стали говорить... Тс, тише, тише, батюшка, дай послушаю! — шепнула старуха, наклонясь одним ухом к столу. — Вот что! — продолжала она, помолчав несколько времени. — Так они не к печенегам норовят, а пробираются в Византию. Постой-ка, постой!.. Никак, они называют друг друга по именам... Да, да, она зовет его Всеславом, а он ее — Надеждою.

— Так точно, это они! — вскричал Садко, вскочив со скамьи. — Ну, Вахрамеевна, не чаял я от тебя такой удали!

— Да это что за диво, — прервала старуха. — Не велико дело, что я их вижу и слышу их речи: ведь они еще до реки Буга не добрались и водицы из него не хлебнули[63]. Хвали мое досужество тогда, как я поставлю их перед тобой, как лист перед травой. Послушай, батюшка, откладывать нечего: ступай за ратными людьми да приведи их скорей сюда, а уж отвести беглецам глаза и обморочить их — мое дело. Поплутают, поплутают, да сами придут ко мне в гости.

— Как, бабушка, сюда к тебе?

— Да, дитятко.

— Как же ты это сделаешь?

— Не твое дело, кормилец. Отправляйся скорей за ратными людьми... Да вот, никак, и дождь унялся? Ступай же батюшка, ступай! А мне пора за дело приниматься: немало еще возни-то будет.

— Смотри же, Вахрамеевна, — сказал Садко, выходя и избы, — и ты

---

[63] Древние русские думали, что воды Буга уничтожают всякое чародейство.

торопись; я мигом сбегаю в Берестово. Там теперь с мечником Фрелатом человек двадцать варягов. Мы как раз нагрянем к тебе в гости.

IX

Старуха, выпроводив из избы Садко, остановилась у дверей. Казалось, гроза вовсе миновала, дождь уже не шел; облака редели; но вдали, на западе, клубились черные тучи и сверкала молния. Когда Садко, спустясь прежнею дорогою с утеса, исчез за деревьями, старуха вошла опять в сени и, пройдя задними дверями на узенький дворик, остановилась подле забора: он отделял от двора небольшой огород, разведенный на уступе горы, описанном нами в начале этой главы. Около часу простояла она на одном месте в глубоком раздумье, и по временам на отвратительном лице ее изображалось что-то похожее на страх и беспокойство, она покачивала головою и бормотала про себя:

— Ну, если он проведает?.. Ахти мне!.. Худо будет!.. Он барин большой: легко ль, стремянный великокняжеский... А две лисьи шубы?.. Да ведь и он — беда!.. Размечет он по чистому полю мои косточки... Праху моего не останется!.. А деньги-то, деньги-то!.. Э, так и быть: авось не узнает, а узнает, так авось отбожусь... Да уж не оставить ли мне их там?.. Нет, нет, пожалуй, оттуда и тягу дадут. Запру их в светелку — так это будет вернее.

Старуха отворила калитку и вошла в огород. В одном углу его стоял шалаш, коего вход был завален хворостом.

— Выходите, детушки! — сказала ласковым голосом Вахрамеевна, оттаскивая к стороне хворост. — Мой гость ушел, ступайте опять в вашу светелку.

Всеслав и Надежда вышли из шалаша.

— Кто у тебя был, бабушка? — спросил юноша.

— Так, батюшка, один старичок с ближнего пчельника приходил, кой о чем посоветоваться.

— Один?.. Кто ж у тебя так шумел в избушке?

— Никто, родимый. Вишь на дворе какая погода!.. Гром постукивал, да ветер гудел, а тебе и невесть что показалось. Э, да не на долго же приутихло, — продолжала старуха, поглядывая кверху. — Смотри-ка, от Киева какие тучи напирают... Ах ты, пташечка моя белокрылая, сердечная моя эк тебя в шалаше-то промочило! Да и тебе, кормилец, досталось... Ступайте же скорей в светелку да обсушитесь.

— Ах, мой милый друг, — шепнула Надежда, — какое страшное лицо у этой старухи! Речи ее приветливы, но взгляд... О, если б мы могли уйти скорей отсюда к батюшке!.. Как сердце мое замирает!..

— Боярин, боярин, где ты? — раздалось близ избушки.

— Это голос Торопа! — вскричал Всеслав.

И старинный наш знакомый, Торопка Голован, вбежал на огород.

— Насилу-то я вас отыскал! — сказал он, запыхавшись. — Скорей, скорей: за вами погоня, сюда идут!

Надежда побледнела, а рука Всеслава опустилась невольно на рукоятку его меча.

— От двадцати один не отобьешься, — сказал Тороп, заметив это движение. — Благо еще время есть, побежим скорей к Аскольдовой могиле, там, на Днепре, мой боярин дожидается вас в лодке. А, ты здесь, хозяюшка?.. Постой, куда, моя лебедка? — продолжал Тороп, схватив старуху одною рукой и развязывая другою свой пояс. — Чего доброго — ты, пожалуй, выйдешь навстречу к своим званым гостям, так лучше... Да полно, полно, моя красавица, не прячь свои руки белые, не загорят.

— Что ты делаешь? — вскричал Всеслав.

— А вот свяжу только ей руки, да ноги, заткну рот и впихну в этот шалаш.

— Зачем?

— Вестимо, лучше бы было ее повесить, да нам некогда; а жаль: осин-то здесь вдоволь. Да полно рваться, ведьма проклятая! — прибавил Голован, ударив кулаком старуху.

— Но что она тебе сделала?

— Эх, не мешай, молодец! — прервал Тороп, завязывая платком рот старухи. — Иль не видишь: ведьма-ведьма, а небось словечка не вымолвит. То-то же: знает кошка, чье мясо съела! Она хотела вас выдать руками.

— Возможно ли?

— Знаешь ли, кто у нее был в гостях? Садко, любимый слуга ключника Вышаты... Да вот дорогою я все вам расскажу. Помоги-ка мне втолкнуть ее в шалаш да закидать хворостом... Вот так!.. Пока ее станут искать, а мы будем уж далеко. Ну, теперь в дорогу! Да только смотрите не отставайте от меня.

Тороп и Всеслав с Надеждою, спустясь в овраг, пошли скорыми шагами к Днепру. Меж тем небеса снова помрачились; густые слои черных туч, застилая друг друга, расширялись медленно по небосклону. Мало-помалу исчезал дневной свет, и вдруг грозные, зловещие сумерки спустились на крутые берега Днепра. Дождь еще не шел, ветер молчал, но волны на реке вздымались все выше и выше, с воем катились одна за другою, выплескивались на берег и, шипя как змеи, рассыпались пеною по гладкому песку.

— Вот уж близехонько! — сказал Тороп, прервав свое долгое молчание. — Ну, жутко нам на Днепре будет, да делать нечего! Пойдем потише, боярин: вишь, как твоя невеста-то уморилась! Дай ей вздохнуть, а я меж тем расскажу тебе, как проведал об измене этой старой ведьмы... Я шел к вам от моего боярина; вот, как я поравнялся с пчельником, послышалось мне, что за плетнем, под навесом, кто-то крупно разговаривает. Я ближе, а говор все громче. "Кому бы, — подумал я, — в пчельнике живет один старик? Дай погляжу". Подошел. Смотрю в щель — ахти: человек двадцать варягов, мечник Фрелаф, челядинец княжеский Садко и задушевный твой друг Стемид! Я прилег наземь, приложил ухо к плетню. Слышу: спорят так, что хоть врукопашную. Стемид говорит: "Переждем грозу под навесом", а Фрелаф ревет: "Чего дожидаться, иль не слышите, — Садко божится, что мы неотменно их захватим". — "Да что вы верите этому сычу одноглазому! — закричал Стемид. — Ну сточное ли дело, чтоб они стали держаться близ Киева?" Вот уродина Садко и захрюкал как боров: "Эй, молодцы, не зевайте! Уж я вам говорю — попались зверьки в ловушку. Вахрамеевна на ветер словечка не вымолвит, и давеча, как я у нее был, так нагляделся и наслушался таких страстей, что у меня и теперь еще волосы порядком не прилягут; она обещала мне выдать их руками". Вот Стемид заговорил что-то еще, а я вскочил да бегом; прибежал в избушку — пустехонька! Один черный кот мяучит в сенях, да сова попрыгивает на насести. "Уж не она ли это, проклятая, обернулась совою? — подумал я. — Чего доброго!.." Глядь в светелку — вас нет; так меня варом и обдало! Я на огород... ну, да остальное вы сами знаете. Теперь, чай, ищут ее по всем углам. Пускай себе пошарят хорошенько, а не найдут, так авось и назад вернутся... Постойте-ка, да вот, никак, и место Угорское!.. Эка темнеть, подумаешь — словно в сумерки!.. А Днепр-то, кормилец, как расходился, так ревмя и ревет!

— В самом деле, — сказал Всеслав с невольным содроганием, — посмотри, как он волнуется и кипит.

— Чего ж ты боишься, боярин?

— Но разве мы не можем утонуть в Днепре?

— А за что ему, батюшке, потопить нас? — возразил спокойно Тороп. — Что мы ему сделали? Нет, молодец, все будет ладно, лишь только бы боярин мой не опоздал. Ну, вот и Аскольдова могила!

Наши беглецы, пройдя мимо развалин церкви, взошли на небольшую насыпь, венчающую главу высокого утеса. Как грозный старец-исполин, стоял он, склонившись угрюмо, над рекою; казалось, внимал ее буйному ропоту и как будто бы прислушивался к плеску волн, которые, крутясь и бушуя, обливали пеною его вековое подножие.

225

— Постой-ка, молодец! — сказал Тороп. — Вон что-то чернеется у того берега: кажись, лодка?

Всеслав устремил свой взор в мрачную даль, и хотя с трудом, но рассмотрел, что небольшой челнок, управляемый одним человеком, то исчезал среди волн, то снова появлялся на поверхности воды.

— Так и есть, это боярин, — продолжал Тороп. — Да и кого нелегкая понесет в такую погоду на челноке! Эк его поматывает, словно щепочку на днепровском пороге. Ну, трудно будет ему причалить к нашему берегу: вишь здесь какой прибой!

Вдруг порыв сильного ветра завыл в стенах разрушенного храма, небеса вспыхнули и вслед за оглушающим ударом грома зашумел проливной дождь.

— Ступай-ка с нею, молодец, в эти развалины, — сказал Тороп, указывая Всеславу на церковь. — Там все-таки хоть где ни есть за стеною приютиться можно, а то здесь ее вовсе, сердечную, дождем захлещет. А я сойду вниз да помогу боярину пристать к берегу.

Всеслав, прикрыв верхним своим платьем дрожащую от страха Надежду, вошел вместе с нею в знакомые ему развалины. Пройдя трапезу, они остановились под сводом, уцелевшим над тем местом, где некогда была святая святых.

— О, Всеслав, — сказала Надежда, — быть может, ты в последний раз стоишь со мною вместе в этом храме истинного бога! Кто знает, еще несколько мгновений, и мы разлучимся навеки?..

— Навеки? — воскликнул юноша, прижав ее к груди своей. — О, нет, ничто в свете не разлучит меня с тобою!

— А смерть? — шепнула девушка, поглядывая робко вокруг себя.

— Смерть? — повторил Всеслав. — Нет, милый друг, бог милостив, если ж он не судил нам спастись...

— То мы умрем вместе, — прервала с живостью Надежда. — Да, мой суженый, здесь на земле никто не разлучит нас, но там!.. Ах, Всеслав, разве господь соединил уже нас неразрывными узами? Разве я жена твоя?.. О, с какою бы радостью я покинула этот грустный свет, если бы ты был моим супругом! Я слыхала не раз, что тех, коих господь соединяет на земле, ничто уже разлучить не может. Всеслав, — продолжала Надежда, устремив умоляющий взор на юношу, — мы стоим теперь в храме истинного бога. Он слышит слова наши... Назови же меня теперь, пред лицом его, твоею супругою и обещайся не разлучаться со мною ни в здешнем, ни в будущем мире.

— Так, — вскричал Всеслав, — ты моя супруга! Да примет господь, внимающий словам нашим, мой обет: и жить и умереть с тобою вместе.

— А я, — сказала Надежда, — обещаюсь пред лицом его разделять с тобою и горе, и радость; быть верным твоим другом и повиноваться во

226

всем точно так же, как я во всем повиновалась отцу моему... Но когда же я увижу его, Всеслав?.. Ты обещал мне...

— Да, мой друг, да! — прошептал Всеслав. — Быть может... О, Надежда, Надежда, сердце мое предчувствует — мы скоро с ним соединимся!

— Как мы будем счастливы! — сказала Надежда, склонив голову на плечо юноши. — Мы все вместе уйдем в Византию... Не правда ли, мой друг?.. О, Всеслав, ты не знаешь этой благословенной страны, ты не дышал ее свежим, благовонным воздухом, не отдыхал в тени ее вечнозеленых лавров, ты не видал еще этих темно-голубых, безоблачных небес Византии! О, как мы будем счастливы! Ты, я, отец наш — мы все станем жить вместе, где-нибудь на берегу Босфора Фракийского или вблизи светлой Пропондиты, в небольшой веселой хижине. Я обсажу ее пахучими цветами; мы будем вместе с тобою ходить по всем православным церквам византийским, посещать благочестивые обители, знаменитые лавры, станем молиться вместе... О, как мы будем счастливы! — повторила Надежда с какою-то простодушною радостью младенца, который играет беспечно среди цветов на могиле своей матери.

— Но ты не слушаешь меня! — продолжала девушка, заметив, что Всеслав оглядывался с беспокойством назад.

— Тише, тише, мой друг! — шепнул Всеслав. — Чу!.. Опять!.. И с этой стороны!.. Человеческие голоса... так точно — сюда идут!

— Всеслав! — загремел с другой стороны знакомый юноше голос.

— Это Веремид! — вскричал Всеслав. — Скорей, скорей, Надежда, — мы спасены!

Они выбежали из развалин. Подле Аскольдовой могилы стоял незнакомый. Буйный ветер рвал с его плеч верхнюю одежду и расстилал по воздуху густые его кудри. Он держал в руке обнаженный меч.

— Поспеши, Всеслав, — сказал он, идя к нему навстречу, — время дорого: злодеи ваши близко!..

— Всеслав! — повторил кто-то, выбегая из-за развалин.

Незнакомый выступил вперед и заслонил собою Всеслава и Надежду.

— Где он, где? — вскричал видный собою молодой человек, подбегая к Аскольдовой могиле.

Вместо ответа острый меч засвистел в руке незнакомого, и молодой человек, пронзенный навылет в грудь, с глубоким стоном повалился на землю.

— Праведный боже! — воскликнул Всеслав. — Это Стемид, это друг мой!

— Твой друг?! — повторил с удивлением незнакомый. — А я думал... но все равно. Поспешим!..

227

— Надежда! Веремид! Сюда, сюда! Он исходит кровью! — кричал Всеслав, раскрывая платье на груди своего друга.

— Спасайтесь! — проговорил умирающим голосом Стемид.

Шагах в пятидесяти от развалин послышались громкие голоса.

— Безумный! — вскричал незнакомый, подходя к Всеславу и умирающему Стемиду. — Время ли теперь думать о других?.. Думай о себе!

В эту самую минуту ослепительная молния разостлалась багровым заревом по черным небесам, и, облитая ярким светом, золотая гривна заблистала на окровавленной груди Стемида. Незнакомый содрогнулся. Он схватил за руку Всеслава и сказал прерывающимся голосом:

— Говори, говори: кто этот юноша, кто были его родители?

— Несчастный! — воскликнул с горестью Всеслав. — Он так же, как и я, не знал ни отца, ни матери.

— Так же, как ты? — повторил с ужасом незнакомый, наклонясь над Стемидом. — Так... так... я не ошибаюсь — это золотая гривна?..

— О, не отнимай ее, — промолвил Стемид, умирая, — это единственное наследие отца моего!

— Отца его! — произнес глухим голосом незнакомый. — Его отца... и я... но, может быть... Нет!.. Он умер!

— Умер! — повторил Всеслав. — Злодей, что ты сделал?.. Стемид, Стемид, брат мой!..

Незнакомый не говорил ни слова. Все члены его трепетали, волосы стояли дыбом.

— Молчи! — сказал он наконец, заскрежетав зубами. — Бессмысленный, проклинай не меня, а неумолимую злодейку судьбу мою! О, Варяжко, сбылись слова твои — твой бог победил!

— Сюда, сюда, ребята! — загремел голос Фрелафа.

— Надежда, — вскричал Всеслав, — скорей, скорей, к Днепру!..

— Прочь! — прервал незнакомый, отталкивая Всеслава.

Он схватил в свои объятия бездушный труп Стемида, сбежал с утеса и вскочил в лодку, в которой дожидался его Тороп. Как стрела полетел челнок вниз по течению Днепра, зарылся в волнах и пропал из глаз Всеслава и Надежды. Погруженные в какое-то бесчувственное оцепенение, они стояли на краю утеса, там, где он, опускаясь прямой стеной до самой реки, исчезал в глубине бездонного омута.

— Вот они! — раздались шагах в двадцати от них громкие голоса.

— Итак, нет спасенья! — сказал Всеслав, глядя с отчаянием на свою невесту. — Еще несколько мгновений...

— И никто уже не разлучит нас! — прервала Надежда. — Всеслав, — продолжала девушка твердым голосом, мы обвенчаны с тобою там, на небесах! И вот, — промолвила она, указывая на крутящуюся под ногами их пучину, — вот наше брачное ложе! Лучше смерть, чем позор и разлука с тобою!

— Да, Надежда, да, лучше смерть!.. Но, может быть... Господь поможет нам...

— Всеслав, супруг мой, — шепнула Надежда, обвив крепко своими руками юношу, — поспешим — они идут!

— Сдавайся, разбойник! — заревел Фрелаф. — Хватайте его, братцы!

Всеслав и Надежда бросились с утеса. Волны Днепра расступились, закипели, слились опять — и хладнокровно, венчальным своим покровом тихо прикрыли новобрачных. Чрез минуту поверх воды забелелось платье Надежды; придерживая ее одною рукою, Всеслав боролся с волнами. Вдруг загудел ужасный вихрь, помчался вдоль реки, взрыл песок со дна глубокого Днепра; волны, как горы, заходили от одного берега к другому. Вот что-то похожее на тихий вопль слилось с воем ветра, еще что-то при свете молнии мелькнуло посреди реки — и все исчезло...

Давно уже первопрестольный град Киев как животворное солнце проливал источники света на всю землю Русскую. На развалинах языческих капищ возвышались храмы истинного бога, и на том месте, где некогда пострадали святые мученики Феодор и Иоанн, искусные зодчий, призванные из Византии, воздвигали соборную церковь, во имя пресвятой Божией Матери. Прошло уже много лет с того великого дня, в который, по словам летописца, земля и небо ликовали; когда великий князь Русский — сей Владимир, некогда кровожадный, буйный язычник, а теперь кроткий, исполненный любви и милосердия христианин, достойно нареченный Равноапостольным, — явился на берегу Днепра и, окруженный собором греческих священников, смотрел с умилением на толпы киевлян, которые, подвигнутые примером своего государя, спешили вступить в реку для принятия святого крещения; когда, устремив свой взор на небеса, в восторге и радости сердца, он воскликнул: "Творец неба и земли, благослови этих новых чад твоих!"

Спустя года два после войны с хорватами и набега печенежского, знаменитого в наших народных преданиях единоборством и победою русского богатыря Чурилы Пленковича, в то время как древняя Русь наслаждалась под сенью мощной и самодержавной десницы единого владыки всеобщим миром и спокойствием, — в одно жаркое летнее утро большая косная лодка с распущенным парусом плавно и тихо, как гордый лебедь, подымалась вверх против течения широкого Днепра; она наполнена была воинами. На корме, поодаль от других, стоял, опираясь на широкий меч, по-видимому, сильный и могучий витязь средних лет. Солнечные лучи играли на его богатырском доспехе и осыпали искрами стальной остроконечный шелом, без всяких украшений, но светлый и блестящий, как ясные очи витязя, с любовью устремленные на высокие

229

терема и бойницы великого Киева. На противоположном конце лодки сидел молодой человек лет тридцати двух. Легкий ветерок взвевал его распущенные по плечам кудри и, пробегая по струнам ручной арфы, которая лежала на его коленях, извлекал из них от времени единообразные, но стройные и согласные звуки. Его голубые глаза, исполненные какой-то задумчивой радости, не останавливались на высоких холмах киевских: он смотрел вперед и, казалось, нетерпеливый и жадный взор его пожирал неизмеримое пространство, отделяющее знойное небо южной России от суровых и хладных небес угрюмой Скандинавии. Близ него сидели два воина: один седой как лунь, другой в самой поре и цвете лет.

— А что, Простен, — сказал вполголоса старый воин, обращаясь к своему соседу, — тебе как не знать: ведь наш воевода Илья тебя жалует, чай, он тебе сказывал, куда его посылают? Уж не в Великий ли Новгород?

— Нет, брат Лют, не отгадал, — поближе в Муром

— На его родину?

— Да. Ведь он родом из села Карачарова; близехонько от Мурома.

— А ради чего нас туда отправляют?

— Да так, поохотиться в муромском лесе. Говорят, в нем много волков развелось.

— Волков?

— Ну да, волков; вот этих, что на двух ногах ходят да шапки носят.

— А, понимаю!

— Пуще всего ему наказано изловить одного соловья, который свищет так, что сыр бор преклоняется и лист с деревьев осыпается.

— Эх, полно, Простен, говори толком!

— Так слушай же. Ты, чай, помнишь верховного жреца Перуна?

— Богомила? Как не помнить.

— Ну вот, как по милости божией и государя великого князя мы все очнулись да принялись жечь и бросать в воду этих деревянных болванов, которых, в слепоте нашей, величали прежде богами, — верховный жрец Перуна, Богомил, видя беду неминучую, дал тягу. Сначала убежал он к северянам; стал мутить народ и уговаривать, чтоб никто не принимал веры греческой. Оттуда его скоро выжили. Он бросился в муромские леса, засел там в какой-то трущобе да и начал опять соблазнять народ. Ведь он такой краснобай, что хоть кого с пути собьет; его и Соловьем-то за то прозвали. Говорят, он выстроил себе избушку на семи дубах и пропустил слух, что его никто взять не может затем, что он одним свистом людей убивает. А вот посмотрим, как-то он отсвищется от нашего молодца Ильи!

— Так вот зачем мы едем? — сказал второй воин. — Ну, а этот чужеземный певун-то, — продолжал он, указывая на молодого человека, который сидел на носу лодки, — ради чего едет с нами?

— Это варяжский баян Фенкал. Его государь великий князь отпустил на родину. Мы доставим его до Мурома, оттуда довезут до Великого Новгорода, а там уж рукой подать — и сам дойдет до дому.

— А как ты думаешь, Простен, скоро ли мы вернемся опять в Киев?

— Навряд скоро. Маленько нас послано, любезный! Ведь у этого Соловья-Разбойника, говорят, шайка пребольшущая: так не вдруг с нею справишься.

— Что ты, Простен! А Илья-то на что? Да на него одного пятисот разбойников мало. Поглядел бы ты, как он в последней битве с печенегами поработал на ратном поле. А уж была работка! Особливо один какой-то долговязый печенег — полно, не выше ли его ростом, уж так нам надоел, что и сказать нельзя. Нет-нет да как учнет хватать бердышем, так наших варом и поварит. Где ни махнет — лица улицею! Рядышком с ним бился слуга, что ль, его иль товарищ, не знаю, — детина приземистый, небольшой, голова только с пивной котел; ну вот ни дать ни взять, как этот гусляр и сказочник — помнишь, что был слугою у жреца Богомила?

— А! Торопка Голован?

— Ну да! Точь-в-точь такой же; только, видно, подюжее. Уж нечего сказать — мал, да удал! Кабы не Илья много бы беды они наделали, да спасибо ему: лишь завидел что нашим худо, гаркнул, свистнул, налетел соколом, да в полмига обоих угомонил. Подлинно чудо-богатырь!

— Ну, вот и Аскольдова могила, — продолжал старый воин, когда лодка поравнялась с песчаным утесом, на котором посреди заросших травою развалин возвышалась небольшая деревянная церковь.

— Кажись, едем тихо, а ведь спорее, чем на гребле, не правда ли, Простен?

— Да! — отвечал молодой воин, смотря с приметною грустью на утес. — Вот уж много лет прошло, — промолвил он, — как на этом самом месте сгиб наш товарищ Всеслав. Ведь ты, кажется, знавал его, Лют?

— Как не знать! Помнится, это было в тот самый день, как пропал без вести стремянный великокняжеский Стемид?

— Да, в тот самый.

— И до сих пор не знают: куда он девался?

— И слуху нет. Говорили только, что какой-то рыбак видел его в тот день также близ Аскольдовой могилы.

— Что за бедовое место такое?

— Да, видно, брат, так. Недаром все киевские жители под вечер за версту его обходят. В то время прошел слух, что на другую ночь после смерти Всеслава на самой Аскольдовой могиле теплился огонек, слышен был страшный стон, и как пришли утром посмотреть, так увидели, что земля на кургане вся изрыта, а шагах в десяти от него трава так и полита кровью.

— Что ж бы это такое было?

— Бог весть! — сказал Простен с глубоким вздохом, и оба воина перестали говорить.

КОНЕЦ